소송에서
문제되는
부동산쟁점

이 택 수

박영사

• 서문 •

본 책자는 법률교과서라기보다는 소송에서 실제 다루었던 것을 중심으로 비법률가라도 쉽게 이해할 수 있도록 케이스별로 구성하였습니다.

법원에서 벌어지는 부동산 쟁점의 유형은 무한한 것이 아니고 한정된 쟁점이 수없이 반복되는 양상입니다. 사람들의 살아가는 방식이 어느 곳이나 대동소이 하기 때문이지요.

우리나라의 법원중에서 부동산에 관하여 법적으로 가장 다양하고 특이한 재판이 이루어지는 곳이 춘천지방법원과 의정부지방법원입니다. 왜냐하면 이곳은 6.25 사변 당시 인민군이 몇 번이나 점령했던 지역이라서 등기부등 제반공부가 소실되고 자연히 특이하고 복잡한 부동산 소송이 많았기 때문입니다.

필자는 1980년대부터 춘천에서 주로 부동산, 종중, 조상 땅 찾기, 특별조치법 관련 소송을 다루었고, 자연스레 그쪽 방면에 지식과 경험이 축적되면서 본의 아니게 [부동산전문변호사]로 인식되었습니다.

그동안 일반국민이 부동산법률을 몰라서 느닷없이 눈뜨고 피해를 입는 상황을 자주 경험한 터라, 변호사 말년에 봉사하는 마음으로 그러한 피해를 입지말라고 홍보를 하기 위하여, 2020년 10월부터 부동산전문 채널 유튜브(택수의 투시경)를 시작하게 되었고 그때마다 작성한 원고들을 이와 같이 서적으로 발간하게 되었습니다.

부동산법률은 논리에 빈틈이 없어야 하고 최신 대법원판례까지 공부하여야 해서 끝없이 노력해야 하는 분야입니다.

법은 이론자체가 어려운 것은 어쩔 수 없다 치더라도, 설명만이라도 쉽게 설명해 보려고 노력해 보았습니다.

이 서적을 통하여 여러분이 보다 쉽게 법률상식에 접근할 수 있기를 바라옵니다.

쟁점별로 설명을 하다 보니 같은 내용이 반복되는 경우가 있으나 독자분들이 이해하는 데 도움이 될 것 같아 그대로 두었음을 양지하시기 바랍니다.

2024년 새해를 맞으며
저자 이택수 올림

· 목차 ·

제9장   부동산과 공사대금   69

제10장   매매   79

제11장   경매   127

제12장   부동산임대차   143

제13장　종중소송　　171

제14장　부동산과 가사소송　225

제15장　분묘　235

제 **8** 장

맹지탈출

맹지탈출

사람은 공중을 날아다닐 다닐 수가 없다.
옛날에는 이웃에게 서로 길을 내주고 살았는데
요즈음엔 길 때문에 분쟁이 심해졌다.

1 맹지소유자들이여, 용기를 가지세요

사람은 공중을 날아다닐 수가 없다. 지면에 붙어서 이동하여야 하는데 아무 곳으로나 다니는게 아니고 길을 통하여 다니고 있다.

그런데 토지를 소유하다 보면 길이 없는 경우가 생기게 마련이고, 사정이 변경되어 길이 있다가도 없어지는 경우도 있다.

이와 같은 통로가 없는 토지의 불편을 없애기 위하여 법이 오래전부터 그 해결책을 내놓고 있다.

민법 제219조는 이렇게 규정하고 있다

[제1항. 어느토지와 공로사이에 그 토지의 용도에 필요한 통로가 없는 경우에 그 토지 소유자는 주위의 토지를 통행 또는 통로로 하지 아니하면 공로에 출입할 수 없거나 과다한 비용을 요하는 때에는 그 주위의 토지를 통행할 수 있고 필요한 경우에는 통로를 개설할 수 있다. 그러나 이로 인한 손해가 가장 적은 장소와 방법을 선택하여야 한다.

제2항. 전항의 통행권자는 통행지소유자의 손해를 보상하여야 한다.]

이와 같이 통로가 없는 경우 주위의 토지를 통로로 이용할 수 있는 권리를 [주위토지통행권]이라고 하고, 그러한 권리를 확보하기 위한 소송을 [주위토통행권확인소송]이라고 한다.

이러한 주위토지통행권은 항상 통로의 폭이 문제일 뿐, 소송을 제기하면 특단의 사정이 없는 한 승소한다. 다만 그 맹지의 현재의 이용상황에 맞는 폭의 통로만을 요구할 수 있다. 즉 현재 대지로 사용되는지, 농지로 사용되는지에 따라 그에 맞는 통로를 요구할 수 있는 권리이다. 현재는 임야나 농지인데 장차 아파트단지로 이용할 계획이라고 하여 미리 폭이 넓은 통로를 요구할 수는 없다. 그것은 협상을 통하여만 해결이 가능하다.

한편 그 통로를 무상으로 이용하겠다는 것이 아니고 합당한 사용료를 지불하겠다는 것이다. 그러나 대개 그 이용면적이 적어서 사용료의 금액이 많지 않기 때문에 사용료를 실제로 청구하는 예가 그리 많지 않을 뿐이다.

얼마 전까지만 해도 오늘날과 같이 자동차가 아니고, 걸어다니거나 기껏해야 자전거, 손수레 내지는 리어카 정도 끌고 다녔다. 그때는 이웃사촌으로 별문제 없이 이웃간에 잘 살았다.

그런데 요즈음은 가정마다 자동차 없는 집이 없고 그것도 1대가 아니고 농촌의 경우에도 2대 이상의 가정이 대부분이다. 자동차가 통행하는 길과 사람이 걸어다니는 길은 확연히 다르다. 우선 도로폭이 넓어지고 그리하여 통로로 제공되어야 하는 면적이 늘어났다.

그런데다가 최근에는 산업이 발전함에 따라 사람의 인심이 박해지면서 문제는 더욱더 심각해지고 민법이 인정하는 주위토지통행권의 중요성이 더욱더 부각되고 있고, 전국적으로 주위토지통행권확인소송이 급속도로 늘어나고 있다. 40년 가까이 변호사로 활동하면서 실제로 이런 사건을 많이 다루어 왔고, 또한 최근에는 유튜브를 하면서 댓글을 통하여 느낀 사항 등을 정리해 보았다.

우선 맹지소유자들의 일반적인 심정은 이렇다.

가장 이해할 수 없는 사항은, 맹지소유자들중 많은 분들이 민법이 인정하는 주위토지통행권이라는 권리가 주어졌는데도 불구하고 이 권리를 행사하기를 지나치게 망설이거나 꺼려하는 경향이 있다는 것이다. 그러한 법을 몰라서 그렇다면 이해가 가지만, 그러한 법이 있다는 사실을 알고 난 이후에도 많은 분들이 그러한 현상이 여전하다는 것이다.

주위토지통행권은 막무가내 떼를 쓰는게 아니라 법이 모든 국민들에게 인정한 당당한 권리이다. 그리고 통로를 이용하되 법규정대로 통로소유자에게 가장 피해가 적은 장소와 방법을 택하겠다는 것이고 합당한 사용료도 지불하겠다는 것이다.

이러한 당연한 권리를 행사하겠다는 것인데 이러한 경우 통로 소유자가 대부분 반대를 한다. 물론 충분한 협의를 거쳐야 하겠지만, 도저히 협의가 이루어지지 아니하여 최후적인 수단으로 소송을 제기하면 법원은 통로를 인정해주는 판결을 해줄 수밖에는 없다.

사용료를 많이 요구할 경우에는 법원이 감정가에 의하여 합당한 금액을 정해 준다. 하등의 망설일 필요가 없다. 앞에서도 언급했듯이 단지 통로의 폭을 얼마로 인정받느냐가 문제이지 통행로를 인정해주지 않을 수가 없다. .

대개 그렇게 망설이는 분들은 소송을 제기하면 상대방과 등을 져야 하고 또 소송을 하려면 법원에 왔다갔다해야 할 뿐 아니라, 변호사를 선임할 경우 그 비용도 부담이 되고, 결국 모든 게 귀찮다고 생각하고 권리행사를 포기하는 것같다.

물론 토지의 면적도 적고 통로를 내기 위해 소요되는 비용에 비하여 토지의 가격이 얼마 안 된다고 판단되어 그러한 권리를 포기한다면 이해가 간다.

그런데 면적도 넓고 통로를 개설하면 당장 현재의 상태대로 이용이 가능하고 또한 처분하더라도 통로가 없는 경우보다는 훨씬 높은 가격을 받을 수가 있는데도 그러한 권리를 행사하기를 꺼려하는 것을 이해할 수가 없다.

이러한 분들은 결국 그 토지를 헐값에 매도하려고 한다.

그러나 팔려고 내놓아도 살 사람이 없고, 부동산시장에서는 제 가격을 받을 수 없는 것이 현재의 상황이다.

맹지를 가진 분들의 생각이 이럴 뿐 아니라 많은 국민들이 비슷한 생각을 하다 보니까, 많은 불합리한 현상이 나타난다.

우선 통로를 막고 있는 사람이, 그 통로의 가격을 시가보다 몇십 배를 요구하면서 매수하라고 하거나, 사용료도 감당할 수 없는 금액을 요구하면서, 아예 그 맹지 전체를 헐값에 매도하라고 은근히 압박을 한다. 그 토지를 매수하여 합병을 하면 통로가 있는 자신의 토지와 동일한 가격이 되니까.

개중에는 지나치리만큼 대놓고 가혹하게 나오는 사람도 있다.

이런 사람들과는 애당초 협상이 불가능해서 할 수 없이 법에 의존할 수밖에는 없다.

세상이 이렇다보니 맹지만을 헐값에 매수한 다음 소송을 통하여 통로를 확보하여 비싸게 매도하는 일을 전문적으로 하는 사람들이 생겨 나고 있다. 법이 인정하는 주위토지통행권은 그러한 투기꾼들을 위하여 존재하는 게 아니다. 그렇지만 그들의 권리행사를 근본적으로 막을 방법이 현행법상으로는 없다.

자신의 재산을 유지하기 위해서는 세금도 내야 하는 등 마땅히 기본적인 비용이 지출되어야 한다.

그러한 불합리한 사람들이 발붙이지 못하게 하기 위해서는 맹지라는 이유로 헐값에 팔아넘기지 말고, 민법이 인정한 당연한 권리를 정당하게 행사하려는 권리의식을 가져야 한다.

맹지소유자들이 용기를 가지고 제대로 된 권리의식을 가져야만, 모든 국민들이 동일한 생각을 가지게 되고, 나아가 위와 같은 사회적 불합리도 해소되리라 본다.

2 맹지탈출, 얄미운 짓인가? 절대맹지는 있을 수 없다

그동안 맹지탈출에 대하여 여러번 동영상을 올린 적이 있는데, 놀라운 일은 의외로 많은 사람들이 '맹지이면 맹지인 채로 토지를 갖고 있어야지, 왜 맹지에 길을 내어 토지의 가격을 상승시키려 하느냐? 맹지에 길을 내려고 하는 의도는 얄미운 짓이다.'라고 생각하시는 분들이 의외로 많다는 사실을 댓글을 통하여 확인할 수 있었다.

심지어는 '그러면 맹지는 있을 수 없다는 말이네'하고 비아냥대는 댓글도 달고, 심한 표현을 하는 사람도 있었다.

특히 인접한 맹지로 인하여 자신소유의 토지에 길을 내주어야 하는 입장에 있는 분들 중에서 그러한 생각을 하시는 분들이 참으로 많은 것 같다.

그러나 그러한 인식은 분명 잘못된 것이고 시정되어야 한다.

민주주의의 기본요소 중 하나는 모든 국민은 자유와 권리를 누릴 수 있다는 것이다. 그러나 자유에는 책임이, 권리에는 의무가 뒤따른다는 것도 함께 알아두어야 한다. 자신의 자유와 권리를 누림으로써 타인에게 피해가 생긴다면 이를 제한할 수 있다는 것도 민주주의의 기본원칙이다.

헌법 제37조 제2항은, '국민의 모든 자유와 권리는 국가안전보장, 질서유지 또는 공공복리를 위하여 필요한 경우에 한하여 법률로써 제한할 수 있다'라고 규정하고 있다. 여기에서 법률이란 국회에서 제정한 법률을 말한다.

사람은 공중을 날아다닐 수가 없어서, 맹지의 경우에는 타인의 토지를 밟아야 출입을 할 수 있다. 토지를 소유하고 있는데, 그 토지가 맹지이기 때문에 전혀 사용할 수 없다면 이는 국가와 사회적으로 큰 손실이고, 헌법 제37조 제2항이 말하는 공공복리를 매우 훼손하는 일이다. 헌법규정의 취지는, 모든 토지소유자는 자신의 토지를 배타적으로 사용수익할 수 있지만, 타인의 권리보장을 위하여 최소한의 제한은 감내하여야 한다는 것이다. 즉 이웃 맹지소유자에게 적어도 출입은 허용하여, 모든 토지소유자들이 자신들의 자유와 권리를 향유하도록 조화를 이루어야 한다.

민법 제219조는 주위토지통행권에 관하여, "어느토지와 공로사이에 그 토지의 용도에 필요한 통로가 없는 경우에 그 토지소유자는 주위의 토지를 통행 또는 통로로 하지 아니하면 공로에 출입할 수 없거나 과다한 비용을 요하는 때에는 그 주위의 토지를 통행할 수 있고 필요한 경우에는 통로를 개설할 수 있다. 그러나 이로 인한 손해가 가장 적은 장소와 방법을 선택하여야 한다."라고 규정하고 있다.

핵심만 말하자면 '그 토지의 용도에 필요한 통로'를 내주어야 한다는 것인데, 대지의 경우에는 대지의 용도인 건축행위가 가능할 수 있도록, 농지의 경우에는 농사를 짓는 데 필요하도록, 임야의 경우에는 벌목, 식목 등 임야의 용도에 맞는 통로를 내주어야 한다는 것이다. 항상 도로의 폭이 중요한 문제이다.

다만 통로가 필요한 사람에게 편리하도록 통로를 내주라는 것이 아니라, 통로를 내주어야 하는 사람에게 가장 손해가 적은 장소와 방법을 선택하라는 것이다.

민법 제219조는 헌법 제37조 제2항에 충실하게, 통로가 없는 맹지소유자에게 국민의 권리를 보장한 매우 당연한 법규정이고, 이 법률은 영영 폐지될 수가 없는 법조항이다.

그런데 40년 가까이 변호사로 활동하면서, 이러한 당연한 법규정임에도 불구하고 일반인들이 너무 모르고 있고, 심지어는 시, 군의 실무공무원들조차도 일반인들만큼이나 모르고 있으면서, 맹지에 출입로를 개설하려면 값비싼 대가를 치르는 것이 당연하다고 생각한다는 사실에 놀라움을 금할 수 없었다.

일반인들이 맹지에 통로를 내주는 것에 대한 거부감을 갖고 있으니까 통로를 내주어야 하는 상황에서는 거의 예외없이 토지소유자 간에 분쟁이 생기고, 공무원 입장에서는 민법 제219조의 규정취지에 따라 처리하려고 하는 게 아니라, 그러할 경우 민원이 제기되면, 공무원입장에서는 성가시고 귀찮으니까, 조금이라도 문제의 소지가 있다고 생각되면 맹지소유자로 하여금 이웃 토지주로부터 토지사용승낙을 받아오라고 내밀고, 이웃토지주는 사용승낙을 거부하고, 그 사이에서 맹지소유자는 속앓이를 계속하고 있는 것이 우리의 현실이다.

이러한 현실을 틈타 이러한 토지만을 골라 매수한 후 알박기토지주가 되어 고액을 챙기는 사람들까지도 늘어나고 있다.

민법 제219조에 위반되는 상황이 벌어지면 물론 이웃토지주와 충분한 협상을 해봐야 하겠지만 도저히 안 되겠다 싶으면, 과감히 소송을 제기하여 통행로를 확보하려고 하는 적극적인 마음가짐이 무엇보다도 필요하다.

3 맹지탈출과 주위토지통행권

요즈음 '소송을 할 테면 해 봐'하면서 의도적으로 기존통로에 철조망을 치고 출입을 하지 못하게 하고, 뒤로는 '맹지가 되었으니 그 토지를 헐값에 팔라'고 은근히 압력을 가하는 악덕지주가 의외로 많다. 특히 서울에 살다가 귀촌한다고 하면서 토지를 구입하여 농촌으로 내려온 사람 중에 그와 같은 사람이 있으면 그런 사람 한명으로 인하여 평온했던 온 동네가 완전히 분쟁과 불신의 소용돌이에 빠지는 것을 심심치 않게 보고 있다.

민법은 이러한 경우 공로로 통행하는 길이 막힌 맹지소유자들을 위해 법규정을 두고 있다.

민법 제219조 제1항은, 어느 토지와 공로사이에 그 토지의 용도에 필요한 통로가 없는 경우에 그 토지소유자는 주위의 토지를 통행 또는 통로로 하지 아니하면 공로에 출입할 수 없거나 과다한 비용을 요하는 때에는 그 주위의 토지를 통행할 수 있고 필요한 경우에는 통로를 개설할 수 있다. 그러나 이로 인한 손해가 가장 적은 장소와 방법을 선택하여야 한다

제2항 전항의 통행권자는 통행지소유자의 손해를 보상하여야 한다.

이 조문이 바로 주위토지통행권에 관한 민법규정이다.

대법원판례를 중심으로 구체적으로 위 법조문을 설명해 본다.

첫째, 주위토지통행권이 인정되려면 우선 맹지로부터 공로로 통하는 길이 없어야 한다. 다소 불편하더라도 통로가 있다면, 좀더 편리한 통행로를 확보하기 위하여 길을 내달라고 주위토지소유자에게 요구할 수는 없다.

한편 다른 위치로 통로를 개설할 수는 있으나 비용이 많이 드는 경우, 예컨대 큰 암석을 제거해야 한다든지, 교량을 설치하여야 한다든지, 하는 경우에는 통행로가 없는 경우와 동일하게 보아서, 인접토지소유자에게 통로를 내달라고 할 수가 있다.

둘째, 민법은 어느 토지와 공로 사이에, 단순히 '통로가 없는 경우'라고 하지 않고 '그 토지의 용도에 필요한 통로가 없는 경우'라고 규정하였다. 통로가 필요한 토지가 임야, 농토, 대지, 잡종지인지에 따라 용도가 다르고, 그 용도에 맞는 통로를 개설해달라고 요구할 수 있다는 것이다.

특히 대지는 건물을 건축할 수 있어야 한다. 진입로 폭이 좁아서 건물을 건축할 수 없다면 '대지의 용도에 필요한 통로'라고 할 수가 없다. 대지의 용도에 필요한 통로라고 함은 건축허가를 받기 위한 폭의 통로라고 해야 한다.

셋째, 민법은 '가장 손해가 적은 장소와 방법을 선택'하라고 규정하고 있다.

농사를 짓기 위하여 이웃농토를 통과하여야 할 경우에도 1년 내내 날마다 다니는 것이 아니라 농사철에 단 몇일만 다니는 것이기 때문에, 통과하더라도 통행지 소유자가 그 부분에 농사를 짓는 데 지장을 주지 않을 정도면 된다. 다시 말하면 통행하는 부분에 농사를 짓지 못하도록 자갈을 깔거나 포장을 할 수는 없다.

그러나 임야에 임도를 개설하는 경우에는 1년에 몇 번 통행을 하더라도, 약간의 토목공사를 하여야 하기 때문에 농지에 통행하는 경우와는 다를 수 있다.

그리고 대지와 임야의 경우 통행로 폭이 문제인데, 과거 도보로 다니던 시절과는 다르게 요즈음은 필수적으로 자동차가 통행하여야 하기 때문에 폭이 최소한 2.5m 내지 3m 이상의 통행로를 필요로 한다.

넷째. 민법상 주위토지통행권의 권리에 의하여 통행로를 확보하였다고 하더라도, 사정변경이 생겨 사후에 다른 통행로가 개설되었다면, 예컨대 더 좋은 통로가 확보되어 인접토지를 통과하지 않아도 되는 상황이 되었다면 인접토지에 확보한 통행로에 대하여는 이를 반환해야 할 수도 있고, 아니면 반환까지는 아니더라도 인접토지 소유자에게 손해를 줄이기 위하여 통행로를 변경해야 할 수도 있다.

다섯째, 일단의 토지를 개발하여 여러 명에게 택지로 분양하면서 수분양자들에게 통행로로 사용하도록 도로로 확보해 둔 토지는 수분양자 및 그후의 새로운 택지소유자들이 그 통행로를 무상으로 사용할 수 있고, 통행로의 등기부상소유자라는 이유로 통행을 방해할 수 없다는 것이 대법원의 입장이다.

여섯째, 민법 제220조 제1항은, [분할로 인하여 공로에 통하지 못하는 토지가 있는 때에는 그 토지소유자는 공로에 출입하기 위하여 다른 분할자의 토지를 통행할 수 있다. 이 경우에는 보상의 의무가 없다.]

제2항 [전항의 규정은 토지소유자가 그 토지의 일부를 양도한 경우에 준용한다.] 라고 규정하고 있다.

다시 말하자면, 1필지 토지를 분할하거나 양도하였는데, 그렇게 함으로써 일부 토지가 공로로 통하는 통로가 없어진 경우에는 통로로 필요한 부분의 소유자는 무상으로 통로가 없어진 소유자에게 통로를 내주어야 한다는 것이다. 다만 이 규정은 분할이나 양도를 한 직접 당사자에게만 효력이 있고, 소유자가 변경된 경우에는 새로운 소유자에게는 효력이 미치지 않는다는 사실을 명심해야 한다.

일곱째, 주위토지통행권확인소송을 통하여 확보한 통행로가 고정적으로 1년 내내 자동차가 다녀야 하는 상황이라면 아스팔트포장을 할 필요가 있다.

이에 대하여 대법원은 인접토지소유자에게 특별히 손해를 가하는 상황이 아닌 한 포장을 할 수 있다는 입장이다. 다만 포장한 아스팔트를 설치하는 비용과 제거비용은 당연히 설치한 통행자가 부담하여야 한다.

여덟째, 통행지소유자는 통로를 내준 대신 사용료를 요구할 수 있고, 사용료는 당사자 간 협의가 이루어지지 아니하면 감정가격에 의할 수밖에 없다. 감정가격을 정함에 있어서는 현재의 이용상황이 중요한 요소인데, 이 경우 도로임을 전제로 감정하는 게 아니고 통로개설 이전의 원래의 토지의 현황에 따라, 즉 대지이면 대지임을 전제로 감정하여야 한다.

4 맹지출입로 막았을 때 당장 취해야 할 조치

요즈음 조용했던 농촌에 귀촌한다고 토지를 매수하여 이사를 오시는 분이 원주민과 화합을 잘 하지 못하여 분쟁을 하는 경우가 매우 많다. 그리고 요즈음에는 자동차없이는 살 수가 없게 되니까, 과거 도보로 이동하던 시절과는 달리 폭 3m 이상의 통로가 필요하게 되었고, 통행로 문제로 사이좋던 이웃과도 거리가 멀어지는 경우가 종종 발생하고 있다.

최근에는 오랜기간 통행하던 통행로가 자신소유의 토지라는 이유로 도로를 파헤쳐 느닷없이 농작물을 식재하거나, 철조망을 쳐서 통행을 못하게 하여, 당장 출입조차 하지 못하게 되는 황당한 사례가 늘어나고, 농토의 경우에는 농사를 짓지 못하고 한 해를 거르는 경우도 있다.

민사소송으로 주위토지통행권 확인소송을 제기하여 통행로를 확보하는 방법이 궁극적인 해결책이 될 것임은 분명하지만, 그 소송이 끝날때까지 상당기간이 소요되기 때문에, 소송이 종료될 때까지가 당장 문제이다.

이럴 때 어떤 법적조치를 취해야 할까?

물론 타협의 여지가 있어서 원만하게 합의로 종결되면 가장 좋겠지만, 도저히 타협의 여지가 없을 때가 문제이다.

이때는 당장 내가 살려면 강력한 법적인 조치를 강구할 수밖에 없다.

이에 대하여는 형사적으로 일반교통방해죄로 고소하는 방법과 민사적으로 통행방해금지가처분신청을 하는 방법이 있다.

첫째, 가장 직접적으로 상대방에게 심적 부담을 주는 방법으로 형법 제185조 일반교통방해죄로 형사고소를 하는 방법이 있다.

형법 제185조는 "육로, 수로 또는 교량을 손괴또는 불통하게 하거나 기타 방법으로 교통을 방해한 자는 10년 이하의 징역 또는 1,500만원 이하의 벌금에 처한다"고 규정하고 있다.

실제로 길을 막았을때는 일반교통방해죄가 성립하고, 위와 같이 길을 막았다가 고소를 당하면 대부분의 사람들은 조사를 받기 전에 통로를 열어주고 있다. 중간에 길을 열어주면 벌금형을 받고 끝나지만, 끝까지 길을 열어주지 않으면 재판정에까지 가야 하는 것이 현실이다.

　그런데 의외로 많은 분들이 위와 같이 통로를 막는 행위가 일반교통방해죄가 되는지를 모르고 당하고만 있다.

　심지어 변호사들이 일반교통방해죄로 고소를 하라고 안내를 해도, 머뭇거리면서 용기를 내지 못하는 분들이 많다.

　함부로 길을 막는 등 무모한 행동을 하는 사람일수록, 고소당하여 수사기관에 소환되어 조사받는 것을 누구보다도 싫어하고 두려워한다는 사실 참고하기 바란다.

　둘째, 민사적인 방법으로 통행방해금지가처분을 신청하는 방법이 있다.

　사람은 공중을 날아다닐 수가 없다. 통행권이 궁극적으로 있는지 없는지는 법원의 최종판결로 결론이 날 것이지만, 최종판결이 날 때까지 지금 당장 통행할 수 있는 길을 열어달라는 것이기 때문에, 법원은 통행방해금지 가처분신청이 접수되면, 기본적인 사항만 소명이 되면 최종판결시까지 길을 열어주라는 결정을 하는 것이 통례이다. 최종판결에서 패소할 것이 예상되더라도 법원실무에서는 가처분신청은 받아주는 것이 현실이다.

　성품이 착하신 분들이라도 착한 마음을 표시해야 할 때가 있다.

　막무가내로 길을 막는 황당한 일을 당했을 때에는 이와 같이 형사적으로 일반교통방해죄로 고소하는 방법과 민사적으로 통행방해금지가처분신청을 하는 방법이 있다는 사실을 참고하였다가 적절히 활용하기 바란다.

5　내 땅에 설치된 도로, 맘대로 철거하거나 막을 수 있나?

　국가가 지방자치단체가 개인소유토지를 보상도 하지 아니한 채 도로로 편입하여 포장까지 하고 일반인이 장기간 통행할 수 있게 하여 도로로 편입된 토지소유자들이 억울함을 호소하는 일이 전국적으로 매우 많다.

　이러한 경우 토지소유자로서는 담당공무원을 찾아가 억울함을 호소하면서 '토지에 대한 보상을 하고 소유권을 갖고 가라' 쉽게 표현하자면 '매수하라'고 요구하고, 지자체에서는 예산이 확보되지 않았다는 이유로 그 요구에 응하지 못하자, 토지소유자는 화가 나서 자신토지에 설치된 도로에 말뚝을 박고 철조망을 설치하여 통행을 하지 못하게 하기도 하고 아스팔트를 파헤치기도 하여 일반통행인들로 하여금 불편을 초래하여 물의를 빚는 사례가 의외로 많다.

법을 위반한 이후에 법을 몰라서 그랬다고 변명한다고 하여 법적책임이 면제되지 않는다. 이러한 행위를 예방하기 위하여는 이러한 경우 어떠한 법적조치가 뒤따르는지에 대하여 명확히 알고 있어야 한다.

이에 대하여는 대법원 (2021.10.14. 선고 2021다242154 판결)을 본다.

사건의 사실관계는 이렇다. 모 지방자치단체는 관할구역내에 있는 사찰로 출입하는 통행로로서 사찰의 신도, 등산객, 탐당객 및 인근주민들이 이용하고 있는 도로를 농어촌도로로 지정하고 30년 이상 관리하고 있었다. 그러다가 그 도로가 있는 임야를 법원의 경매절차에서 경락받은 사람이 법원에 소송을 제기하여, 도로를 관리하는 지자체에게는 도로의 철거 및 인도를 구하고, 사찰에 대하여는 특정인을 지목하여 통행을 하지 말라는 내용의 소송을 제기한 사건이다.

대법원판결은 4가지 쟁점에 대하여 명확한 해석을 내놓았다.

첫째, 특정인만 골라서 통행을 못하게 할 수 있는가? 대법원은 그렇게 할 수 없다고 못박았다.

즉 대법원은, [불특정다수인인 일반 공중의 통행에 제공된 도로, 즉 공로를 통행하고자 하는 자는 그 도로에 관하여 다른 사람이 가지는 권리등을 침해한다는 등의 특별한 사정이 없는한, 일상생활상 필요한 범위내에서 다른 사람들과 같은 방법으로 그 도로를 통행할 자유가 있고, 특정인에 대하여만 그 도로의 통행을 방해함으로써 일상생활에 지장을 받게 하는 등의 방법으로 특정인의 통행의 자유를 침해하였다면 민법상 불법행위에 해당하며, 침해를 받은 자로서는 방해의 배제나 장래에 생길 방해를 예방하기 위하여 통행방해행위의 금지를 소구(소송으로 청구)할 수 있다]라고 판시하였다.

둘째, 형법상 일반교통방해죄가 성립한다고 판시하였다. 즉 대법원은, [형법 제185조는, "육로, 수로 또는 교량을 손괴 또는 불통하게 하거나 기타 방법으로 교통을 방해한 자는 10년이하의 징역또는 1천5백만원 이하의 벌금에 처한다"고 규정하고 있다. 육로란 일반공중의 통행에 공용된 장소, 즉 특정인에 한하지 않고 불특정다수인 또는 차마가 자유롭게 통행할 수 있는 공공성을 지닌 장소를 말하며 공로라고도 불린다. 그 부지의 소유관계나 통행권리관계 또는 통행인의 많고 적음등은 가리지 않으며,

부지의 소유자라 하더라도 그 도로의 중간에 장애물을 놓아두거나 파헤치는 등의 방법으로 통행을 불가능하게 한 행위는 일반교통방해죄에 해당한다.]라고 판시하였다.

셋째, 토지소유자로서 철거, 인도청구, 통행금지청구가 허용되는가? 이에 대하여 허용되지 않는다고 판시하였다.

즉 대법원은 [어떤 토지가 **개설경위를 불문하고** 일반 공중의 통행에 공용되는 도로, 즉 공로가 되면 그 부지의 소유권행사는 제약을 받게되며, 이는 소유자가 수인하여야 하는 재산권의 사회적제약에 해당한다. 따라서 공로부지의 소유자가 이를 점유, 관리하는 지방자치단체를 상대로 공로로 제공된 도로의 철거, 점유이전 또는 통행금지를 청구하는 것은 법질서상 허용될 수 없는 '권리남용'이라고 보아야 한다.]라고 판시하였다.

넷째, 이미 도로가 개설된 사실을 알고 매수한 토지소유자는 달리 취급되는가? 대법원은 이에 대하여 [지자체가 30년 이상 도로로 관리하고 있는데, 위 도로가 있는 임야를 경락받은 사람은 그 도로가 30년 이상 공중의 이용에 제공된 사실을 알고 경매를 통하여 매수하였기 때문에 지자체를 상대로 도로의 철거, 인도를 구하는 것은 권리남용에 해당하여 받아 들일 수 없다]는 입장이다.

이상 대법원판결의 내용을 요약해 보았다.

그렇다고 하여 토지사용료도 청구할 수 없느냐는 별개의 문제이다.

정리하자면, 개인소유의 토지라고 하더라도 일단 오랜기간 불특정다수인의 통행에 제공된 도로에 편입되어 있으면, 그 도로를 철거하거나 통행을 방해하면 민사상 불법행위로서 손해배상을 해야 하고 형법상 일반교통방해죄에 해당할 수 있으니, 권리행사를 하기 이전에 세밀히 따져 보아야 한다.

6 내 땅 위의 도로, 사용료는 누구에게 언제부터 얼마를 청구할 수 있나?

내 소유의 토지가 도로부지로 편입되어 사용을 못할 경우, 원칙대로라면 사용료를 당연히 받아야 한다.

그러나 대법원이 말하는 배타적사용수익권을 포기하였거나 포기한 것으로 간주되는 경우에는 토지반환청구도 할 수 없고 사용료청구도 할 수 없다.

다만 사정변경이 생겨서 그 도로가 필요없게 된 경우에는 배타적사용수익권이 되살아 난다.

배타적사용수익권은 소유권의 본질이고 사유재산권보장은 민주주의의 근간인데, 이를 포기한 것으로 인정하는 것은 중대한 사유재산권침해가 될 위험이 많기 때문에 법해석을 함에 있어 매우 제한적으로 해석을 해야 한다. 대법원은 배타적사용수익권을 포기한 사람이 포기한 대가로 그 이상의 경제적 이익을 본 사안에 있어서, 이를 포기한 것으로 인정하고 있다.

그렇다면 배타적사용수익권을 포기한 것으로 인정되지 않는 경우에는 사용료를 받을수 있는데, 우선 사용료는 누구에게 청구하여야 하나?

물론 토지사용료는 이를 실제로 점유사용하는 자를 상대로 하여야 한다. 그런데 도로의 경우에는 예외적인 사유가 없는 한 국가나 지방자치단체가 점유하고, 사용료도 국가나 지자체를 상대로 청구하게 된다.

그렇다면 어떠한 경우에 국가나 지자체가 점유하는 것으로 보아야 하느냐?

막상 국가나 지자체를 상대로 도로 사용료를 청구하는 소송을 제기하면 소송수행자는 국가나 지자체가 도로를 점유하지 않는다고 점유사실을 부인하는게 현실이다. 일반 주민이 점유하고 있을 뿐 국가나 지자체는 점유하지 않는다고 주장한다.

이에 대하여 대법원(2005.8.25 선고 2005다21517 판결)은 2가지 기준을 제시하였다.

첫째, 도로법에 의하여 도로구역결정이 되면 소유자는 아무것도 할 수 없다. 그래서 도로구역결정이 있는 경우에는 실제로 도로로 현실적인 점유를 하지 않더라도 국가나 지자체가 점유한 것으로 보고 있다.

둘째, 국가나 지자체가 도로 확장, 포장, 상하수도 설치 등 공사를 하여 도로에 대한 사실상의 지배를 하면 국가나 지자체가 도로를 점유하는 것으로 보았다. 엄격히 따지자면 도로관련 공사를 개시한 시점부터 국가나 지자체가 점유한다고 보아야 한다.

다음으로 사용료는 언제부터 청구하여야 하는가? 이는 국가나 지자체가 점유를 개시한 시기부터 청구할 수 있다. 즉 도로법에 의한 도로구역결정이 있는 때부터, 또 사실상의 지배주체로서 도로확포장등 공사를 개시한 시기부터, 사용료를 청구할 수 있다고 보아야 한다.

다음으로 사용료는 얼마를 청구할 수 있는가?

사용료를 청구하는 당사자는 많은 금액을 받기를 원하지만, 주는 쪽은 적게 주려고 하기 때문에, 양 당사자의 의사가 일치하지 않는 한, 전문 감정인의 감정결과에 의할 수밖에 없다.

시가나 사용료를 감정할 때, 해당토지가 도로임을 전제로 하느냐?아니냐?에 따라 그 금액이 크게 차이가 날 수밖에 없다. 도로로 편입된 토지는 아무도 이를 개인적으로 소유하려고 하지 않으려고 하니까 가치가 극히 적을 수밖에 없다.

이에 대하여 대법원(1995.12.22. 선고 94다57138 판결)은 기준을 제시하였다.

첫째, 종전부터 사실상 불특정다수인이 통행로로 사용하여 도로로서의 형태를 갖춘 이후에 국가나 지자체가 도로법에 의한 도로구역결정을 하거나 도로에 필요한 공사를 한 경우에는, 국가나 지자체가 점유를 개시할 당시에 이미 도로이었기 때문에 도로임을 전제로 감정평가를 하여야 한다.

둘째, 종전에는 일반공중의 교통에 사실상 공용되지 않던 토지를 처음으로 도로로 점유하게 된 경우에는 도로편입 당시의 이용상황대로, 대지인 경우에는 대지임을 전제로, 농지인 경우에는 농지임을 전제로 감정평가를 해야 한다는 입장이다.

다만 사용료를 청구하는 해당도로의 개설로 인하여 토지가격이 급상승하는 경우가 있다. 이 경우에는 급상승하기 이전의 토지의 시가를 기준으로 사용료를 감정하여야 한다는 입장이다. 즉 개발이익을 포함하지 않는다.

설령 그렇다고 하더라도, 도로에 편입된 이후 당해 토지의 위치나 주위 토지개발 및 이용상황등에 비추어, 그 도로가 개설되지 아니하였더라도 당해 토지의 현실적 이용상황이 주위토지와 같이 변경되어 토지가격이 상승하였다는 사실이 객관적으로 명백한 경우에는, 그 변경된 이용상황을 참작하여야 한다. 즉 객관적인 이용상황이 변경된 이후부터는 상승한 가격에 따라 감정을 하고 그 감정결과에 따라 사용료를 청구할 수 있다.

이러한 경우 통상 재판실무에서는 당사자간에 의견일치가 되지 않는 경우, 판사는 감정인에게 양당사자가 각기 주장하는 대로 2가지를 따로따로 감정하라고 명한 다음, 최종 심리결과에 따라 어느 한쪽을 선택하여 판결하고 있다.

7 법정도로인데, 시(市)는 포장을 하라고 하고, 지주는 포장을 거부할 때

실제로 있었던 사건을 토대로 한 내용이다.

택지개발업자가 택지를 분양할 때는 필수적으로 중간에 통로를 개설해 놓고, 통로를 제외하고 집을 지을 택지만을 분양한다. 그렇게 되면 택지중간의 통로는 개발업자명의로 소유권이 남아 있게 마련이고, 소유명의자는 자신에게는 전혀 사용가치가 없는 토지에 대하여 때로는 재산세까지 납부하여야 한다.

시장, 군수가 택지에 건축허가를 할 때에는, 일반적인 예에 따라 통행로 소유자의 사용승낙을 받아오라고 하고, 통행로소유자는 사용승낙의 대가로 고액의 금전을 요구하여, 택지수분양자와 통로소유자와의 사이에 갈등이 유발되는 게 현실이다.

택지개발업자로서는 택지를 분양할 당시에는, 통로에 대하여 별도로 권리행사를 하지 않고, 택지수분양자들이 이를 무상으로 자유롭게 사용할 것을 전제로 분양을 한 것이다. 애초 택지분양당시 추후 통로에 대하여 이런 문제가 있을 거라고, 조금이라도 예상되었다면, 아예 분양계약이 이루어지지 않았을 것이다.

그리하여 원래는 택지분양을 할 때 통로에 대하여도 수분양자들에게 지분으로 나누어서 지분이전등기를 해주었어야 마땅하다.

어떴든 이에 대하여 대법원이 명백한 입장을 내놓은 게 있다.

대법원(2014.3.27. 선고 2011다107184 판결)은 [대지를 조성한 후 분할하여 분양하는 사업을 하는 경우에, 그 택지를 맹지로 분양하기로 약정하였다는 등의 특별한 사정이 없다면, 분양계약에 명시적인 약정이 없더라도, 분양사업자로서는 수분양택지에서의 주택건축 및 수분양자의 통행이 가능하도록, 조성하고 분양된 택지들의 현황에 적합하게, 인접부지에 건축법등 관계법령의 기준에 맞는 도로를 개설하여 제공하고, 수분양자에 대하여 도로를 이용할 수 있는 권한을 부여하는 것을 전제로 분양계약이 이루어졌다고 추정하는 것이 거래상 관념에 부합된다]라고 판시하였다. 이와 같은 대법원의 입장은 현재도 그대로 유지되고 있다.

그런데 요즈음 택지 중간의 통로의 소유자들이 등기부상 자신소유로 등기되어 있다는 이유만으로 횡포가 많다. 철조망으로 막거나 통행로부분에 농작물을 심어 놓는 것은 다반사이고, 심지어 통행로만을 싸게 매수하여 수분양자들을 압박하는 사람까지 있다.

그러한 횡포는 법적으로 전혀 타당하지 않다.

대법원은 [수분양자에 대하여 도로를 이용할 수 있는 권한을 부여하는 것을 전제로 분양계약이 이루어졌다고 추정하여야 한다]는 것이기 때문에, 대법원판결의 취지를 엄격히 따른다면, 택지중간의 통로소유자의 사용승낙이 없어도 건축허가를 할 수도 있고, 상수도 하수도매설등 필요한 모든 행위를 할 수 있다고 보아야 한다.

그러나 아직 정식으로 법으로 정해진 것은 아니어서 실무에서는 담당공무원은 통로소유자의 사용승낙을 받아 오라고 하는 게 현실이고, 이 경우 통로 소유자는 당연히 사용승낙을 해주어야 함에도 이를 거부하여 마찰을 빚고 있다. 근복적인 해결책으로는 국회 입법으로 해결하면 완벽할 것이다.

본론으로 돌아와서, 법정도로 중 건축법도로는 건축허가를 하면서 통로로 정해진 도로를 말하는데, 이는 시청이나 군청의 도로대장에 등재되고, 한번 도로로 지정되면 추후 건축허가가 취소된다고 하여도 도로지정이 자동적으로 취소되지 않는다.

시청 혹은 대도시의 구청에서 도로를 포장하라고 하는 것에 대하여는, 현행법상 시청에서 도로를 포장하라고 강요할 법적인 근거는 없다. 다만 도로를 포장하지 아니하면 긴급할 때, 예컨대 소방차나 구급차가 비상시에 진출입해야 할 때 등등 혹시 주민에게 불편을 제공할 염려가 있을 것에 대비하여, 애초 허가를 할 때 허가조건으로 [진입로를 포장할 것을 준공조건으로 부가]하는 경우가 많다. 그렇다면 시청에서 이러한 이유로 [준공조건으로 도로포장]을 하도록 한 것은 법적으로 아무런 문제가 없다.

그런데 택지중간의 통행로는 앞의 대법원판결에서 보았듯이 오직 택지수분양자들의 편의를 위하여 제공된 것이기 때문에, 등기부상 소유자라고 하더라도 택지수분양자들의 이익에 반하는 행위를 해서는 아니된다. 따라서 도로포장을 반대해서는 안되는 것이다.

그렇다면 통행로소유자가 실제로 도로포장을 반대하여 공사를 하지 못하게 되는 상황이면 어떻게 해야 하는가?

이러한 경우 엄연히 형법상 업무방해죄에 해당한다. 그런데 실무상 형사고소를 하게 되면, 이러한 경우 수사를 담당한 경찰은 십중팔구 일단은 귀찮고 또 사회적으로 커다란 사건이 아니어서, 당사자 간에 원만히 합의를 하라고 하거나 민사소송으로 해결하라고 권유하면서, 적극적으로 수사를 하지 않으려 한다.

그리하여 할 수 없이 민사소송으로 해결할 수밖에 없는데, 이러한 경우에는 포장공사를 하지 못하게 방해하는 것에 대하여 [공사방해금지청구소송]을 제기하면 승소할 수 있다. 다만, 공사를 당장 급히 해야 할 필요가 있는 경우에는 [공사방해금지가처분신청]을 하여 짧은 기간 내에 가처분결정을 받아 공사를 하면 되겠다.

8 지적상 도로와 현황도로가 불일치할 때 현황도로 지주가 도로를 막을 수 있나?

실제 있었던 사건이다. 국가소유인 지적상 도로와 수십년간 불특정다수인이 통행하고 있는 현황도로가 인접해 있다. 현황도로는 사유지이고, 지적도상의 도로는 현재는 사람이 다닐수 없는 숲 내지 하천으로 되어 있다.

현황도로가 지적도상의 도로와 일치하지 않는 예는 매우 많다.

그 사유지 소유자가 최근 인근에 민가가 늘어나는 현 상황에서 도로 사용료를 요구하면서 현황도로 가운데 도로에 말뚝을 박고 쇠사슬을 쳐놓아 난리가 났다. 주민 중 일부는 그의 요구에 응하여 돈을 준 사람도 있어 그 사람이 통행할 경우에는 길을 열어 준다고 한다.

사람은 공중을 날아다닐 수가 없다. 자기소유토지라는 이유만으로 길을 막고 돈을 요구하는 행위가 타당할까? 타당하다면 그가 요구하는 대로 돈을 주어야 할까? 타당하지 않다면 어떤 해결책이 있을까?

우선 대법원의 입장을 본다.

2021.3.11.자 대법원판결은 이점에 대하여 명확한 해석을 내놓았다. 핵심만을 인용하자면 다음과 같다.

첫째, 특정인만 골라서 통행을 못하게 할 수 있는가? 대법원은 그렇게 할 수 없다고 못박았다.

둘째, 형법상 일반교통방해죄가 성립한다고 판시하였다.

셋째, 토지소유자로서 철거, 인도청구, 통행금지청구를 할 수 없다고 했다. 본 사건에서 문제된 현황도로는 대법원이 말하는 [불특정다수인인 일반 공중의 통행에 제공된 도로]임이 명백하다. 그러므로 이 도로를 막은 현황도로의 지주는 길을 막는 불법행위를 저질렀기 때문에 민사상 손해배상의무를 짐과 동시에, 통행인들이 [통행방해금지청구소송]을 제기하면 패소할 수밖에 없고, [통행방해금지가처분신청]을 하여 가처분결정을 받으면 소송기간중에라도 우선 길을 열어야 한다.

그리고 경우에 따라서는 형사상 일반교통방해죄로 형사고소를 하면 형사처벌을 받을 것이 두려워 조속히 해결될 수도 있다.

현황도로지주는 [지적도상 도로가 있는데 왜 내 땅으로 다니느냐?]는 이유로 길을 막는다는 것인데, 원칙대로라면 누가 공사를 하든, 지적도상의 도로로 일반인이 통행할 수 있게 되기까지는 현황도로를 막을 수가 없고 이를 막으면 앞에서 언급한 바와 같이 민형사상 책임을 져야 한다.

이 사건에서도 불편을 겪은 주민들은 112 신고를 하여 경찰이 출동하기까지 했었고, 군청에 민원을 제기하여 담당공무원이 현장을 답사한 적도 있다.

출동한 경찰로서는 중범죄라면 현행범으로 체포할 수도 있지만 그럴만한 사건도 아니다. 경찰은 양 당사자에게 민사적으로 원만히 타협을 하라고 하면서, 정 사건화하기를 원하여 고소장을 접수하면 조사는 하겠다고 하는 등 시큰둥하다.

군청에서는 군수가 차기 선거에서 표를 잃을까 두려워, 어느 한쪽 편을 드는 인상을 풍기지 않으려고, 민사소송으로 해결하라고 하면서, 딱 부러지는 해결책을 제시하지 않는 게 현실이다.

이와 같은 사건의 근본적인 해결책은 법에 호소하는 방법 외에는 길이 없다. 경찰이나 군청의 말대로 원만히 합의로 해결하려고 하면, 오히려 길을 막은 사람의 부당한 요구가 점점 커지는 게 대부분이고, 원만히 합의로 종결될 사건이면 이렇게까지 문제가 커지지도 않았을 것이다.

경험으로 볼 때, 대부분의 경우 이런 사건에서는 법을 제대로 모르기 때문에 이런 무모한 행위를 하는 경우가 많다. 정식으로 일반교통방해죄로 형사고소하여 벌금 몇백만원 선고받고, 통해방해금지청구를 당하여 민사적으로 패소판결을 받으면, 다시는 동일한 행위를 반복하지 않는다.

도로가 개설된 토지의 매수인은, 도로부지에 대한 권리주장 못하나?

우리가 토지이든 건물이든 부동산에 관하여 소유권을 갖고 있다고 하면, 그 물건에 대한 [배타적 사용수익권]을 갖고 있다. 즉 다른 사람을 배제하고 나 혼자만 독자적으로 사용할 수 있는 권리로서 소유권의 핵심내용이다.

그런데 도로로 편입된 토지는 경우에 따라서는 배타적사용수익권이 없을 수도 있다.

대법원은 도로부지에 관한 배타적사용수익권이 어떠한 경우에 포기된 것으로 보아야 하는지에 대하여 뚜렷한 입장을 표명하고 있다.

첫째, 대법원(2014.3.27. 선고 2011다107184 판결)은 규모가 큰 토지를 여러필지로 분할하여 택지 혹은 산업단지등으로 분양하면서, 중간에 도로를 개설하여 토지를 분양하고 있는 경우, 그 도로는 비록 소유권이 매도인명의로 남아 있다고 하더라도, 그 도로는 분양을 받은 수분양자들이 장차 이용할 것을 전제로 각 토지를 분양한 것이기 때문에, 매도인(분양자)은 그 도로의 배타적사용수익권을 포기하였다고 본다는 것이다.

즉 대법원은 이 경우 토지를 분양한 매도인은 분양토지의 중간에 도로가 개설되었기 때문에 여러필지를 분양할 수 있었으므로, 도로개설로 인하여 분양에 따른 이득을 보았다고 해석한 것이다.

둘째, 토지소유자가 도로로 제공한 토지와 가까운 거리에, 면적이 넓은 별개의 토지를 소유하고 있고, 토지를 도로로 제공하여 통행이 편리해짐으로써, 면적이 넓은 그 별개의 토지의 가치가 상승한 경우, 도로제공부분토지에 대하여 배타적사용수익권을 포기하였다고 보았다

이상 2가지의 대법원판결은, 공통적으로 도로로 제공한 토지소유자가 도로개설로 인하여, 그 이상의 경제적 이득을 본 사안에서, 도로편입토지에 대한 배타적사용수익권을 포기하였다고 해석한 것이다.

셋째, 대법원(2023.6.29. 선고 2022다301326 판결)은 이러한 경우에도 배타적사용수익권을 포기하였다고 보았다.

즉, 토지소유자가 그 소유의 토지를 도로, [수도시설의 매설부지] 등 일반공중을 위한 용도로 제공한 경우에 여러 가지 사정, 즉 소유자가 토지를 소유하게 된 경위와

보유기간, 소유자가 토지를 공공의 사용에 제공한 경위와 그 규모, 토지의 도로제공에 따른 소유자의 이익 또는 편익의 유무, 인근 토지등과의 관계, 주위환경등 여러사정을 종합적으로 고찰하고, 토지소유자의 소유권보장이라는 사익과 그 토지가 도로로 이용됨으로 인한 공익을 비교형량하여, 소유자가 그 토지에 대한 독점적 배타적인 사용수익권을 포기하였는지 여부를 판단하라는 것이다.

예컨대, 그 도로가 일반인의 통행은 물론, 지하에는 상하수도가 매설되어 있는 등 그 도로가 없으면 수많은 사람이 큰 불편을 겪게 되고, 지자체에서 포장을 한지 오래이고, 일반인이 그와 같이 도로로 사용한 기간이 수십년이 되는 경우에는 토지소유자가 배타적사용수익권을 포기하였다고 볼 수 있다는 취지이다.

그러면 이와 같이 도로가 개설된 토지의 매수인은 어떠한가?

토지의 매수인은 매수당시 그와 같은 사정을 모르고 매수할 수도 있다.

이에 대하여 대법원은, 위와 같이 [배타적사용수익권이 포기되었다고 인정되는 도로]가 개설된 토지를 매수한 매수인도, 역시 그 도로부지에 대하여는 배타적사용수익권을 포기한 것으로 보아야 한다는 입장이다.

즉, 대법원은 [원소유자의 독점적 배타적인 사용수익권의 행사가 제한되는 토지의 소유권을 법원경매, 매매, 대물변제등에 의하여 특정승계한 자는, 특별한 사정이 없는 한, 그와 같은 사용수익의 제한이라는 부담이 있다는 사정을 용인하거나 적어도 그러한 사정이 있음을 알고서, 그 토지의 소유권을 취득하였다고 봄이 타당하므로, 그러한 특정승계인은 그 토지 부분에 대하여 독점적이고 배타적인 사용수익권을 행사할 수 없다]고 판시하였다.

토지소유자가 사망하여 상속받은 상속인은 소위 [포괄승계인]으로서 당연히 배타적사용수익권의 제한을 승계받는다.

배타적사용수익권이 포기되었다고 인정되면 [도로시설의 철거나 토지인도]를 청구하지 못하고 토지사용료도 청구하지 못하는 게 원칙이다.

만약 소유자라는 이유만으로 도로로서의 기능을 훼손하여 일반공중의 통행을 방해하였을 경우에는 일반교통방해죄로 형사처벌을 받을 수도 있다.

이와 같이 배타적사용수익권이 제한되면 지표면뿐만 아니라 지하와 지상부분도 포함되어, 지상에 전기나 통신시설을 하고 지하에 상하수도 등을 매설하는 행위에 대하여도, 이를 제지할 수가 없다.

그러나 배타적사용수익권이 제한된 상태이었더라도, 그후 인근에 훨씬 편리한 도로가 개설되어, 종전의 도로를 이용할 필요가 없어지는 등, 사정변경이 있는 경우에는, 배타적사용수익권을 포함한 완전한 소유권을 회복한다는 것이 대법원의 입장이다.

배타적사용수익권을 회복하면, 완전한 소유자가 되어서, 토지인도청구와 사용료 청구가 물론 가능해진다.

10 택지분양을 받았는데, 분양업자가 단지 내 도로사용을 거부하는 경우의 법률관계

예전에는 세상에 이런일도 있으랴하는 일들이 매우 빈번하게 발생하여 이웃 간에 분쟁이 생기는 경우를 무수히 경험하고 있다.

택지분양업자가 택지를 조성하여 많은 사람들에게 택지를 분양하였다. 택지사이에는 수분양자들이 통행할 수 있는 도로를 당연히 개설해놓았다.

그런데 택지분양을 받으면서 자신이 거주할 택지만 분양을 받았을 뿐 택지 사이에 존재하는 도로에 대하여는 분양을 받지 않아서 여전히 원래 택지소유자, 즉 분양업자명의로 남아 있었다.

후에 택지소유자가 그 도로를 이용하여 외지에 통행하고, 그 도로에 하수도, 상수도, 우수관, 오수관 및 통신설비 등을 설치하여야 하는데, 관청에서는 그럴 때마다 도로소유자의 사용승낙을 받아 오라고 한다.

그런데 이때 등기부상 도로소유자가 사용승낙을 거부하고, 관에서는 사용승낙을 받아오라고 하여, 택지소유자는 중간에서 발을 동동 구르는 일이 의외로 많다. 이러한 경우의 법률관계에 대하여 알아 본다.

외부로 통하는 길이 없는 맹지의 경우 민법 제219조 제1항은 "어느 토지와 공로 사이에 그 토지의 용도에 필요한 통로가 없는 경우에 그 토지소유자는 주위의 토지를 통행또는 통로로 하지 아니하면 공로에 출입할 수 없거나 과다한 비용을 요하는 때에는 그 주위의 토지를 통행할 수 있고 필요한 경우에는 통로를 개설할 수 있다. 그러나 이로 인한 손해가 가장 적은 장소와 방법을 선택하여야 한다."라고 규정하여 소위 "주위토지통행권"을 인정하여, 맹지에 최소한의 통로를 확보해주고 있다.

그렇기 때문에 민법 제219조를 이용하여 통행로확보를 강구해 볼 수도 있지만 이에 대하여는 앞에서 설명하였다.

건축법상 건축허가를 받기 위하여는, 건축법 제44조가 도로의 요건을 엄격하게 규정하고 있다. 즉 건축물의 대지는 너비 4m 이상의 도로에 2m 이상 접하여야 한다.

택지분양업자는 건축법이 요구하는 바에 따라 장차 수분양자들이 택지에 건물을 건축할 수 있도록 도로를 개설해 놓았고, 택지를 분양할때는 자신이 개설한 도로를 수분양자들이 아무런 제한 없이 이용할 수 있다는 조건하에 분양한 것이다.

그렇기 때문에 분양업자가 아직 도로의 등기부상소유자가 자신명의로 남아 있다는 이유로 도로사용을 거부하는 것은 분양계약상의 의무를 위반한 것이다.

이에 대하여 대법원도 명백한 입장을 내놓았다. 즉 대법원(2014.3.27. 선고 2011다107184 판결)은 [대지를 조성한 후 분할하여 분양하는 사업을 하는 경우에, 그 택지를 맹지로 분양하기로 약정하였다는 등의 특별한 사정이 없다면, 분양계약에 명시적인 약정이 없더라도 분양사업자로서는 수분양택지에서의 주택건축 및 수분양자의 통행이 가능하도록 조성하고 분양된 택지들의 현황에 적합하게, 인접부지에 건축법등 관계법령의 기준에 맞는 도로를 개설하여 제공하고, 수분양자에 대하여 도로를 이용할 수 있는 권한을 부여하는 것을 전제로, 분양계약이 이루어졌다고 추정하는 것이 거래상 관념에 부합되고, 분양계약당사자의 의사에도 합치된다]라고 판시하여, 도로의 사용을 거부하는 분양업자의 주장을 배척하였고, 이와 같은 대법원의 입장은 현재도 그대로 유지되고 있다.

그렇다면 위와 같이 분양업자가 통행을 방해하는 경우에는 어떠한 내용의 법적 조치를 취할 수 있는가?

첫째, 분양업자가 분양계약에 포함되어 있는 도로개설의무를 이행하지 않았음을 이유로 분양계약을 해제하고 분양대금을 반환받음과 동시에 손해배상을 청구할 수 있다.

둘째, 수분양자가 그 택지를 계속 이용해야 할 필요가 있는 경우에는 소송을 제기하여, 통행권확인을 청구할 수 있고, 토지사용승낙을 거부할 경우에는 도로사용에 대한 승낙의 의사표시를 하라는 내용의 판결을 받을 수 있고, 그 판결은 토지사용승낙서를 대신할 수 있다.

그런데 이러한 불편을 사전에 근본적으로 예방할 수 있는 방법이 있다. 택지를 분양받을 경우에는 도로에 관하여도 지분이전등기를 받아 놓으면 비교적 그러한 위험은 피할 수 있다. 그러나 도로에 지분이전등기를 해놓더라도 지분소유자가 여러명일 경우 공유자 전원으로부터 사용승낙을 받아야 하는데, 일부가 승낙을 하지 않을 경우에는 곤란할 수 있어서 도로지분이전등기가 완벽한 방법이라고 할 수는 없다. 그러나 적어도 지분이전등기를 해놓으면 외형상 권리자임이 등기부에 표시되어 있기 때문에, 도로사용을 하지 못하게 막는 일은 거의 없을 것이다. 그리고 그 택지를 다른 사람에게 매도할 경우, 도로지분까지 이전등기를 해주면 매수자가 안심할 수 있을 것이다.

11 토지분양하면서 별도로 제공한 통로만 매수한 사람은 이를 막을 수 있나?

이 사건은 최근에 실제 벌어진 일이다.

토지를 쪼개어 분양하면서 이 건에 있어서는 분양토지 중간에 설치한 통로가 아니고, 그 분양토지로부터 대로까지 통하는 구간, 그 사이에 있는 역시 분양자 소유의 토지를 폭 6m의 통로로 제공하여 20년 이상 수분양자들이 통행함은 물론, 공장허가도 받고 건축허가도 받고 지하에는 하수관을 매설하는 등 장기간 다양하게 사용하여 왔다.

그런데 최근에 그 통로를 포함하여 원래 그 분양자의 토지가 모두 경매로 넘어가고 낙찰을 받은 새로운 소유자가 그 통로를 완전히 막지는 않고 폭을 절반쯤 막아 불편을 초래한 다음 금전을 요구하는 사례가 있었다. 이러한 일이 전국적으로 일어나고 있다.

이 경우 새로운 통로소유자의 요구가 정당할까? 부당하다면 어떤 법적구제수단이 있을까?

우선 일반적으로 행하여지는 행정실무에 관하여 본다. 건축허가나 공장허가를 받으려면 통행로가 확보되어야 하는데 이때 허가의 전제조건으로 통로로 제공된 도로를 건축법도로라고 한다. 건축법도로는 엄연한 법정도로로서 시청의 **도로대장**에 등재되고, 한번 건축법도로로 지정되면, 그후 다른 사람이 그 도로를 이용하여 건축허가를 받아야 할 경우 별도로 소유자의 사용승낙을 받지 않아도 된다.

그리고 한번 도로로 지정되면 추후 그 지정당시의 건축허가가 취소된다고 하여도 특단의 사정이 없는 한 도로지정이 취소되지 않는다.

행정실무가 이렇기 때문에, 그 도로는 지자체에서조차도 함부로 할 수 없는 것이어서 새로운 소유자라도 그 건축법도로를 막거나 폭을 줄이거나 하는 일체의 행위를 할 수가 없다.

대법원판결(2021.3.11. 선고 2020다229239)은 공로로 제공되어 불특정다수인이 장기간 사용한 경우 이렇게 판결했다.

1) [어떤 토지가 개설경위를 불문하고 일반 공중의 통행에 공용되는 도로, 즉 공로가 되면 그 부지의 소유권행사는 제약을 받게 되며, 이는 **소유자가 수인하여야 하는 재산권의 사회적제약**에 해당한다. 따라서 공로부지의 소유자가 이를 점유, 관리하는 지방자치단체를 상대로 공로로 제공된 도로의 철거, 점유이전 또는 통행금지를 청구하는 것은 법질서상 허용될 수 없는 '권리남용'이라고 보아야 한다.]

2) [지자체가 장기간 도로로 관리하고 있는데, 위 **[도로가 있는 임야를 경락받은 사람]**은 그 도로가 장기간 공중의 이용에 제공된 사실을 알고 경매를 통하여 매수하였기 때문에 지자체를 상대로 도로의 철거, 인도를 구하는 것은 권리남용에 해당하여 받아들일 수 없다]는 입장이다.

그렇다면 이 건에 있어서 당연히 새로운 소유자는 기존에 그 도로를 이용하는 사람들에게도 철거, 인도 등 통행에 지장을 주는 행위를 할 수 없다고 보아야 한다.

한편 대법원은 택지분양자가 분양조건으로 제공한 통로에 대하여 그 소유자와 그 승계인이 배타적사용수익권을 포기하였다고 해석하고 있다.

그 외에 이러한 경우에도 배타적사용수익권을 포기하였다고 보았다.

즉, 토지소유자가 그 소유의 토지를 일반공중을 위한 도로로 제공한 경우에, 여러 가지 사정을 종합하여, 그 도로가 일반인의 통행은 물론, 지하에는 상하수도가 매설되어 있는등 그 도로가 없으면 수많은 사람이 큰 불편을 겪게 되고, 지자체에서 포장을 한지 오래이고, 일반인이 그와 같이 도로로 사용한 기간이 수십년이 되는 경우에는 토지소유자가 배타적사용수익권을 포기하였다고 볼 수 있다는 취지이다.

그리고 대법원은, 위와 같이 **[배타적사용수익권이 포기되었다고 인정되는 도로]**가 개설된 토지를 매수한 매수인도, 역시 그 도로부지에 대하여는 배타적사용수익권을 포기한 것으로 보아야 한다는 입장이다.

즉 대법원(2023.6.29. 선고 2022다301326 판결 외)의 다수의 판결은 [원소유자의 독점적 배타적인 사용수익권의 행사가 제한되는 토지의 소유권을 경매, 매매, 대물변제 등에 의하여 특정승계한 자는, 특별한 사정이 없는한, 그와 같은 사용수익의 제한이라는 부담이 있다는 사정을 용인하거나 적어도 그러한 사정이 있음을 알고서, 그 토지의 소유권을 취득하였다고 봄이 타당하므로, 그러한 특정승계인은 그 토지 부분에 대하여 독점적이고 배타적인 사용수익권을 행사할 수 없다]는 입장이다.

소유자가 사망하여 상속받은 상속인은 소위 [포괄승계인]으로서 당연히 배타적 사용수익권의 제한을 승계받는다.

배타적사용수익권이 포기되었다고 인정되면 [도로시설의 철거나 토지인도]를 청구하지 못하고 토지사용료도 청구하지 못하는게 원칙이다.

이와 같이 배타적사용수익권이 제한되면 지표면분만 아니라 지하와 지상부분도 포함되어, 지상에 전기나 통신시설을 하고 지하에 상하수도 등을 매설하는 행위에 대하여도, 이를 제지할 수가 없다.

이런 대법원의 입장에 따라, 이 건에 있어서 통로의 새로운 소유자는 배타적사용수익권을 포기한 자에 해당하여 통행을 방해하는 일체의 행위를 할 수가 없다.

이와 같은 새로운 소유자의 부당한 행위에 대하여는 다양한 법적구제수단이 있다. 통해방해금지청구, 주위토지통행권확인청구, 통행지역권의 시효취득청구, 축대등 시설물을 설치한 경우에는 철거청구 등 구체적인 사안에 맞는 청구를 할 수가 있다. 만약 도로로서의 기능을 훼손하여 일반공중의 통행을 방해하였을 경우에는 일반교통방해죄로 형사고소를 할 수도 있다.

12 택지분양받을 때 통행로에 대하여 꼭 해야 할 일

통상 개발업자가 토지를 개발한 후 여러필지로 분할하여 택지를 분양할 때는 필수적으로 중간에 수분양자들이 통행할 수 있는 통행로를 만들어 놓고 분양한다. 그 통행로는 수분양자들이 장차 외부통행을 하는데 이용됨은 물론, 상하수도, 통신시설등을 매설하는 데도 이용될 예정이다. 그건 너무 당연한 일이기 때문에 분양계약을 할 때 언급조차 할 가치가 없다고 보고, 실제로 아무런 언급없이 계약이 이루어지는 경우가 많다.

가장 바람직한 방법은 통행로도 개별택지의 면적에 비례하여 지분비율대로 수분양자들에게 함께 매매계약에 포함시키는 것이지만, 이 경우에는 오히려 수분양자들이 '통행로는 당연히 그냥 주는 건데 왜 돈을 주고 사는가?'하는 심리가 작용하고, 한편 통행로의 지분까지 분양을 받을 경우 계약면적이 늘어남에 따라 매매대금이 증가할 것이 두려워 오히려 수분양자들이 이를 꺼려하는 경향도 있다.

결국 분양계약을 할 때는 통행로는 제외하고 자신이 주거지로 이용할 부분에 대하여만 평당 얼마로 가격을 책정하고 그 부분에 한하여만 소유권을 이전받기로 하는 내용으로 계약이 이루어진다. 자연히 통행로부분은 분양업자명의로 소유권등기가 남아 있다.

여기에 분쟁의 불씨가 도사리고 있다.

분양계약이 이루어져도 그 즉시 집을 짓는 게 아니고 사정에 따라서는 상당히 오랜 기간이 지난 다음에 집을 지을 수도 있다. 그 사이에 통행로에 관하여 소유권등기를 갖고 있는 분양업자는 때로는 계속 재산세를 납부하고, 그 부동산을 소유함으로서 각종 공적인 부담을 져야 하는 게 우리의 현실이다.

이러는 사이에 통행로소유자는 '통행로는 등기가 엄연히 내 명의로 되어 있고 내 재산이다.'라는 생각을 하면서 처음과는 달리 통행로에 대한 인식이 바뀐다.

이런 상황에서 건축허가를 받아야 하거나, 그 도로에 하수도, 상수도 및 통신설비 등을 시설하여야 할 때가 왔을 때, 관청에서는 영낙없이 통행로소유자의 사용승낙을 받아 오라고 한다.

이때 통행로 소유자는 사용승낙을 거부하거나 차일피일 미루는 일이 많은 게 문제이다.

이에 대하여 대법원도 명백한 입장을 내놓았다. 즉 대법원(2014.3.27 선고 2011다107184 판결)은 [대지를 조성한 후 분할하여 분양하는 사업을 하는 경우에, 그 택지를 맹지로 분양하기로 약정하였다는 등의 특별한 사정이 없다면, 분양계약에 명시적인 약정이 없더라도 분양사업자로서는 수분양택지에서의 주택건축 및 수분양자의 통행이 가능하도록 조성하고 분양된 택지들의 현황에 적합하게 인접부지에 건축법등 관계법령의 기준에 맞는 도로를 개설하여 제공하고, 수분양자에 대하여 도로를 이용할 수 있는 권한을 부여하는 것을 전제로 분양계약이 이루어졌다고 추정하는 것이 거래상 관념에 부합되고, 분양계약당사자의 의사에도 합치된다라고 판시하여, 분양업자는 도로사용을 거부할 수 없다]고 하였다. 이와 같은 대법원의 입장은 현재도 그대로 유지되고 있다,

대법원판례의 입장대로라면 당연히 통행로 소유자는 사용승낙을 해주어야 하고, 택지소유자는 소송을 제기하면 승소할 것이 틀림없지만, 일반인들은 소송을 하는 것이 비용은 둘째치고 번거롭고 시간도 많이 걸리고 하여 법원에 소송을 제기하는 것을 상당히 부담스러워한다.

이때 통행로 소유자는 사용승낙의 대가로 돈을 요구하는데, 그 금액이 소액이라면 별문제가 없지만 대부분 다소 부담스러운 고액을 요구한다. 결국 택지소유자는 그 금액을 감당하기가 어려워 할 수 없이 소송을 제기하는 사례가 의외로 많다.

그렇기 때문에 택지를 분양받을 때는 이러한 불씨를 사전에 없애놓는 게 중요하고 이는 반드시 분양계약당시에 해결해 놓아야 한다. 몇 가지 해결책이 있다.

첫째, 통행로에 통행지역권을 설정하는 방법이다. 통행지역권을 설정하면 등기부에 기재되기 때문에 누구나 확인이 가능하고, 소유자가 바뀌어도 효력이 살아 있어서 택지소유자에게는 강력한 조치라고 할 수 있다.

통행지역권등기가 되어 있으면 통행지소유자의 사용승낙이 필요하지 않다. 그런데 실무에서는 관할 시군 담당공무원들이 통행지역권에 대한 이해가 부족하여, 여전히 통행지소유자의 사용승낙을 받아오라고 요구하면서 건축허가를 보류하는 사례가 있어 문제이다. 이 경우에는 행정소송을 할 수밖에는 없다. 한편 통행지역권을 설정하더라도, 통행지의 소유권등기는 여전히 분양업자에게 남아 있어 근본적인 해결책으로는 좀 미흡한 점이 있기는 하다.

둘째, 분양계약을 할 당시에 특약으로서 '추후 수분양자가 필요할 시에는 분양자는 하시라도 통행지에 대하여 토지사용승낙서를 작성해준다.'라고 기재하면, 매우 유리하다. 그러나 토지사용승낙은 토지소유자가 바뀌면 새로운 소유자에게는 효력이 없어서 새로운 소유자가 다시 사용승낙을 해야 한다는 단점이 있다.

셋째, 택지를 분양받을 경우에는 분양대금이 많아지더라도 통행로에 관하여도 지분이전등기를 받아놓으면 비교적 완벽에 가까운 조치라고 할 수 있다. 그러나 도로에 지분이전등기를 해놓더라도 사용승낙이 필요할 경우에는 지분소유자가 여러 명이

라면 공유자전원으로부터 사용승낙을 받아야 하는데, 일부가 승낙을 하지 않아 곤란을 겪는 경우도 있다.

그러나 적어도 지분이전등기를 해놓으면 외형상 권리자임이 등기부에 표시되어 있기 때문에, 도로사용을 하지 못하게 막는 일은 거의 없을 것이다.

이러한 불편을 예방하기 위하여는 택지소유자가 통행로에 관하여 지분이전등기를 하면서 택지소유자 상호간에 서로 필요시 사용승낙을 한다는 특약을 하면 가장 바람직할 것으로 보인다.

13 아들만 사용하라고 길 내주었는데, 동네길 되어 버렸네

통행로와 관련하여 다소 황당한 결과로 이어졌는데, 그게 우리 주위에서 언제든 또다시 발생할 수 있는 사례 한 가지를 본다.

60대 가장인 김황당 씨는 자신소유의 토지 일부를 결혼한 아들에게 증여하고 그곳에 아들이 거주할 가옥을 짓도록 하였다. 그런데 아들에게 준 토지는 대로에서 먼 쪽이어서 아버지 김황당 씨의 토지에 길을 내주어야 했고, 아들명의로 건축허가신청을 함에 있어, 통행로부분 약 100평에 토지사용승낙을 해주었다.

몇 년후 [아들의 토지에 바로 인접한 토지]에 주택 2-3채가 건축되기 시작하였다. 김황당 씨는 신축건물의 통행로는 별도로 내겠지 하고 무심코 있었는데, 건물이 완공된 후, 그들은 김황당씨가 아들만 이용하라고 내준 통행로를 이용하여 건축허가를 받았고, 장차 계속 그 길을 이용할 계획이라는 사실을 알게 되었다.

김황당 씨는 분개하여서 그들에게 통행을 하지 말라고 통고서를 보내고, 관할 시청에 가서 "어찌하여 토지소유자의 승낙도 없이 건축허가를 내주었느냐?"고 하면서 [다른 곳으로 통로를 내게 하든지, 아니면 신축건물에 대한 건축허가를 취소하라]고 강하게 항의를 하였다.

김황당 씨의 항의가 받아들여질까? 그렇다면 김황당 씨가 아들만 사용하라고 내준 통행로의 운명은 어떻게 될까? 아예 길을 없앨 수는 없을까?

차례로 알아보자.

먼저, 건축허가를 받으려면 진입로가 있어야 하고, 기존의 진입로가 없으면 새로이 진입로로 편입될 부분의 토지소유자의 토지사용승낙이 있어야 한다.

달리 표현하자면 건축허가에 필요한 진입로부분에 대하여 관할 허가청이 도로지정을 이미 해놓았거나, 그렇지 아니하면 새로이 도로지정을 하여야 건축이 가능하다.

도로지정을 하기 위하여는 진입로토지 소유자로부터 토지사용승낙을 받아야 하는게 원칙이지만, 예외적으로 장기간 주민들이 통행로로 사용한 현황도로가 있거나, 동의를 하여야 할 이해관계인이 해외에 거주하는등 사실상 동의를 받을 수 없거나, 법원의 판결로서 통행권을 확보한 경우에는 토지사용승낙이 없더라도 도로지정을 할 수 있는 길이 있다.

일단 관할청이 도로지정을 하고 난 후에는 실무상 건물의 준공검사(사용승인)를 하고, 곧바로 진입로에 대하여는 관할 시군이 관장하는 [도로대장]에 도로로 등재하게 되는데, 이와 같은 절차에 따라 도로로 지정되면 법률상 [건축법도로]가 된다. 반드시 도로대장에 올라야만 건축법도로가 되는 것은 아니고 도로대장에 올리지 않아도 건축법도로로서의 법적성격이 없어지는 것은 아니다. 담당공무원의 업무미숙으로 도로대장에 올리지 않을 수도 있다.

일단 건축법도로가 되면 이는 이미 **사도**가 아니라 **공도**, 즉 불특정다수인이 사용할 수 있는 도로가 된다는 말이다. 그렇기 때문에 제3자는 건축허가를 받음에 있어서 그 건축법도로부지 소유자의 사용승낙을 받을 필요가 없이 그 건축법도로를 이용하여 건축허가를 받을 수가 있고, 건축법도로부지 소유자는 [왜 토지소유자의 사용동의도 받지 않고 건축허가를 내주었느냐? 건축허가를 취소하라]고 항의할 수가 없다.

그런데 실무현장에서는 간혹 담당공무원이 이러한 법적인 사실을 모르고 건축법도로소유자의 사용동의를 받아오라고 요구하여 물의를 빚는 경우가 있다.

어쨌든 토지사용승낙과 사용료문제는 민법상의 문제이지만, 도로지정문제는 행정법상의 문제로서 법적성격이 완전히 다르다.

사용승낙을 취소한다고 하여 이미 지정된 건축법도로가 없어지지 않는다.

설령 아들의 집을 철거하여 그 도로를 사용하지 않게 되거나, 아들의 집에 대한 건축허가가 취소된다고 하더라도, 한번 지정된 건축법도로가 없어지는 게 아니다. 도로로서의 기능을 없애려면 허가청에서 [도로폐지처분]을 하여야 하는데, 이때는 폐지 당시의 이해관계인 전원의 동의를 받아야 하고, 이 건의 경우에는 이미 이해관계인이 된 새로운 건물소유자들의 동의를 받아야 하는데, 사실상 동의를 받기가 어렵게 되었다.

실제로 김황당씨와 같은 처지에 있던 건축법도로의 소유자가 [나는 동의한 적이 없으니 건축허가를 취소하라]고 요구하였으나 허가청에서 받아주지 않자 행정소송을 제기하였다가 대법원까지 가서 패소한 실례가 있다.

물론 도로사용료는 받을 수 있다고 하더라도 그 금액은 당사자 간 합의가 없는 한, 감정가에 의할 수밖에 없는데 그 금액이 얼마 되지 않기 때문에 사용료를 받는다고 하여 불만이 해소되지 않을 것이다.

김황당 씨는 100평 정도의 땅을 동네길로 제공하고, 소유권을 제대로 행사할 수 없는 황당한 경우를 당한 것이다.

그렇다면 김황당 씨 입장에서 어떻게 했어야 했는가?

아들이 집을 짓기 위해 진입로를 허락한 것은 어쩔 수 없다. 아들에게 진입로를 내주더라도 그 진입로까지 포함하여 울타리를 쳐서 [일반인이 통행할 수 있는 도로가 아니라는 사실]을 외부에 알렸다면, 허가청에서 신축건물에 대하여 허가를 하기 위하여 현장을 확인했을 때, 그 도로가 [불특정다수인이 자유로히 통행할 수 있는 공도]로 보기 어렵다고 보고, 그 기존의 건축법도로를 이용하여 건축허가를 하지 않았을 것이다.

그런데 김황당 씨는 아무런 조치를 하지 않아 담당공무원이 보기에 현황상 통행로로 이용되고 있고, 허가청 도로대장에도 도로로 등재되어 있으니까 쉽게 제3자에게 건축허가를 내 준 것이다.

14 통행로만 싸게 경락받아 사용료달라는 사람이 늘어나고 있어요

요즈음 통행로만을 싸게 경락을 받은 후 그 통행로를 이용하는 세대의 각 세대주에게 사용료를 달라고 소송을 제기하겠다고 하거나 실제로 제기하는 사례가 증가하고 있다.

그들은 소송을 제기한 후, 한결같이 [사용료는 소액이지만 매달 영원히 지불해야 하니 그 통행로부분 토지를 차라리 매수하라]고 요구하면서, 만약 불응하면 그 통행로를 막겠다고 은근히 겁을 주고 있다.

택지분양을 할 때 장차 수분양자들이 무상으로 사용하라고 통행로를 개설하는데, 통상 분양계약을 할 때 그 통행로는 제외하고 택지만을 분양받는게 현실이다. 그 통행로는 분양사업자명의로 남아 있고, 그 분양사업자가 사업에 실패하여 경매가 진행되면, 그 통행로는 경락받으려는 경쟁자가 없어서 매우 저렴하게 경락을 받을 수 있다.

그들의 대부분은 이와 같이 분양택지 사이에 있는 통행로를 취득한 사람들이고, 때로는 심지어 8차선 대로의 한가운데에 개인소유로 남아 있는 토지를 싸게 매수하거나 경락을 받은 사람도 있다.

그런 사람들로부터 사용료를 청구받은 분들이 저에게 문의를 하는 경우가 전국적으로 늘어나고 있다. 한편 그러한 통행로토지를 경락받을지 말지를 망설이는 사람들이 경락을 받아도 되느냐고 문의를 하는 경우까지도 있다.

그러한 통행로에 대하여는 절대로 사용료를 낼 필요도 없고, 또한 그들이 길을 막거나 통행을 방해할 수가 없는 것이니, 불안해하지 말고, 그들의 요구에 응하여 손해를 보는 일이 없기를 바란다.

사용료를 내지 않아도 되는 이유는 이렇다.

우리가 토지이든 건물이든 부동산에 관하여 소유권을 갖고 있다고 하면, 그 물건에 대한 [배타적 사용수익권]을 갖고 있다. 즉 다른 사람을 배제하고 나 혼자만 독자적으로 사용할 수 있는 권리로서 소유권의 핵심내용이다

그런데 도로로 편입된 토지 중에는 배타적사용수익권이 포기된 것으로 간주되는 도로가 있다.

대법원은 도로부지에 관한 배타적사용수익권이 포기된 것으로 보아야 하는 경우 3가지를 인정하고 있다는 사실에 대하여는 앞에서 여러번 설명한 적이 있다.

그러면 위와 같이 배타적사용수익권이 포기되었다면 어떤 효력이 있는가?

배타적사용수익권이 포기되었다고 인정되면 [도로시설의 철거나 토지인도]를 청구하는등 통행을 방해할 수가 없고, 토지사용료도 청구하지 못한다는 게 대법원의 확고한 입장이다.

만약 소유자라는 이유만으로 도로로서의 기능을 훼손하여 일반공중의 통행을 방해하였을 경우에는 일반교통방해죄로 형사처벌을 받을 수도 있다.

이와 같이 배타적사용수익권이 제한되면 지표면뿐만 아니라 지하와 지상부분도 포함되어, 지상에 전기나 통신시설을 하고 지하에 상하수도등을 매설하는 행위에 대하여도, 이를 제지할 수가 없다.

한단계 더 나아가서 이와 같이 도로가 개설된 토지를 [제3자]가 매수하거나 혹은 경매에서 경락을 받은 경우, 그 제3자도 역시 매타적사용수익권 포기의 효력을 승계한다는 것이다.

대법원은 [원소유자의 독점적 배타적인 사용수익권의 행사가 제한되는 토지의 소유권을 법원경매, 매매, 대물변제등에 의하여 특정승계한 자는, 특별한 사정이 없는 한, 그와 같은 사용수익의 제한이라는 부담이 있다는 사정을 용인하거나 적어도 그러한 사정이 있음을 알고서, 그 토지의 소유권을 취득하였다고 봄이 타당하므로, 그러한 특정승계인은 그 토지 부분에 대하여 독점적이고 배타적인 사용수익권을 행사할 수 없다]고 판시하였다. 즉 그러한 도로부지를 매수하거나 경락받은 제3자도 배타적사용수익권을 행사할 수 없다는 것이다.

토지소유자가 사망하여 상속받은 상속인은 소위 [포괄승계인]으로서 당연히 배타적사용수익권의 제한을 승계받는다.

이와 같이 배타적사용수익권이 포기되었다고 인정되는 통행로소유자나 혹은 그로부터 소유권을 이전받은 제3의 매수인은 배타적사용수익권을 행사할 수 없기 때문에 사용료청구, 토지인도청구를 내용으로 하는 소송을 제기하면 패소할 수밖에 없다.

결론은, 그들이 법원에 소를 제기하였을 경우 제대로만 응소하면 모두 승소할 수 있고, 승소하면 변호사비용까지도 패소한 당사자에게 부담시킬 수 있다는 사실, 꼭 명심하고 손해를 보는 일이 없기를 바란다.

15 지자체가 도로사용료 지급하지 않기 위해 도로를 점유하지 않는다고 변명할 경우의 대처방법

개인소유토지를 보상절차도 없이 지자체가 도로로 점유하는 사례가 전국적으로 매우 많다. 토지소유자가 지자체를 상대로 도로사용료를 청구하여 승소하려면 지자체가 도로를 점유하고 있다는 사실이 전제되어야 한다.

통상 토지소유자는 담당 시, 군을 찾아가 사용료를 달라고 요청한다. 이때 담당 공무원은 예외없이 '내 맘대로 줄 수가 없으니 법원에 소송을 제기하여 판결을 받아오면 즉시 지불하겠다'고 말한다. 이 말은 도로사용료를 지불하지 않겠다는 말이나 다름없다.

토지소유자가 그 말을 듣고 법원에 도로로 편입된 부분에 대한 사용료청구소송을 제기하면, 대부분의 지자체 소송담당직원이나 소송대리를 맡은 변호사는 '우리 지자체에서는 그 도로를 점유하지 않는다'라고 발뺌한다. 토지소유자로서는 지자체가 그 도로를 점유한다는 사실을 입증하여야 하는데, 어떻게 해야 할지 당혹스러울 수밖에 없다.

도로가 전혀 없는 지역에 도로를 신설하는 경우에는 지자체가 도로로 점유한다는 사실에 대하여 논쟁이 별로 없다. 다만 오래전부터 도로로 이용하던 기존의 사실상 도로에 대하여는 동네주민들이 점유한다고 해야 할지, 지자체가 점유한다고 해야 할지 판단이 어려울수 있다.

이에 대하여 대법원(2002.3.12. 선고 2001다70900)은, '어떠한 경우에 지자체가 그 도로를 점유한다고 보아야 하고 따라서 사용료를 지불해야 하는지?'에 대하여 명확하게 2가지 기준을 제시하고 있다.

첫째, [기존의 사실상의 도로에 도로법에 의한 노선인정의 공고 및 도로구역의 결정이 있거나, 도시계획법에 의한 도시계획사업의 시행으로 도로설정이 된 때에는 이때부터 도로관리청이 점유를 개시한 것으로 인정되어야 한다]고 판시하였다. 도시계획법상 도로시설로 도시계획결정이 있는 것만으로는 부족하고, 도시계획결정에 근거하여 도로법에 의한 도로구역의 결정이 있어야 도로관리청이 그 도로를 점유하기 시작하였다고 본다는 것이다.

그렇기 때문에 토지소유자로서는 도로법에 의한 도로구역결정이 있다는 사실만 입증하면 사용료를 받아낼수 있다.

둘째, 오래전부터 일반인이 도로로 이용해온 기존의 사실상의 도로를 지자체가 확장, 도로포장, 상하수도설치 및 통신설비 설치 등 도로의 개축 또는 유지보수공사를 시행하여 일반공중의 교통에 이용한 때에는 이때부터 그 도로는 국가 혹은 지방자치단체의 사실상 지배하에 있는 것으로 보고 그 도로의 점유를 개시하였다고 보았다.

이러한 경우 토지소유자로서는 지자체가 확장, 포장 또는 하수도설치 등 도로의 개축 또는 유지보수공사를 시행하였다는 사실만 입증하면 지자체가 점유한 것으로 되어 사용료를 받아낼 수 있다.

그런데 여기에서 예상치 못한 난관에 부닥치는 경우가 있다.

필자가 실제로 여러번 경험한 사실이다. 개인소유토지를 도로로 편입하여 포장까지 하고 대중의 통행로로 사용하면 일반적으로 국가나 지방자치단체가 그 도로를 점유한다고 보아야 하는 게 일반 상식이다. 물론 특정 사업체가 자신의 업무를 수행하기 위하여, 예컨대 골프장사업체가 진입로에 도로를 개설하고 골프장에 오는 손님만이 사용하는 경우까지 지자체가 그 도로를 점유한다고 할 수는 없다.

지자체가 포장까지 하여 도로로 사용하고 있음에도 불구하고, 토지소유자가 지자체를 상대로 도로부분으로 편입된 개인토지에 대하여 사용료를 청구하면, 대다수 지자체는 '포장을 지자체에서 한 것이 아니다'. 혹은 '지자체에서 포장을 하였는지 모른다. 지자체는 그 도로를 점유하지 않고 있다'는 황당한 주장을 한다.

토지소유자로서는 지자체에서 포장한 사실을 입증하기 위하여 지자체에게 관련 공문서를 제출하라고 요구한다. 그 포장관련서류는 지자체만이 보관하고 있으니까.

이에 대하여 담당공무원은 '관련서류는 보존연한이 도과하여 폐기되었다.'고 하면서 관련서류를 제공하지 않는 경우도 있다. 도로포장서류는 의무적으로 폐기해야 할 서류가 아니다. 관련서류를 폐기하였다는 말은 거짓말일 가능성이 높다.

어찌되었든 법원에서는 토지소유자로 하여금 지자체가 점유한 사실을 입증하여야만 사용료를 지급하라고 판결을 할 수 있는데, 법원으로서도 조금만 깊이 생각하면 지자체가 아니고는 이를 포장할 사람이 없다는 사실을 알 수 있음에도 불구하고, 포장주체에 대한 입증이 없거나 부족하다는 이유로 토지소유자의 사용료청구를 기각하는 경우도 왕왕 있다.

필자는 이 경우 포장 당시에 포장을 하고 지자체에서 공사비를 수령한 공사업자와 포장공사를 주도한 이장을 증인으로 세워 지자체가 포장한 사실을 입증한 사례가 있다.

지자체가 단지 승소하기 위하여 이와 같은 변명을 할 경우 절대로 포기하지 말고 끝까지 방법을 모색하기 바란다.

16 통행로지주가 죽어도 길 못내준다고 할 때, 건축허가는 영영 불가능한가?

맹지 중에는 원래부터 맹지인 경우도 있고, 원래 맹지가 아니었는데 도로건설, 대형시설물축조등 주위 환경이 변경됨으로 인하여 맹지가 된 경우도 있다.

어찌되었든 맹지소유자는 할 수 없이 인근토지를 통행로로 사용하여야만 그 토지에 대한 소유권을 행사할 수 있고 대지인 경우 건물도 건축할 수 있다.

사전에 강조드리는 사항은, 처음부터 법적수단을 강구하지 마시고 충분히 협상을 하라는 것이다. 다만 상대가 적대감을 드러내면서 감정적으로 무리한 요구를 할 경우, 예컨대 '길도 없는 쓸모없는 땅이니 헐값에 팔라'느니, 아니면 '내땅이 통행로로 필요하면 시가의 10배 가격으로 전부를 다 매수하라'느니 할 경우, 그럴 경우에만 최후적인 수단으로 소송을 하기 바란다.

3단계로 나누어서,

1단계로 통행할 수 있는 권리를 확보하는 방법,

2단계로 건축허가를 받기 위한 통행로의 폭을 확보하는 방법,

3단계로서 건축허가를 받기 위한 수단을 제시하는 순서로 설명한다.

우선 1단계로 통행권을 확보하는 방법이다. 이에 대하여는

첫째, 통행로가 없어 새로이 개설하는 경우에는 주위토지통행권확인판결을 받는 방법이 있고,

둘째, 20년 이상 통행로로 사용된 기존의 통행로가 있는 경우에는 지역권판결을 받아 지역권등기를 하는 방법이 있다.

이에 대하여 간단히 요약해 본다.

민법 제219조는 "어느 토지와 공로사이에 그 토지의 용도에 필요한 통로가 없는 경우에 그 토지소유자는 주위의 토지를 통행또는 통로로 하지 아니하면 공로에 출입할 수 없거나 과다한 비용을 요하는 때에는 그 주위의 토지를 통행할 수 있고 필요한 경우에는 통로를 개설할 수 있다."라고 규정하고 있다.

여기에서 눈여겨 볼 문귀는, 법조문이 단순히 '통로를 개설할 수 있다'가 아니라, [그 토지의 용도에 필요한 통로]를 개설할 수 있다는 것이 핵심 포인트이다. 즉 통로가 필요한 토지가 농지이냐 대지이냐 임야이냐에 따라 통로의 폭이 달라질 수 있다는 의미이다.

다음으로 지역권에 대하여 본다.

민법 제294조는 '지역권은 계속되고 표현된 것에 한하여 20년간 평온 공연하게 통행을 계속한 때에는 등기함으로써 취득한다'고 규정하고 있다.

20년 이상 통행로로 이용된 토지에 대하여 통행지소유자가 통행을 거부할 때는 민법 제294조를 근거로 지역권설정등기청구소송을 제기하여 통로를 확보할 수 있다.

주위토지통행권과 지역권은 모두 법률이 국민 모두에게 인정한 권리이다.

주위토지통행권이나 지역권은 요건만 충족되면 승소판결을 받을 수 있기 때문에, 이러한 판결을 받는 것은 그다지 어려운 일이 아니다.

다음 2단계로 건축허가를 받기 위하여 진입로의 폭을 확보하는 문제이다.

건축허가를 받기 위하여 가장 중요한 사항은 진입로의 폭이다.

건축허가에 필요한 진입로의 폭은 그 지역이 도시지역이냐 비도시지역이냐? 건물의 규모(연면적)가 어느 정도이냐? 막다른 골목이냐 아니냐? 등 여러 가지 상황에 따라 그 폭이 달라질 수 있다. 각기 상황에 따른 진입로의 폭이 확보되어야 건축허가가 가능하다.

진입로의 폭과 관련된 대법원의 입장을 본다.

1) 대법원의 기본입장은, 주위토지통행권확인소송에서 진입로의 폭을 인정함에 있어서는, 현재의 이용상태를 기준으로 필요한 폭을 인정하여야 할 것이지, 개발이나 건축등 장래의 이용상황을 예상하여 미리 폭을 넓게 인정할 수는 없다는 것이고, 주위토지통행권확인판결이나 지역권판결을 받았더라도 이를 건축법에서 요구하는 [통행지토지소유자의 토지사용승낙에 갈음할 수 없다]는 것이다.

그러면 대법원이 주위토지통행권확인판결을 하면서, 어떠한 경우에 건축허가에 필요한 폭의 진입로를 인정하는, 예외적인 입장을 취하는지에 대하여 본다.

2) 대법원(1992.4.24. 선고 91다32251 판결)은, [위요된 토지(둘러싸인 토지, 맹지를 의미)가 도시계획구역 내의 일반주거지역에 위치하고, 현재 나대지인 상태로 되어 있어, 이를 일정한 건축물의 건축부지로 이용하고자 하는 경우에 있어서는, 만일 건축법규상의 규제에 적합한 통로의 개설이 허용되지 않는다고 하면, 이는 그 토지 소유자로 하여금 건축물의 신축행위를 할 수 없게 하여, 당해 토지의 용도에 따른 이용상에 중대한 지장을 주게 되는, 매우 불합리한 결과가 생기게 되는바, 따라서 이러한 경우, 건축법규상의 규제사항의 존재의 점만으로 당연히, 그 규제에 적합한 내용의 주위토지통행권을 인정할 것은 아니라고 하더라도, 공익상의 견지에서 토지의 이용관계를 합리적으로 조정하기 위하여는, 마땅히 건축법규상의 규제내용도 그 참작요소로 삼아, [위요된 토지의 소유자의 건축물 건축을 위한 통행로의 필요도]와 [위요지(둘러싸고 있는 토지) 소유자가 입게 되는 손해]의 정도를 비교형량하여, 주위토지통행권의 적정한 범위를 결정하여야 옳다.]라고 판결했다.

이 판결의 의미는 주위토지통행권을 인정할 경우에 있어서, [맹지소유자의 건축물 건축을 위한 통행로의 필요도]가 [통행지소유자가 입게 되는 손해]보다 클 경우에는 건축허가에 필요한 폭을 인정할 수 있다는 취지이다.

3) 대법원(1996.5.14. 선고 96다10171 판결)은, [민법 제219조에 규정된 주위토지통행권은, (중략) 최소한 통행권자가 그 소유 토지를 이용하는 데 필요한 범위는 허용되어야 하며, 어느 정도를 필요한 범위로 볼 것인가는, 구체적인 사안에서 사회통념에 따라, 쌍방 토지의 지형적, 위치적 형상 및 이용관계, 부근의 지리상황, 상린지 이용자의 이해득실 기타 제반 사정을 기초로 판단하여야 할 것이다.

그런데 이 사건에서 원심이 확정한 사실관계에 의하면, 원고는 이 사건 토지를 건축물의 부지로 사용하려 한다는 것이고, 이 경우 건축법에 의하면 이 사건 토지가 2m 이상 도로에 접하여야 건축허가를 받을 수 있으므로, 원고로서는 노폭 2m의 통행로를 확보하여야 할 필요성이 절실하다 할 것이고, (중략) 통행로의 노폭이 건축허가에 필요한 요건을 충족하느냐의 여부는 원고의 주위토지통행권의 범위를 결정함에 있어 중요한 참작 요소가 된다 할 것이고, (중략) 이 사건 토지에 필요한 통행로의 노폭을 2m로 본 원심의 판단을 수긍할 수 있고, 거기에 민법 제219조의 법리를 오해한 위법이 있다고 할 수 없다.]라고 판결했다.

위 판결의 사안은 90년대 초 건축허가를 위하여 폭 2m가 필요한 사건이었다. 이 판결의 의미는, 주위토지통행권확인판결을 함에 있어 맹지소유자측의 건축의 필요성 등 제반 사정을 종합하여 그 진입로의 폭을 건축허가에 필요한 폭으로 인정할 수 있다는 취지이다.

4) 대법원(2006.10.26. 선고 2005다30993 판결)은, [건축 관련 법령에 정한 도로 폭에 관한 규정만으로 당연히 피포위지(둘러싸인 토지, 맹지를 의미) 소유자에게 건축 관련 법령에 정하는 도로의 폭이나 면적 등과 일치하는 주위토지통행권이 생기는 것은 아니고, 그러한 법령의 규제내용도 그 참작사유로 삼아 [피포위지 소유자의 건축물 건축을 위한 통행로의 필요도]와 그 [주위토지 소유자가 입게 되는 손해의 정도]를 비교형량하여 주위토지통행권의 적정한 범위를 결정하여야 할 것이다]라고 판결했다.

이 판결도, [맹지소유자의 건축을 위한 통행로의 필요도]가 [진입토지소유자가 진입로를 허락함으로서 입게되는 손해]보다 클 경우 건축허가에 필요한 폭의 진입로 인정이 가능하다는 취지이다.

이상의 대법원 판결의 입장을 총정리를 해 본다.

원칙적으로는 주위토지통행권을 인정함에 있어, 현재의 이용상황을 기준으로 최소한의 폭을 인정하고, 건축행위 등 장래의 이용상황을 예상하여 그 폭을 넓게 인정할 수는 없는 것이지만, 예외적으로 제반사정을 종합할 때, [맹지소유자의 건축을 위한 통행로의 필요도]와 [진입토지소유자가 진입로를 허락함으로서 입게되는 손해]를 비교형량하여 전자가 후자보다 월등히 큰 경우에는 건축법이 요구하는 폭을 인정할 수 있다는 것이 기본입장이다.

일반적으로는 [맹지소유자의 건축을 위한 통행로의 필요도]가 [진입토지소유자가 진입로를 허락함으로서 입게되는 손해]보다 훨씬 큰 경우가 대부분일 것이다.

다시 말해서 위 대법원이 인정하는 예외사유에 해당하면, 주위토지통행권확인 소송에서, 건축허가에 필요한 폭의 진입로를 인정받을 수 있다는 이야기이다.

3단계, 건축허가를 받는 방법이다.

앞에서도 언급했지만 건축허가에 필요한 폭의 진입로를 확보하는 내용의 주위토지통행권 확인판결이나 지역권판결을 받았더라도 이를 건축법에서 요구하는 진입토지소유자의 토지사용승낙에 갈음할 수 없다고 했다.

즉 토지사용승낙서 대신 그 판결을 첨부하여 건축허가신청을 하더라도 건축허가를 할 수 없다는 것이다.

여기에서 갈음할 수 없다는 것은, 통행권확인판결이나 지역권판결을 받은 상태에서 무조건 예외없이 토지사용승낙을 별도로 받아야만 한다는 의미가 아니고, 다른 예외사정이 있으면 건축허가가 가능하다는 의미이다.

여기에서, 그렇다면 통행지소유자를 상대로 '[토지사용승낙의 의사표시를 하라]는 내용의 소송을 제기하여 승소판결을 받으면 간단하게 해결되는 것 아닙니까?'라고 반문하실 수 있다.

실제로 허가관청의 담당공무원이 그런 판결을 받아 오라고 하는 경우도 실제로 있다. 그러나 이는 쉬운 일이 아니다.

왜? 상대방에게 의무의 이행을 명하는 판결을 하려면, 협의나 계약을 하여 사적인 의무가 발생하였거나, 아니면 법률적으로 의무가 있어야 한다. 그러나 통행지소유자가 사용승낙을 해야 한다는 법규정은 없다.

그렇기 때문에 통행지소유자가 사용승낙을 하기로 약속을 했거나 약속을 했다고 보아야 하는 사정이 있다면 승소판결이 가능할 것이다.

또한 통행지소유자가 토지사용승낙을 거부하는 것이 특별히 권리남용에 해당하여 부당하다고 인정되면, 사용승낙을 하라는 내용의 승소판결이 가능하다.

그러나 그러한 사정이 없다면, 통행지소유자로 하여금 사용승낙을 하라는 내용의 승소판결을 받기는 그리 쉽지 않다.

그렇다면 이러한 경우에는 사용승낙이 없는 상태에서 건축허가를 해달라고 허가관청의 담당공무원을 설득해야 한다.

그런데 우리가 꼭 알아야 할 사항은, 모든 행정기관은 행정사무를 처리함에 있어서, 대법원판례 다음으로 중요한 기준으로 삼는 것이 법제처나 국토부의 유권해석이라는 사실이다.

실제로 담당공무원은 허가를 해줄 수 없다고 하면서, 법제처나 국토부의 유권해석을 받아오라고 하는 경우가 있고, 민원인이 유권해석을 받아 제출하여 허가를 받는 경우도 간혹 있다.

그렇다면 건축허가에 필요한 폭의 진입로를 확인하는 내용의 진입로가 판결로 확보된 상태에서, 통행지소유자의 사용승낙이 없이, 건축허가를 받을 수 있는 방법에 대하여 본다.

첫째, 앞에서 인용한 대법원판결은 예외적인 사정이 있는 경우 건축법이 요구하는 폭의 진입로를 인정하라고 판결했다.

즉 대법원은, '제반사정을 종합할 때, [맹지소유자측의 건축을 위한 통행로의 필요도]가 [진입토지소유자가 진입로를 허락함으로서 입게되는 손해]보다 월등히 큰 경우에는 건축법이 요구하는 폭을 인정하는 [통행권확인판결]을 할 수 있다는 것이다.

이 대법판결은 장차 맹지소유자가 해당 진입로를 이용하여 건축허가를 받아서, 장차 이를 진입로로 이용할 것임을 전제로 한 해석임이 분명하다.

그렇기 때문에 위 대법원 판결은, 위와 같은 예외사유로 진입로폭을 건축법이 요구하는 대로 판결 등에 의하여 확보된 경우에는, [이를 토대로 건축허가를 할 수 있다]는 내용이 함축되어 있다고 보아야 할 것이다.

왜냐하면 건축허가를 해주지 않을 거라면 굳이 건축법이 요구하는 폭의 진입로를 인정하라고 판결을 할 필요가 없었기 때문이다.

둘째, 건축법 제44조 제1항 제1호에 의하면, [해당건축물의 출입에 지장이 없다고 인정되는 경우]에는, 건축물의 대지에 도로가 접하지 않아도 된다.

그렇다면 건축법이 요구하는 폭의 진입로가 확보된 주위토지통행권 확인판결이나 지역권판결을 받았다면, 법원판결로서 출입에 지장이 없다고 인정되었기 때문에, 건축법 제44조의 요건을 충족하였다고 보아야 한다.

셋째, 가장 중요한 국토부 유권해석이다.

1) 건축정책과(등록일자 2011.12.27. 수정일자 2019.5.24.)의 유권해석이다.

[귀 질의의 통행권과 관련된 법원판결만으로는 건축법상 도로로 지정공고할 수는 없을 것으로 사료됩니다.

다만 대지와 도로와의 관계에서 건축법 제44조 제1항에 따르면 건축물의 대지는 2m 이상을 도로에 접하여야 하는 것이나, 해당건축물의 출입에 지장이 없다고 인정되는 경우나 건축물의 주변에 광장, 공원 등 관계법령에 따라 건축이 금지되고 공중의 통행에 지장이 없는 공지로 허가권자가 인정하는 공지가 있는 경우에는 그러하지 아니합니다.

질의가 여기에 해당하는지 여부는 건축허가권자가 해당 건축물의 종류와 규모, 대지가 접하고 있는 시설물의 종류 및 질의의 법원의 판결내용 등 구체적인 사정을 고려하여 개별적으로 판단하여야 할 사항입니다.]라고 유권해석을 하였다.

위 유권해석의 취지는, 법원의 판결에 의하여 건축물의 출입에 지장이 없는 경우에는 통행지소유자의 사용동의가 없어도 도로로 지정공고할 수 있다는 의미이다.

2) [도시정책과-1817. 2015.03.05]의 유권해석이다.

[사인이 소유관리하는 진입로로 건축하려는 경우에는 소유자의 사용동의를 받아 권리를 확보해야 할 것이나, 법원의 판결에 따라 그 권리를 확인한 경우라면, 별도로 도로소유자의 사용동의를 받을 필요는 없을 것이며, 민법등에 따라 허가권자가 판단할 사항이다.]라고 유권해석을 하였다.

여기서 말하는 법원의 판결이라면 [주위토지통행권확인판결]이나 [지역권판결]이 대표적일 것이다.

결론적으로 건축허가에 필요한 폭의 진입로가 확보된 법원의 확정판결이 있으면, 통행지소유자의 사용승낙이 없어도 건축허가가 가능하다는 결론이다.

그럼에도 불구하고 담당공무원이 건축허가를 해주지 않는다면 어떻게 할까?

건축허가를 하느냐 마느냐는 허가청의 [재량행위]에 속한다. 즉 허가를 할지 말지를 허가청이 판단한다는 의미이다. 그러나 허가행위는 [요건에 맞고 특별한 제한 사유가 없으면 원칙적으로 허가를 해주어야 한다, 즉 해줄 의무가 있다]는 것이 대법원의 일관된 입장이다. 그런 이유로 이를 [기속재량행위]라고 표현한다.

최대한 담당공무원을 설득해보고 그래도 허가를 거부한다면 행정소송을 할 수밖에는 없다, 이상 요건을 갖추었다면 승소할 가능성이 있다고 본다.

17 맹지탈출, 지역권으로 해결할 수 있다

사건의 내용을 요약해 본다. 이미안 씨는 맹지에 가옥을 소유하고 있고, 김당해 씨 토지에 통행로를 개설하여 외지로 다닌 기간이 20년이 훨씬 넘는다. 그런데 이미안 씨가 낡은 집을 철거하고 신축을 하려고 건축허가신청을 냈더니 시청에서는 김당해 씨로부터 토지사용승낙을 받아오라고 한다. 그런데 김당해 씨가 태도가 돌변하여 사용승낙을 거부하고 있고 도저히 협상이 불가능한 상황이 되었다. 이 경우 해결방법은 없을까?

우선 주위토지통행권확인소송을 통하여 통행권을 확인하는 판결을 받는 방법을 생각할 수 있다.

이 시간에는 지역권 일명 통행지역권으로 맹지를 탈출하는 방법에 대하여 알아본다.

지역권 일명 통행지역권은 어떤 토지의 편익을 위하여 다른 토지를 통행로로 이용할 수 있는 권리를 말한다. 편익을 필요로 하는 토지를 [요역지], 편익을 위하여 제공되는 토지를 [승역지]라고 한다. 이미안씨 토지가 요역지이고, 김당해씨 토지가 승역지이다.

통상은 당사자 간의 합의에 의하여, 지역권설정**契약**을 하고 지역권**등기**를 함으로써 지역권이 성립한다. 그런데 승역지소유자가 아예 협상의 여지를 주지 않고 거부를 하는 바람에, 이미안씨의 입장에서는 참으로 난감하다.

이에 대한 해결방법이 있다.

민법 제294조는, "지역권은 계속되고 표현된 것에 한하여 제245조를 준용한다"고 규정하고 있다.

제245조는 소유의 의사로 평온 공연하게 20년간 점유한 때에는 등기를 함으로써 소유권을 취득한다는 규정이다.

즉 이미안씨가 종전에 통행로로 매일 통행하는 상태가 20년 이상 평온 공연하게 지속된 경우에는 통행지역권을 시효취득할 수 있다는 것이 민법 제294조의 내용이다.

20년 이상 평온 공연하게 통행하던 진입로에 대하여 김당해씨가 통행을 거부하고 나아가 사용승낙을 거부하는 경우에는, 이미안씨는 김당해를 상대로 지역권설정등기를 해달라는 내용의 소송을 제기하여 승소판결을 받아서 승역지, 즉 김당해씨 소유 토지에 지역권등기를 마칠수 있다.

지역권은 주위토지통행권과 차이가 크다. 주위토지통행권은 소송을 제기하여 승소판결을 받더라도 등기를 할 수가 없다. 그리고 요역지나 승역지소유자가 변동되면 새로운 소유자에게는 효력이 없어 새로이 판결을 받아야 한다.

그러나 지역권은 등기를 함으로써 성립하는데 지역권등기는 요역지와 승역지 모두에게 이루어진다. 일단 등기가 마쳐지면 승역지소유자가 변동되더라도 새로운 소유자에게 효력이 있고, 요역지의 소유권이 변경되면 지역권도 소유권과 함께 이전된다. 그렇기 때문에 주위토지통행권보다 지역권이 요역지소유자, 즉 이미안씨에게는 유리하다고 할 수 있다.

그러므로 20년 이상 매일 다니던 길을 막았을 때는 통행지역권의 시효취득주장을 하여 통행로를 확보하는 것이 좀더 유리하고, 20년 이상 다니던 길이 아니면 주위토지통행권을 주장하여 통행로를 확보할 수 있다.

취득시효와 마찬가지로 통행지역권의 시효취득의 경우에도 자신만의 점유기간과 전 소유자의 점유기간이 합쳐서 20년이 되면 통행지역권을 시효취득할 수가 있다.

주위토지통행권의 경우에는 승역지소유자에게 손해가 적은 장소와 방법을 택하여야 한다는 민법규정이 있지만, 지역권의 경우에는 그러한 규정이 없다. 그렇기 때문에 종전에 20년 이상 통행하던 길 그대로의 상태에 대하여 통행지역권을 인정하는 것이 원칙이다.

다만 주위통행권확인판결은 판결문자체로 김당해 씨의 토지사용승낙을 대신할수가 없듯이, 지역권의 경우에도 지역권등기가 된 사실 그 자체로 김당해 씨의 토지사용승낙을 받지 않아도 건축허가가 가능하다는 말은 아니다. 다만 판결을 받고 지역권등기가 되면 건축허가를 받는 데 매우 유리할 뿐이다.

다만 현실적으로는 건축허가 담당공무원들이 법을 전공한 사람들이 아니고, 또 신규발령을 받았을 경우 건축허가에 관하여 제대로 이해하지 못해서, 건축허가를 불허할 수가 있다.

그럴 염려가 있을 때는 불허결정을 내리기 전에 충분한 시간을 두고 담당공무원을 설득시키는 데 최선의 노력을 경주하고 건축허가신청이 불허되었을 경우에 행정소송을 할 수밖에 없다.

18 주위토지통행권확인판결이나 지역권등기 이후 건축허가를 받기 위한 방법

우리 주위에는 맹지 때문에 고생을 하는 사람들이 너무나 많다.

당사자 간에 협의가 이루어지면 좋지만, 어느 한쪽이 부당한 요구를 하여 협의가 이루어지지 아니할 때가 문제이다. 통행이 사실상 불가능한 경우도 있고 토지사용승낙을 받지 못하여 건축허가를 받을 수 없는 경우도 있다.

우선 주위토지통행권에 대하여 민법 제219조는 "어느 토지와 공로사이에 그 토지의 용도에 필요한 통로가 없는 경우에 그 토지소유자는 주위의 토지를 통행 또는 통로로 하지 아니하면 공로에 출입할 수 없거나 과다한 비용을 요하는 때에는 그 주위의 토지를 통행할 수 있고 필요한 경우에는 통로를 개설할 수 있다."라고 규정하고 있다.

주위토지통행권은 국민누구에게나 주어진 권리이고, 법원은 주위토지통행권에 관한 판결을 할 때, 제반 사정을 종합하여 통로를 확보함으로 인하여 얻는 공익과 통로를 허용함으로써 피해를 입는 사익을 고려하여 통로의 폭과 면적을 결정한다.

다음으로 지역권에 대하여 민법 제294조는 '지역권은 계속되고 표현된 것에 한하여 20년간 평온 공연하게 통행을 계속한 때에는 등기함으로써 취득한다'고 규정하고 있다.

승역지소유자가 통행을 거부할 때는 민법 제294조를 근거로 지역권설정등기청구소송을 제기하여서 통로를 확보할 수 있다.

주위토지통행권은 소유자가 바뀌면 효력이 없지만, 지역권은 등기가 되고 토지소유자가 변동되어도, 새로운 소유자에게도 효력이 미친다는 차이점이 있어서 주위토지통행권보다 지역권이 요역지소유자에게 유리하다는 내용은 앞에서도 언급했다.

주위토지통행권이나 지역권은 요건만 충족되면 승소판결을 받을 수 있기 때문에 이러한 판결을 받는 것은 어려운 일이 아니다.

물론 건축허가를 받을 목적이라면 주위토지통행권이나 지역권에 관한 판결을 받을 때 건축허가에 필요한 폭의 통로가 확보되어야 할 것이다.

그러나 주위토지통행권과 지역권이 확보되었다고 해서 그 자체로 토지사용승낙을 받을 필요가 없다는 것이 아니다. 그렇기 때문에, 건축허가를 받으려면 토지사용승낙을 대신할 수 있는 또다른 과제가 해결되어야 한다. 이에 대하여 본다.

건축허가는 허가권자인 시장, 군수, 구청장의 허가를 받아야 하는데 건축허가담당공무원을 설득시키는 게 관건이다.

건축법 제45조 제1항은 토지사용승낙과 관련하여 이렇게 규정하고 있다. '허가권자는 건축에 필요한 도로의 위치를 지정 공고하려면 그 도로에 대한 **이해관계인의 동의**, 즉 토지사용승낙을 받아야 한다.'고 하여 원칙적으로 토지사용승낙이 필요하다고 하면서, 다만 토지사용승낙이 없어도, 시, 군, 구청에는 건축위원회를 두고 있는데, 그 건축위원회의 심의를 거쳐 도로로 지정할 수 있는 2가지 예외를 건축법 제45조 제1항에서 규정하고 있다. 이렇게 건축위원회의 심의를 거쳐 도로로 지정되면 사용승낙이 없어도 건축허가를 해주어야 한다.

그 2가지 예외 중 하나가 "이해관계인 즉 토지사용승낙을 해야 할 사람이 해외에 거주하는 등의 사유로 이해관계인의 동의, 즉 사용승낙을 받기가 곤란하다고 인정하는 경우"이다.

법조문에는 사용승낙을 받기 곤란한 사유를 '이해관계인의 해외거주' 하나만으로 한정하지 않았다. 그렇기 때문에, 이 건과 같이 '인접지소유자가 부적절한 의도를 가지고 고의로 사용승낙을 거부하여 동의를 받기가 곤란한 경우'도 포함된다고 해석하여야 한다.

즉 주위토지통행권이나 지역권을 확보하였는데도 토지소유자가 사용승낙을 거부하여 건축허가를 받을 수 없는 경우, 인접지소유자가 사용승낙을 거부하는 것이 부당하다는 것을 소명한 다음, 건축법 제45조 제1항 단서를 근거로, '건축위원회의 심의를 거쳐 도로로 지정해달라'고 담당공무원을 설득하여, 담당공무원이 건축위원회 심의에 부의하면, 건축허가 가능성이 높아졌다고 봐야 한다.

국토교통부의 유권해석은 전국공무원들이 참고하고 있다. 2015.3.5.자 국토부 유권해석(도시정책과-1817)을 인용하자면, [사인이 소유·관리하는 진입로로 건축하려는 경우에는 소유자의 사용동의를 받아 권리를 확보해야 할 것이나, 법원의 판결에 따라 그러한 권리를 확인한 경우라면 별도로 도로소유자의 사용동의를 받을 필요는 없을 것이며, 민법 등에 따라 허가권자가 판단할 사항이다]라고 해석한 바 있다. 즉 허가권자는 사용승낙이 없더라도 '법원판결이 있으면 사용승낙이 필요없다. 허가권자가 알아서 허가 여부를 결정하라'는 의미이다.

위 유권해석은 '주위토지통행권확인판결을 받았는데도 별도로 사용승낙을 받아야 하느냐?'고 질의한 데 대한 유권해석이다.

여기서 말하는 법원의 판결이란 주위토지통행권확인판결은 물론 지역권등기승소판결도 당연히 포함된다.

담당공무원이 이렇게 했는데도 이해하지 못하고 굳이 토지사용승낙을 받아오라고 하면, 곧바로 "행정소송으로 가겠습니다"라고 할 수도 있다. 그러나 통행지 소유자를 상대로 "토지사용승낙의 의사표시를 하라"는 내용의 승낙의사표시소송을 제기하여 법원이 사정을 이해하고 승소판결을 하면 그 판결문은 토지사용승낙을 받은 것과 동일한 효력이 있을 수 있으나, 승소판결을 받기가 쉽지 않다.

어찌되었든 허가권자가 건축허가를 해주어야 마땅한데 허가를 해주지 않는다면 최후의 수단으로 행정소송을 제기할 수밖에 없다.

19 토지사용승낙서의 함정

토지사용승낙서는, 토지소유자가 타인으로 하여금 자신의 토지를 사용할 수 있도록 승낙하는 의사표시를 문서로 작성한 것을 말한다.

건축법상 건축허가, 주택법상 사업계획승인, 국토의 계획및이용에 관한 법률상 개발행위허가 등 각종 토지관련 개발행위를 함에 있어, 원래는 해당부지의 소유권을 확보한 다음에 하는 것이 원칙이나, 거의 대부분의 법률은 토지소유권을 확보하지 아니한 상태에서 토지사용승낙만 있어도 인허가를 받을 수 있도록 규정하고 있다.

토지사용승낙에 관하여는 2가지가 문제이다.

첫째, 토지사용승낙서는 원칙적으로 당사자사이에서만 효력이 있고, 제3자에게는 효력이 없다. 등기부상에 표시되는 민법상 지상권, 전세권과는 전혀 성격이 다르다. 토지사용승낙은 등기부에 표시할 수 있는 방법이 현행법상으로는 없다.

그러므로 토지소유자가 변경되면, 새로운 토지소유자로부터 또다시 토지사용승낙을 받아야 한다.

한편 사업자가 변경되어도, 새로운 사업자는 특별한 예외가 없는 한 토지소유자로부터 새로이 토지사용승낙을 받아야 한다.

둘째, 토지사용승낙서와 관련하여 자주 곤란을 겪는 문제에 대하여 본다.

건축업자들은 건축부지를 매수하여 건물을 건축하는 경우가 많은데, 그들은 대부분 토지매매대금을 일시에 준비하지 못하여 매매계약을 체결하고 일단 계약금만 치루고 토지소유자로부터 토지사용승낙서를 받아 건축허가를 받은 후 건물을 건축한다. 이 경우 매도인은 거의 대부분 아무 문제의식없이 토지사용승낙서를 작성해준다.

그리고 건축허가를 받으면 은행은 믿고 대출을 해주고 있고, 건축업자는 일단 건축허가를 받으면 은행에서 대출을 받아 건축을 진행하고 건축이 완료된 후 토지매도인에게 매매잔금을 지불하고 소유권이전등기를 경료하는 경우가 다반사이다.

토지사용승낙을 할 때 토지소유자의 심정은 만약 토지사용승낙을 받은 업자가 약속을 지키지 못하면 토지사용승낙을 무효로 하고 처음부터 없었던 일로 원상회복될 것으로 알고 있거나 그렇게 되기를 바라는 심정일 것이다.

그런데 실무상 일반적으로 건축허가를 받을 때 토지사용승낙서를 제출하면 관할 시장, 군수는 사용승낙된 토지중 진입로로 사용될 부분을 도로로 지정공고하게 되는데, 일단 도로로 지정공고되면 그 도로를 토지소유자가 원한다고 하여 도로지정이 취소되지 않는다. 그 도로는 이미 불특정다수인을 위하여 제공되어서 영원히 도로로 남을 가능성이 높다.

또한 도로가 아닌 건축부지에 대하여도 토지사용승낙서를 바탕으로 일단 건축허가가 나면 후에 중도금과 잔금을 치르지 않아 토지매매계약이 제대로 이행되지 않았을 때, 이미 난 허가가 자동적으로 취소되어 원래대로 회복되면 좋겠지만 그렇지 않다는 점이 문제이다.

이미 토지사용승낙에 기하여 해당토지에 건축허가가 나면 토지소유자가 변경되거나 소유자가 사망하여 상속이 되더라도, 이미 행정적으로 진행된 건축허가는 원칙적으로 효력이 그대로 존속한다.

토지사용승낙은 당사자간의 민법상의 문제이지만 건축허가취소는 다수의 일반인이 관련된 행정법상의 문제이기 때문이다.

건축업자가 제대로 공사를 하여 잔금을 제때에 치르면 아무런 문제가 없겠지만, 만약 건축업자가 고의든 과실이든 부도를 내거나 제3자에게 건물을 매각했을 때 토지대금을 받기가 어려워질 수 있다. 토지소유자는 토지매매대금은 받지 못하고 등기부상 토지소유자로서 재산세는 납부하면서 소유권행사도 못하고 토지점유자를 상대로 사용료만 받아야 하는 곤란한 경우가 발생할 수도 있다.

이러한 불이익을 방지하기 위해서는, 토지사용승낙서를 작성할 당시 토지사용의 범위를 포괄적으로 정할 것이 아니라 허가나 사업승인등 특정목적으로 한정하여 정하고, 사용자가 목적에 위배할 경우를 대비하여, 위반시 무효로 하거나, 위약금을 충분히 약정하고, 유효기간을 명시하여 일정기간이 경과하면 효력이 없어지는 것으로 하는등 조건을 붙여 승낙을 하는 것이 바람직하다.

토지사용승낙은 유상사용과 무상사용이 있는데, 유상사용의 경우에는 사용료를 납부하지 않았을 때 사용승낙의 철회사유가 될 가능성이 많기 때문에, 유상사용승낙을 권한다.

일반적으로 토지사용승낙을 필요로 하는 사람은 경험이 많은 사업자이고 사용승낙을 해주는 사람은 경험이 없는 일반인일 경우가 많다.

토지사용승낙서 쉽게 작성해주셨다가 애를 먹는 일은 없어야겠다.

20 도로소유자의 사용승낙없이도 건축허가받는 방법

허가관청에서는 민원에 휩싸이면 귀찮으니까 가급적 도로부분의 토지소유자로부터 토지사용승낙을 받아 오라고 하고, 토지소유자는 토지를 고액으로 매수하라고 하는등 사용승낙을 해주지 않고, 그 사이에서, 수많은 건축허가신청자들이 애를 먹고 있는 게 현실이다.

아예 도로가 없어서 도로를 새로이 개설해야 할 경우에는 민법 제219조에 의거하여 주위토지통행권확인청구소송을 통하여 해결해야 한다는 사실은 누차 설명한 바 있다.

도로가 있기는 한데 도로의 소유자가 사용승낙을 거부할 경우의 해결책에 관하여 본다. 이 시간에는 읍, 면 즉 비도시지역은 제외하고 도시지역에 국한하여 설명한다.

우선 관할관청이 보관하는 도로관련 서류로는 3가지, 즉 [건축법에 의한 도로관리대장], [도로법에 의한 도로대장], [사도법에 의한 도로대장]이 있는데, 여기에 도로로 등재되어 있다면, 그 도로의 소유자가 비록 개인이더라도 소유자로부터 사용승낙을 받을 필요가 없다.

그런데 어느 누가 이미 건축허가를 받았다면 허가받은 건물의 진입로는 관할청이 건축법도로로 지정, 공고를 하였어야 한다. 그리고 일단 건축법도로로 지정 공고되면 당해 건축허가가 취소된다고 하여도 그 도로가 자동으로 폐지되는 게 아니다. 그 도로를 폐지하려면 별도로 이해관계인의 동의를 얻어 관할관청이 도로폐지를 해야 한다.

그리고 건축법도로로 지정 공고된 도로는 당연히 도로관리대장에 등재되어 있어야 하는데 무슨 이유인지는 몰라도 도로관리대장에 등재되지 않은 경우가 심심치 않게 있어 문제이다.

　이러한 경우, 일단 건축법도로로 지정 공고되었다면, 다른 사람 누구라도 그 도로를 이용하여 건축허가를 받아야 할 경우에는 별도로 도로소유자의 사용승낙을 받지 않아도 된다는 것이 대법원의 입장이고, 이 사실은 일선 건축부서 공무원들도 잘 알고 있다. 그런데 업무에 자신이 없고 민원을 두려워하는 공무원중에는 단지 도로관리대장에 등재되지 않았다는 이유만으로 토지소유자의 승낙을 받아오라고 하면서 허가를 반려하는 경우가 가끔 있다. 이건 분명 잘못된 조치이기 때문에 소송을 해서라도 강력하게 밀어부쳐야 한다.

　문제는 현황도로이다. 일명 관습도로, 혹은 사실상 도로라고도 한다.

　현황도로라고 함은 인근 주민들이 장기간 도로로 통행하고는 있는데 도로대장에도 없고 도로라고 인정할 만한 법령상의 근거가 없는 사실상 도로를 말한다. 도로의 포장 여부는 상관이 없다.

　이와 관련하여 대법원은 [사유토지라도 장기간 일반주민이 도로로 사용하여 왔는데 소유자가 이를 알면서도 아무런 이의를 제기하지 아니하여 온 사안에 대하여, 도로부분의 토지 소유자는 소유권은 갖고 있지만 사실상 토지의 배타적 사용수익권을 포기하였다고 인정될 수 있고, 이러한 경우에는 토지소유자라도 도로철거를 요구하거나 통행자에게 토지사용료를 청구할 수 없다]는 확고한 입장을 고수하고 있다.

　위와 같이 '배타적 사용수익권이 포기된 도로'를 이용하여 건축허가를 받아야 할 경우에는 도로 소유자의 토지사용승낙을 받을 필요가 없다.

　그러나 대법원이 말하는 '배타적 사용수익권이 포기된 도로'라고 인정되려면 법원판결을 받으면 확실한데, 실제로 대법원이 인정한 [포장된지 오래된 도로], [택지분양자가 택지분양을 하면서 중간에 통행로로 제공한 도로], 이 2가지를 제외하고는, 실무에서는 판결에 의하지 않고 배타적사용수익권을 포기하였다고 인정하는 경우가 흔하지 않다.

　허가관청이 판결도 없는 상태에서 '배타적사용수익권이 포기된 토지'라고 스스로 판단하여 토지소유자의 사용승낙없이도 건축허가를 해주기를 바랄 수 있는가? 쉽지 않다고 본다.

　물론 허가관청이 현황도로가 있다는 이유로 허가를 해주면 다행이지만, 끝까지 사용승낙을 받아오라고 하고, 다수의 주민이 다니는 현황도로임에도 단지 소유자라는 이유만으로 토지소유자가 사용승낙을 거부할 경우에는 어떻게 해야 하는가?

건축법 제45조 제1항은 이렇게 규정하고 있다. [허가권자가 도로로 지정, 공고하려면 소유자의 동의를 받아야 하는데, 다만 '주민이 오랫동안 통행로로 이용하고 있는 사실상의 통로로서 해당 지방자치단체의 조례로 정하는 경우'에는 건축위원회의 심의를 거쳐 토지소유자의 동의를 받지 않고도 도로로 지정할 수 있다]고 규정하고 있다. 이는 토지소유자의 횡포를 제재하기 위한 취지라고 보인다. 이와 같은 과정을 거친 도로를 '조례도로'라고 한다.

조례도로로 지정되면 사용승낙없이 건축허가를 받을 수 있다.

허가관청에 위와 같이 '조례도로로 지정해 달라'고 민원을 제기하는 방법을 적극 활용해 보시기 바란다. 이러한 경우 대개는 민원인에게 유리한 결정이 내려질 가능성이 많다.

이것마저도 안될 경우에는, 최후수단으로, 행정소송도 검토해 보기 바란다.

21 통행권확인판결을 받은 통로, 포장하거나 상하수설치 가능한가?

민법 제219조 제1항은 [어느 토지와 공로사이에 그 토지의 용도에 필요한 통로가 없는 경우에 그 토지소유자는 주위의 토지를 통행 또는 통로로 하지 아니하면 공로에 출입할 수 없거나 과다한 비용을 요하는 때에는 그 주위의 토지를 통행할 수 있다. 그러나 이로 인한 손해가 가장 적은 장소와 방법을 선택하여야 한다.]라고 규정하고 있고, 이것이 주위토지통행권에 관한 법조문이다.

아직도 우리 국민은 맹지에 통로를 내주는 일에 인색한 편이고, 많은 분들이 민법 제219조에 의거하여 통로를 확보해달라는 소송을 제기하여 판결로써 통로를 확보하고 있는 실정이다.

그러면 주위통행권확인판결을 받으면 만사가 해결되는가?

통행권확인판결을 받았어도 통로를 개설하려면 평탄작업을 하고 잡목도 제거하고 자갈을 깔거나 포장을 해야 할 경우가 있다. 나아가 상하수도를 개설할 필요도 있다.

관할 시군에서는 이러한 공사를 하겠다고 신청하면 민원에 휩싸이지 않으려고 여지없이 통행지소유자의 사용승낙을 받아오라고 한다.

그러면 통행지소유자는 사용승낙을 해줄까? 통행지소유자는 통로를 내주기를 거부하여서 상대방이 법원에 소송을 제기하여 통로를 내주라는 패소판결을 받았다면 당연히 심기가 불편한 상태이어서 사용승낙을 해달라는 부탁조차 하기가 곤란한 상황일 경우가 많을 것이다.

그렇다면 통행권확인판결을 받은 사람은 아무런 해결책도 없고, 법원에서 힘겹게 받은 판결도 휴지조각이 되고, 사실상 통로를 확보하지 못한 것과 같은 상황이 되어야 하는가?

민법 제219조는 통행할 수 있다고만 규정하고 있을 뿐 통행권확인판결을 받은 통로에 포장을 하거나 지하에 상하수도를 매설할 수 있는지에 대하여는 언급이 없다.

첫째, 포장에 관한 문제이다.

대법원(2003.8.19. 선고 2002다53469 판결)은 [주위토지통행권자는 필요한 경우에는 통행지상에 통로를 개설할 수 있으므로 모래를 깔거나, 돌계단을 조성하거나, 장해가 되는 나무를 제거하는 등의 방법으로 통로를 개설할 수 있으며, 통행지소유자의 이익을 해하지 않는다면, 통로를 포장하는 것도 허용된다고 할 것이고, (중략) 통행지 소유자가 주위토지통행권자에 대하여 주위토지통행권이 미치는 범위 내의 통로부분의 인도를 구하거나 그 통로에 설치된 시설물의 철거를 구할 수 없다.]라고 판결했고, 이러한 대법원의 입장은 현재까지 변함이 없다.

민법 제219조는 제1항에서 [필요한 경우에는 통로를 개설할 수 있다]고 명시하고 있는데, 대법원은 자갈을 깔거나 포장을 하는 것 자체를 통로개설행위의 일부로 볼 수 있다.

즉, 통행권확인판결을 받은 통로에 포장을 하는 행위는, 통행지소유자에게 특별히 손해를 끼치지 않는 한, 허용된다고 보면 된다.

다만 그 토지를 되돌려줄 때에는 시설을 한 통행권자가 자신의 비용으로 원상회복을 해야 한다는 것은 일반원칙에 따라 당연하다.

둘째, 상하수도 설치문제이다.

상하수도 매설이나 전선내지 통신설비설치 등은 통행로와는 별개이다.

민법 제218조 제1항은 [토지소유자는 타인의 토지를 통과하지 아니하면 필요한 수도, 소수관, 가스관, 전선등을 시설할 수 없거나 과다한 비용을 요하는 경우에는 타인의 토지를 통과하여 이를 시설할 수 있다. 그러나 이로 인한 손해가 가장 적은 장소와 방법을 선택하여 시설할 것이며, 타토지 소유자의 요청에 의하여 손해를 보상하여야 한다]라고 규정하고 있다.

민법 제218조에 말하는 [통과를 요하는 토지]는 통행로가 아닌 토지에도 시설할 수 있음을 전제로 한 규정이다.

그렇다면 상하수도와 전선이나 통신설비의 시설을, 주위토지통행권자가 통행권확인판결을 받은 통로의 지하나 지상에 설치하는 것이, 특단의 사정이 없는 한, 통행지소유자에게 가장 손해가 적은 장소와 방법일 가능성이 매우 높다.

그러므로 통행지 소유자에게 특별히 손해를 끼치는 상황이 아닌 한 통행권확인판결을 받은 통행로의 지상과 지하에 상하수도 설치 및 전선이나 통신설비를 시설할 수가 있다는 결론이다.

마찬가지로 이 경우에도 통행지소유자는 위와같은 경위로 시설된 상하수도나 통신설비등에 대하여 합당한 이유없이 철거를 요구할 수 없다.

정리하자면 위와 같은 대법원판결에 따라 통행권확인판결을 받은 통행권자는 통행지소유자의 **사용승낙이 없어도** 통로를 포장할 수 있고, 민법 제218조에 의거하여 상하수도를 설치할 수 있다.

그럼에도 불구하고 관할 시군에서는 통행지소유자의 사용승낙을 받아오라고 하면서 관련 인허가를 하지 않는다면, 이와 같은 법적근거를 제시하면서 담당공무원을 설득해보시기 바란다.

22   패소판결로 맹지탈출하는 경우

승소판결로 맹지탈출한다면 몰라도 패소판결로 맹지탈출한다는 게 말이 되느냐?고 반문할지 모른다. 그러나 실제로 그런 일이 있었고 그런 일이 또 있을 수 있다.

사안의 실체는 이렇다.

택지개발업자로부터 일부 택지를 분양받으면서, 택지 수분양자들이 장차 통행할 수 있는 통행로에 대하여는, 수분양자들이 지분이전등기를 받지 않고 [통행지역권]등기를 해놓았다. 통행지역권등기는 추후 수분양자들이 그 통행로를 통행하거나 지하에 상하수도를 매설해야 할 경우, 아무런 제약없이 사용할 수 있게 하기 위하여 등기해 놓은 것이다.

따라서 통행지역권등기를 해놓으면, 수분양자들이 분양받은 택지에 건축을 할때, 통행지소유자로부터 사용승낙을 받지 않아도 될 뿐 아니라, 택지소유자나 통행지소유자가 변경되더라도, 새로운 소유자들에게도 통행지역권의 효력이 있어서, 수분양자들에게 매우 유용하다는 장점이 있다.

분양받은지 얼마 후 개발행위가 종료되고 수분양자들이 건축을 하려고 시청에 건축허가신청서를 접수했다.

그런데 담당 공무원은 통행지역권을 제대로 이해하지 못하고 있고, 한편 관계법령에는 '건축행위를 하려면 통행지소유자의 사용승낙을 받아야 한다'라고만 되어있을 뿐이지, '통행지역권등기가 되어 있는 경우에는 사용승낙을 받지 않아도 된다'는 예외규정이 별도로 없다.

모든 원칙에는 예외가 있게 마련이고 그러한 예외는 그때그때 응용력을 발휘하여 법해석으로써 해결해야 하는데, 담당공무원은 그러한 응용력까지는 없어서 일반적인 예에 따라 통행지 소유자로부터 사용승낙을 받아오라고 한다.

그런데 통행지소유자는 사용승낙의 조건으로 고액의 금전을 요구하여, 수분양자들은 중간에서 매우 어려움을 겪는다.

여기에서 담당공무원만을 탓해야 할까? 공무원은 민원이 제기되는 것을 몹시 싫어한다. 만약 담당공무원이 유능하여 실력이 있고 응용력을 발휘하여, 사용승낙이 없이 건축허가를 해주었다고 가정해본다.

통행지소유자는 당장 공무원을 의심하면서 시청을 찾아와 항의를 하는 등 민원을 제기하면 담당공무원으로서는 피곤한 일이다. 이러한 경우 통행지소유자가 사용승낙을 거부하여 문제가 생기는데, 그들은 많은 경우, 특히 죄없는 공무원을 끈질기게 물고 늘어지는 경향이 있다.

그러니까 담당공무원은 만사가 귀찮은 나머지 법원판결을 받아오라고 하는 것이다. 법원판결에 따라 처리했다고 하면 어느 누구에게도 떳떳하기 때문이다.

이러한 경우 2가지의 해결방법이 있다.

첫째, 시청에 통행지소유자의 사용승낙대신, 통행지역권등기가 되어 있는 등기부등본을 첨부하여 건축허가신청서를 접수하면, 원칙적으로 시청은 당연히 건축허가를 해주어야 한다. 그럼에도 불구하고 건축허가를 반려하면, 즉, 거부하면 시장을 상대로 **[건축불허가처분 취소청구소송]**이라는 행정소송을 제기하면 승소판결을 받을 수 있다.

그런데 행정소송은 소송진행과정에서 일일이 검찰청 검사의 지휘를 받아야 해서 복잡하고 시간이 많이 걸릴 뿐 아니라, 사람들 중에는 관을 상대로 행정소송을 제기하는 것을 매우 꺼리는 분들이 있다.

그렇다면 어떠한 방법이 있을까?

둘째, 할 수 없이 통행지의 소유자, 소유자가 변경되었으면 현재 최종소유자를 상대로, 사용승낙을 하라는 내용의 민사소송을 제기하는 방법이 있다.

그런데 이미 통행지역권등기가 되어 있어서 사용승낙을 받을 필요가 없기 때문에 법원으로서는 통행지소유자에게 사용승낙을 청구할 소의 이익이 없다는 이유로 패소판결을 할 가능성이 많다. 이 경우 판결이유에 '통행지역권이 설정되어 있기 때문에 통행지소유자의 사용승낙이 필요하지 않으므로 소의 이익이 없어서 원고에게 패소판결을 한다'는 내용이 판결이유로 설시될 가능성이 많다.

이런 사건은 법이론만으로 결론이 나기 때문에 사실관계 심리를 깊게 할 필요가 없어서 재판기일이 오래 걸리지도 않는다.

그 패소판결을 시청에 제시하면 담당공무원은, 통행지소유자의 반발을 잠재울 수가 있어서, 그 판결문을 근거로 자신있게 건축허가를 해줄 수 있다.

이와 같은 이유로 패소판결을 예상을 하고 소송을 제기하여 첫 재판 기일이 지정되면, 담당판사는 당연히 **[통행지역권이 설정되었는데 왜 사용승낙을 청구하느냐?]**고 의문을 제기할 것이다. 이에 대하여 **[패소판결이라도 판결이유에 '통행지역권등기가 되어 있기 때문에, 사용승낙을 받을 필요가 없어서 원고의 청구를 받아들이지 않는다'는 이유가 설시되면 만족합니다]**고 답변하면, 곧바로 변론 종결을 하고 패소판결을 내릴 것이고, 그 패소판결문을 사용승낙대신 첨부하여 건축허가신청을 하면 된다.

23   국유지에 주위토지통행권으로 길 낼 수 있나?

흔히 말하는 맹지는 외부로 통행할 수 있는 길이 없는 토지를 말하는데, 맹지소유자는 외부로 통행할 수 있는 최소한의 통로를 내달라고 법적으로 요구할 수 있는 권리가 있다. 이를 주위토지통행권이라고 하고 민법 제219조가 규정하고 있다.

즉, 민법 제219조 제1항은 "어느 토지와 공로사이에 그 토지의 용도에 필요한 통로가 없는 경우에 그 토지소유자는 주위의 토지를 통행 또는 통로로 하지 아니하면 공로에 출입할 수 없거나 과다한 비용을 요하는 때에는 그 주위의 토지를 통행할 수 있고 필요한 경우에는 통로를 개설할 수 있다. 그러나 이로 인한 손해가 가장 적은 장소와 방법을 선택하여야 한다"라고 규정하고 있다.

대부분의 경우 맹지소유자가 주위토지통행권을 주장하여 통로를 확보하고자 할 경우, 반대편인 통행지소유자는 통로제공을 반대하기 때문에, 맹지소유자는 소송을 통하여 통행로를 확보하는 게 보통인데, 이때 제기하는 소송을 주위토지통행권확인소송이라고 한다.

주위토지통행권에 관하여는 앞에서 여러 번 설명했다.

맹지소유자의 입장에서 필요한 통행로를 내야 할 부분의 토지가 일반개인 소유라면 민법 제219조에 의하여 주위토지통행권확인소송을 제기하여 통행로를 확보할 수 있는데 그 토지가 국가소유라면, 그 경우에도 역시 주위토지통행권확인판결을 받아서 통행로를 확보할 수 있는가?

국유토지는 국유재산법의 적용을 받는다. 국유재산법 제7조 제1항에 의하면 국유재산은 국가나 지자체의 허가를 받지 않고는 사인이 사용 수익하지 못하도록 규정하고 있다.

그렇기 때문에 국유토지에 통로를 개설하여 맹지 신세를 면하려면 원칙적으로 국가나 지자체의 허가를 받아야 한다.

한편 국유재산법 제10조 제2항은 [국유재산에는 사권을 설정하지 못한다]고 규정하고 있다. 여기에서 말하는 사권이란, 공권에 반대되는 개념으로서 일반개인의 사적인 권리를 말하는데, 근저당권, 지상권, 지역권등을 비롯하여, 여기서 말하는 주위토지통행권도 공공기관이 아닌, 순수한 개인의 사적인 권리이기 때문에 사권이라고 보아야 한다.

그렇기 때문에 국유재산법의 문언 해석에 의한다면, 국유토지에 대하여는, 국가나 지자체가 일반 개인으로 하여금, 통행로로 사용할 수 있도록 배려할 수 있는 여지가 없다.

그렇다면 맹지소유자로서는, 국유토지가 유일하게 통로를 개설할 수 있는 부분인데, 그 토지가 국유라는 이유만으로 통로를 내지 못하고 영원히 출입도 하지 못하여야 하는가? 국유재산은 행정재산과 일반재산으로 구분되는데, 2가지 모두에 해당하는 문제이다.

그 통행로로 필요한 부분이, 하천이지만 하천으로서 전혀 역할을 하지 못하는 폐하천일 수도 있고, 구거(도랑)이지만 전혀 물이 흐르지 않는 폐구거일 수도 있고, 때로는 공원이나 보존재산일 수도 있다.

민법 제219조의 주위토지통행권은 모든 국민에게 인정된 기본권리인데 단지 국유토지에 통행로를 개설하여야 할 경우에는, 국유라는 이유만으로 민법 제219조가 있으나마나 한 것인가? 만약 그렇다면 이는 누가봐도 불합리한 결과이다.

이에 대하여 대법원(1994.6.24. 선고 94다14193 판결)은,

[지방재정법 제74조 제1항, 제82조 제1항에 의하면 공유재산은 지방자치단체의 장의 허가 없이 사용 또는 수익을 하지 못하고, 또 그중 행정재산에 관하여는 사권을 설정할 수 없게 되어 있음은 물론이나,

민법상의 상린관계의 규정은 인접하는 토지 상호간의 이용관계를 조정하기 위하여 인지소유자에게 소극적인 수인의무를 부담시키는 데 불과하므로, 그중의 하나인 민법 제219조 소정의 주위토지통행권이 위에서 말하는 사권의 설정에 해당한다고 볼 수 없고, 또 그러한 법정의 통행권을 인정받기 위하여 특별히 행정당국의 허가를 받아야 하는 것이라고도 할 수 없다.]라고 판결했다.

위 대법원 판결 당시인 1994년에는 지방재정법에서 규정하였던 것을 현재는 국유재산법에서 규정하고 있다.

이 대법원판결은 현재까지도 그대로 유지되고 있고 2014년도 서울고등법원판결에서도 같은 취지로 판결한 예가 있다.

위 대법원판결취지는, 국유재산법은 [일반개인이 국유토지를 사용하려면 국가나 지자체의 허가를 받아야 하고, 국유재산에는 사권을 설정하지 못한다]고 규정하고

있지만, 민법 제219조에서 말하는 주위토지통행권을 확보하는 데는 허가를 받을 필요도 없고, 주위토지통행권은 국유재산법이 말하는 사권에 해당하지 않는다고 판결한 것이다.

결론은 맹지소유자가 국유토지에 대하여 주위토지통행권확인청구를 할 경우에는 개인소유토지와 동등하게 보고 권리주장을 할 수 있다는 것이다.

24 주위토지통행권, 원고가 청구하는 폭이 부당하다면, 법원은 청구를 기각할 것인가 줄여서 일부승소시킬 것인가. 그리고 시설물을 철거하면서까지 길을 내주어야 하나?

민법 제219조는 [제1항. 어느토지와 공로사이에 그 토지의 용도에 필요한 통로가 없는 경우에 그 토지 소유자는 주위의 토지를 통행 또는 통로로 하지 아니하면 공로에 출입할 수 없거나 과다한 비용을 요하는 때에는 그 주위의 토지를 통행할 수 있고 필요한 경우에는 통로를 개설할 수 있다. 그러나 이로 인한 손해가 가장 적은 장소와 방법을 선택하여야 한다.

제2항 전항의 통행권자는 통행지소유자의 손해를 보상하여야 한다.]라고 규정하고 있다.

이러한 주위토지통행권은 항상 통로의 폭이 문제일 뿐 소송을 제기하면 승소하는게 원칙이고, 그 맹지의 현재의 이용상황에 맞는 폭의 통로만을 요구할 수 있다.

이 주위토지통행권은 통로가 없는 맹지의 효율적인 이용을 목적으로 맹지소유자의 이익을 위하여 존재하지만 반면에 통행로 소유자에게는 소유권을 행사하는 데 제약이 따르는, 이율배반적인 양면을 가지고 있다. 이럴 경우 한쪽으로 치우치지 않고 공정하게 판단하여야 하는게 판사들의 과제이다.

모든 판사의 생각과 판단기준이 모두 동일할 수는 없다.

재판부는 판사가 1명인 단독재판부가 있지만 소가가 큰 사건의 재판부나 항소심 재판부는 판사가 3명인 합의재판부에서 재판을 하는데, 3명의 판사가 결론이 달라서 서로 대립되는 경우가 의외로 많다.

대법원의 경우에도 대법관 전원이 관여하는 전원합의체에서 판결하는데, 만장일치로 의견이 통일되는 경우가 거의 없고, 결론이 상반되어 1명 차이로 결론이 뒤바뀌는 경우도 많다.

주위토지통행권확인판결에서도 판사에 따라 견해가 달라 항소심판결이 대법원에서 뒤집힌 경우가 있었다.

사건의 사실관계는 이렇다. 통로가 없는 맹지소유자가 [판사가 적정하다고 생각하는 폭보다 넓은 폭의 통로를 내달라]고 청구하면서 예상통로 한중간에 설치되어 있는 담장까지 철거하라고 청구를 하였다.

이에 대하여 항소심은, 그렇게 넓은 폭의 통로는 인정할 수 없다고 하면서 통로 개설청구 및 담장 철거청구를 모두 기각하였다.

만약 통로를 내어주는 입장에서, 통로를 내어줌으로 인하여 그 손해가 [맹지의 소유권을 포기하는 정도]에 이를 정도로 매우 크다면 통로를 요구하는 통행권확인청구를 기각할 수도 있다.

또 만약 원고의 청구내용이 [자신이 원하는 폭이라야 통로의 의미가 있고 그 폭을 인정해주지 아니할 거면 차라리 청구가 기각되어도 좋다]는 확고한 입장이고, 이에 반하여 판사로서도 [적정하다고 판단되는 폭보다 더 넓게는 인정할 수가 없다]고 하는 상황이라면, 할 수 없이 맹지소유자의 청구를 기각하는 게 맞지만, 차선책으로 폭이 조금 좁은 통로라도 좋다는 입장이라면, 판사가 적절하다고 판단되는 폭으로 축소하여 판결하는게 소송경제면에서 바람직하다.

이 항소심판결에 대하여 대법원에 상고를 하였는데 대법원은 이 판결이 부당하다고 하여 뒤집는 판결을 하였다.

즉 대법원(2006.6.2. 선고 2005다70144 판결)은 [원고가 통행권의 확인을 구하는 특정의 통로 부분 중 일부분이 민법 제219조 소정의 요건을 충족하여 주위토지통행권이 인정된다면, 원고에게 그 일부분에 대해서만 통행권의 확인을 구할 의사는 없음이 명백한 경우가 아닌 한, 원고의 청구를 전부 기각할 것이 아니라, 그 부분에 한정하여 원고의 청구를 인용함이 상당하다. 한편, 주위토지통행권의 본래적 기능발휘를 위해서는 그 통행에 방해가 되는 담장과 같은 축조물도 위 통행권의 행사에 의하여 철거되어야 한다.]고 판결하여 항소심과 상반된 판결을 한 것이다.

항소심판사는 통로소유자의 피해에 무게를 두었고, 대법원은 맹지소유자의 이익에 무게를 둔 판결이라 할 수 있다.

맹지소유자들을 위해 배려하는 마음이 현저히 감소된 각박한 세상이 되었다는 것을 피부로 느낀다.

민법 제219조는 [제1항 어느 토지와 공로사이에 그 토지의 용도에 필요한 통로가 없는 경우에 그 토지소유자는 주위의 토지를 통행 또는 통로로 하지 아니하면 공로에 출입할 수 없거나 과다한 비용을 요하는 때에는 그 주위의 토지를 통행할 수 있고 필요한 경우에는 통로를 개설할 수 있다. 그러나 이로인한 손해가 가장 적은 장소와 방법을 선택하여야 한다.

제2항 전항의 통행권자는 통행지소유자의 손해를 보상하여야 한다.]라고 하여 주위토지통행권에 관하여 규정하고 있다.

주위토지통행권이 인정되면 통행권이 인정되는 것 외에 도로개설 및 도로포장도 허용된다는 것이 대법원의 입장이다. 물론 통행로를 허용함으로서 입는 주위토지의 소유자에게 손해를 보상해야 하는 것은 당연하다.

민법 제219조가 인정하는 주위토지통행권은 통행로가 없는 토지의 소유자가 그 소유권을 제대로 행사하도록 하기 위하여 둔 규정임에는 틀림없다.

그런데 소유자가 그 토지를 직접 이용하지 않고 타인에게 이용권을 준 경우, 예를 들어 지상권을 설정하여 타인이 그 토지에서 수목을 소유한다든지, 아니면 토지를 전세를 얻어서 그 토지에 공장을 짓고 운영한다든지 하는 경우 등에는 직접 토지를 이용하는 지상권자나 전세권자에게도 주위토지통행권이 인정되는가?

우리의 대법원은 지상권자나 전세권자에게도 주위토지통행권이 인정된다고 판시하고 있다.

대법원(2008.5.8. 선고 2007다22767 판결)은 [민법 제219조에 정한 주위토지통행권은 인접한 토지의 상호이용의 조절에 기한 권리로서 토지의 소유자 또는 지상권자, 전세권자 등 토지사용권을 가진 자에게 인정되는 권리이다.]라고 하여 그러한 입장을 분명히 하였다.

그런데 지상권이나 전세권은 소위 물권으로서 등기부에 기재되기 때문에 누구든지 등기부를 열람하면 지상권이나 전세권이 설정되어 있는지를 쉽게 알 수 있다. 등기부에 기재되지 않으면 법이 인정하는 지상권이나 전세권이 아니다. 계약서는 전세계약을 체결하였는데 등기를 하지 않았으면 그 계약은 전세계약이 아니라 임대차계약이라고 보고 있다.

그러나 토지에 임대차계약을 체결하고 이용하는 임차인은 토지의 사용권이 있음은 명백하지만, 임차권은 소위 채권으로서 등기부에 기재되지 않는게 원칙이다. 예외적으로 임차권도 임차인을 보호하기 위하여 등기부에 등기를 할 수 있는 경우가 있지만, 그렇더라도 임차권이 채권이 아닌 물권으로 변경된 것이 아니다.

그렇다면 맹지의 임차인에게는 주위토지통행권이 없는가? 맹지소유자가 주위토지통행권을 행사하여 통로를 확보하여서 임차인으로 하여금 이용토록 해주어야 하는가? 아니면 맹지 소유자의 주위토지통행권을 임차인이 소유자를 대위하여 행사를 하여서 통행로를 확보할 수 있는가? 나아가 아예 토지 임차인에게도 그 고유의 주위토지통행권이 있다고 인정해줄 수는 없는가?

이에 대하여 많은 의견들이 있었으나, 실제 법원의 판결이 없다가 청주지법(2013가단152232 주위토지통행권확인 판결)이 이를 인정한 적이 있다. 원문을 인용하자면 [토지임대차는 임차목적물인 토지의 사용을 전제로 한 것으로 포위토지(둘러싸인 토지, 맹지)의 임차인이 주위토지에 대한 통행권을 갖지 못한다고 한다면 포위토지의 임대차계약에 기한 임차인의 사용이 불가능하거나, 언제나 소유자인 임대인의 권리를 대위행사하는 방법으로만 주위토지통행권을 인정받아야 한다. 이러한 점을 고려할 때 포위토지에 관하여 물권을 갖지 않은 토지임차인에게도 고유의 주위토지통행권이 있다고 봄이 상당하다]라고 판결하였다.

어찌되었든 토지 임차인에게도 그 토지를 이용할 수 있도록 통행로가 제공되어야 한다는 논리에는 변함이 없다.

만약 대법원이 이런 사건을 판결한다면 혹시 법논리가 달라질 수는 있어도 임차인에게도 주위토지통행권이 인정되는 것으로 판결을 할 것임에는 틀림이 없다고 본다.

26 주위토지통행권확인판결, 소유자가 변경되면 판결을 다시 받아야 하나?

어느 맹지소유자가 이웃 토지소유자를 상대로 주위토지통행권확인소송을 제기하여 힘겹게 확정판결로 통행로를 확보하여 잘 살고 있었는데, 그 살던 집과 토지를 팔고 이사를 가게 되었다.

이런 경우 새로운 소유자는 전소유자가 받은 판결의 효력이 새로운 소유자에게 승계되는지? 아니면 새로운 소유자는 동일한 내용의 판결을 다시 받아야 하는지? 새로이 판결을 받아야 한다면 또다시 소송을 제기하여야 하고 또한번 감정 대립이 있어야 하는데, 다른 방법은 없는지?에 대하여 본다.

새로이 매수할 사람은 그걸 확인한 다음에 계약을 체결하려 할 것이다.

대표적인 대법원판결(1992.12.22 선고 92다30528 판결)은 [채권계약에 터잡은 통행권은 지역권과 같이 물권적 효력이 있는 것이 아니고 채권적 효력만 갖는 것이므로, 계약을 체결한 상대방에 대해서만 통행권을 주장 청구할 수 있고 토지 자체를 지배하는 효력이 없을 뿐만 아니라 당사자가 변경되면 승계인에 대하여 통행권을 주장할 수 없는 것이 원칙이다]라고 판결했다.

쉽게 말해서, 통행로를 허락한 사람쪽이든 통행을 허락받은 사람쪽이든 소유자가 변경되면 종전의 주위토지통행권확인판결은 효력이 없어진다는 것이다.

즉 어느 쪽이든 토지소유자가 변경되면 주위토지통행권확인판결을 다시 받아야 한다는 것이다.

통상 주위토지통행권확인소송을 제기하면 통행로로 필요한 최소한의 범위에 대하여 측량을 하여 감정도면이 나오고, 법원은 그 도면에 따라 통행권이 있다는 판결을 한다.

그런데 혹시 통행로가 필요한 새로운 토지소유자는 전 소유자와 다른 내용의 판결을 받을 필요도 있을 수 있고, 반대로 통행로를 허락하는 통행지소유자의 요구에 따라 변경될 수도 있다.

이와 달리 사안이 약간 다른 경우가 있다.

민법 제220조에 의하면 1필지의 토지가 분할되거나, 혹은 일부가 양도되는 바람에 통행로가 없어지는 토지가 생길수 있는데, 이 경우에는 맹지가 된 토지소유자는 분할된 다른 쪽의 토지를 통행로로 사용할 수 있고, 이 경우에는 무상으로 사용할 수가 있다.

이와 같이 무상으로 통행로로 이용할 수 있는 권리가 생긴 이후에, 2개로 쪼개진 토지의 어느 쪽이든 소유권이 다른 사람에게 양도된 경우에는 종전의 통행권이 어떻게 되느지 새로운 소유자에게 자동적으로 통행권이 승계되는가이다.

이러한 경우에 그 통행권이 새로운 소유자에게 승계되지 않는다는 것이 대법원 (2002.5.31. 선고 2002다9202 판결)의 입장이다.

그러므로 이 경우에도 새로운 토지소유자는 원만히 합의가 이루어지지 않는 한, 새로이 주위토지통행권확인 판결을 받아야 한다.

그런데 여기에서 참고할 사항은, 이미 전 토지소유자가 통행로를 확보하여 통행을 하고 있었다면, 새로운 소유자가 주위토지통행권확인청구를 하였을 때에는, 특단의 사정이 없는 한, 종전의 현황에 준하여 통행권을 인정하는 판결을 해주고 있는 것이 현재 일반적인 법원의 실무이다.

27 한필지토지가 일부 수용되거나 매각하는 바람에 잔여지가 맹지가 된 경우 통행로 확보방법

실제 사건이다.

사연인즉 자신이 임야를 소지하고 있다가 몇 년 전에 지자체에서 수용을 하고 잔여지 5천평이 남았다. 지자체에서 수용한 임야를 산업단지로 조성하면서 도로를 개설하였는데, 잔여지에서 약 2-3m의 거리를 두고 도로를 개설하는 바람에, 잔여지와 도로사이에는 폭이 좁고 길다란 토지가 생기고 그 길다란 토지를 완충녹지로 묶어 놓는 바람에 잔여지는 맹지가 되었다는 것이다.

지자체에 통로를 개설해 달라고 몇 년째 사정을 하였으나, 완충녹지로 지정되었기 때문에 통로개설이 불가하다고 하면서 이를 거부하는 바람에, 그 잔여지에는 현재까지 경운기조차 통행을 할 수 없이 방치되고 있으니, 통로를 개설할 수 있는 방법을 강구해 달라는 것이었다.

사람은 공중을 날아다닐 수가 없다. 그리하여 민법 제219조는 맹지소유자에게 주위 토지통행권을 인정하여 맹지에 출입할 수 있는 권리를 인정하였다.

다만 이 경우에는 통행로를 허용하는 통행지소유자에게 손해가 가장 적은 장소와 방법을 선택하여야 하고 통행지소유자에게 사용료상당의 손해를 보상하여야 한다.

그런데 1필지의 토지 중 일부가 매매, 토지수용등의 사유로 분할되고, 분할 후의 토지중 어느 한쪽이 맹지가 되었을 경우에는 특별한 규정이 있다.

그게 민법 제220조이다.

민법 제220조는 [제1항 분할로 인하여 공로에 통하지 못하는 토지가 있는 때에는 그 토지소유자는 공로에 출입하기 위하여 다른 분할자의 토지를 통행할 수 있다. 이 경우에는 보상의 의무가 없다.

제2항 전항의 규정은 토지소유자가 그 토지의 일부를 양도한 경우에 준용한다.] 고 규정한다.

즉 1필지의 토지가 분할되어 맹지가 된 경우에는 다른 분할토지로 통행할 수 있다는 것이다.

이 경우에는 그 통행로를 무상으로 이용할 권리가 있고, 그리하여 민법 제220조에 의한 통행권을 무상주위통행권이라고 하고, 민법 제219조에 의한 주위토지통행권을 유상주위통행권이라고도 한다.

문제의 이건 임야는 조상묘가 다수 있었고 일부는 밭으로 경작되는 등 원래부터 맹지가 아니었다. 그렇기 때문에 수용 이후에 잔여지에 통로가 없어져 맹지가 되었다면 당연히 민법 제220조에 의거하여 수용된 토지 내에 통행로를 개설해달라고 청구할 권리가 있다.

민법 제219조에 의한 통행권이나 제220조에 의한 통행권은 모두 양쪽 토지의 소유자 중 누구든 변경되면 그 통행권이 새로운 소유자에게 자동적으로 승계되는 것이 아니어서, 소유자가 바뀌면 새로이 통행권을 확보하여야 하고 협의가 이루어지지 아니하면 새로이 판결을 받아야 한다는 사실, 이미 통행로가 존재하는 경우에는 새로운 소유자가 청구하면 쉽게 승소판결을 받을 수 있다는 사실 등에 대하여는 이미 앞에서 설명한 바 있다.

완충녹지는 [수질오염·대기오염 소음·진동 등 공해의 발생 원인이 되는 곳 또는 가스폭발·유출 등 재해가 생겨날 우려가 있는 지역과 주거지역이나 상업지역 등을 분리 시킬 목적으로 두 지역 사이에 설치하는 녹지대를 말하고, 완충녹지에는 도로개설

이나 건축이 불가하고, 건축시 대지면적 산정에서 제외된다.]

그러면 민원인이 완충녹지를 통하지 아니하면 통행로를 확보할 수 없다고 할 경우, 지자체에서는 완충녹지라는 이유로 통행로 개설을 거부할 수 있는가? 나아가 법원에 소송을 제기하더라도 법원마져 통행로를 개설할 수 없다고 판결을 할 것인가?

도시공원 및 녹지 등에 관한 법률(제36조 제2항)과 그 시행규칙(제18조 제3항)에 의하면 "녹지의 설치시에는 녹지로 인하여 기존의 도로가 차단되어 통행을 할 수 없는 경우가 발생되지 아니하도록 기존의 도로와 연결되는 이면도로 등을 설치하여야 한다."라고 규정하고 있는데, 이 규정은 별론으로 하더라도 완충녹지는 최근 지자체의 산업단지조성에 따라 설정된 것이고 완충녹지로 지정되었다고 하여 국민의 기본권리인 주위토지통행권이 제한될 수는 없기 때문에, 민법 제220조의 무상주위통행권은 지자체의 내부적인 계획수립여부에 따라 그 적용여부가 좌우될 수는 없다고 본다.

나아가 지자체가 애초 완충녹지로 계획을 수립할 당시 조금이라도 민원인의 애로사항을 염려하였다면 5천평 정도의 토지를 맹지로 하지 않도록 수립할 수도 있었고, 지자체는 이 건 토지가 맹지가 될 것이라는 사실을 충분히 예견하였거나 할 수 있었다고 본다.

그렇기 때문에, 현재 완충녹지로 지정되어 있더라도 민법 제220조를 근거로 법원에 통행권확인소송을 제기하면, 통행로의 폭은 제반사정을 종합하여 결정될 것이지만, 통행로를 요구하는 민원인의 청구를 배척하는 판결은 할 수 없다고 본다.

그리고 만약 이와 같은 승소판결을 받았는데도 불구하고, 혹시 지자체가 완충녹지라는 이유로 통행로개설을 위한 완충녹지 지정취소나 도로점용허가를 거부하거나 지연할 수가 있고, 요즘 추세로 보아 실제로 지자체가 그럴 가능성도 충분히 있다. 왜? 공무원들은 골치 아픈 사항에 대하여는 법원의 판결을 받아오라는 입장이니까. 유사한 사안에서 행정소송에서 실제로 승소한 사례도 있다.

28 농로(農路)를 막았어도 일반교통방해죄가 성립하나?

누차 설명드렸듯이 비록 내소유의 토지라도 일단 통행로가 되어 일반 불특정다수인이 통행한지 오래 되었으면 함부로 막지 못한다고 했다.

이에 대하여 많은 분들이 '왜 남의 땅으로 다녀도 되느냐'고 불만을 갖긴 하지만 우리 인간은 혼자 사는 게 아니다.

우선 개인소유 토지에 개설된 통행로에 대하여 소유자 마음대로 할 수 있는지에 대한 대법원의 기본 입장을 본다.

대법원에서 문제된 사건은 통행로 토지소유자가 통행로의 중간에 장애물을 설치하여 통행로를 막고, 통행로를 이용하는 주체를 관할 지방자치단체라고 보고 지방자치단체를 상대로 도로시설물철거, 통행금지및 토지인도를 청구한 사안에 대한 판결이다.

여러번 인용하였지만, 대법원(2021.10.14. 선고 2021다242154 판결)은 [어떤 토지가 개설경위를 불문하고 일반 공중의 통행에 공용되는 도로, 즉 공로가 되면 그 부지의 소유권행사는 제약을 받게 되며, 이는 소유자가 수인하여야 하는 재산권의 사회적제약에 해당한다. 따라서 공로부지의 소유자가 이를 점유, 관리하는 지방자치단체를 상대로 공로로 제공된 도로의 철거, 점유이전 또는 통행금지를 청구하는 것은 법질서상 허용될 수 없는 '권리남용'이라고 보아야 한다.]라고 하여 토지소유자라 하더라도 철거, 인도청구, 통행금지청구가 허용되지 않는다고 판시하였고,

이어서 형법상 일반교통방해죄가 성립하는가에 대하여는, [형법 제185조는, '육로, 수로 또는 교량을 손괴 또는 불통하게 하거나 기타 방법으로 교통을 방해한 자는 10년 이하의 징역 또는 1천5백만원 이하의 벌금에 처한다'고 규정하고 있다. 육로란 일반공중의 통행에 공용된 장소, 즉 특정인에 한하지 않고 불특정다수인 또는 차마가 자유롭게 통행할 수 있는 공공성을 지닌 장소를 말하며 공로라고도 불린다. 그 부지의 소유관계나 통행권리관계 또는 통행인의 많고 적음 등은 가리지 않으며, 부지의 소유자라 하더라도 그 도로의 중간에 장애물을 놓아두거나 파헤치는 등의 방법으로 통행을 불가능하게 한 행위는 일반교통방해죄에 해당한다.]라고 판시하여 일반교통방해죄가 성립한다고 하였다.

그렇다면 경운기나 리어카 등의 통행을 위하여 개설한 농로를 막은 경우에는 어떻게 될까?

　　대법원(1995.9.15. 선고 95도1475 판결)은 [형법 제185조의 일반교통방해죄는 일반 공중의 교통안전을 그 보호법익으로 하는 범죄로서 육로 등을 손괴 또는 불통케 하거나 기타의 방법으로 교통을 방해하여 통행을 불가능하게 하거나 현저하게 곤란하게 하는 일체의 행위를 처벌하는 것을 그 목적으로 하고 있다.

　　도로가 농가의 영농을 위한 경운기나 리어카 등의 통행을 위한 농로로 개설되었다 하더라도 그 도로가 사실상 일반 공중의 왕래에 공용되는 도로로 된 이상 경운기나 리어카 등만 통행할 수 있는 것이 아니고 다른 차량도 통행할 수 있는 것이므로 이러한 차량의 통행을 방해한다면 이는 일반교통방해죄에 해당한다.]고 판시하였다.

　　즉 단순한 농로라도 개설된지 오래되어 장기간 통행로로 이용되어 온 경우에는 이를 막으면 형사처벌을 받는다는 것이다.

부동산과 공사대금

제 9 장 » **부동산과 공사대금**

---

1. 건축주가 건축업자에게 한 푼 안 주고 건물보존등기하여 팔아넘겼을 때, 건축업자에게 특효약이 있다

얼마 전 필자를 찾은 분의 사연은 이렇다. 지하 2층, 지상 6층 건물의 건축주가 이전의 다른 건축업자와 공사도급계약을 체결하고 그 공사업자가 지하층 공사를 하다가, 건축주가 공사대금을 전혀 지불하지 못하는 바람에 공사를 중단하고 떠났다.

그후 공사업자[갑]이 공사를 이어받아 6층까지 각 부문별로 하도급계약을 체결하여 10여 명의 영세한 하수급인들이 2년 가까이 골조와 지붕 등 설계에 따른 공사를 거의 마치고 외장과 내장공사를 할 무렵 자금난에 시달리다가, 공사업자[갑]은 부도가 났고, 건축주는 각 부문별 하수급인들에게 공사대금을 한 푼도 지불하지 못하고 그 건물은 미완성인 채로 현재에 이르고 있다.

하수급인들은 채권단을 구성하고 건축주를 상대로 공사대금청구소송을 제기하여 모두 승소판결을 받았다.

그 사이에 건축주본인이 보존등기를 한 것이 아니라, 건축주에게 자금을 대여한 별도의 사채업자가 경매신청을 하기 위하여 건축주를 대위하여 건축주명의로 보존등기를 해놓았다.

그후 그 건축주는 경매신청한 사채업자와는 합의를 하여 경매를 취하시키고, 그동안 공사업자들은 보존등기를 마친 건축주로부터 공사대금을 받으려고 온갖 노력을 하고 있었는데, 그 건축주는 그 미완성건물을 제3자에게 팔아넘긴 후 행방불명이 되었고, 소유권을 이전받은 제3의 건물소유자는 공사대금을 책임질 수 없다는 입장이다.

건축주를 상대로 받은 판결은, 법률적으로 소유권을 이전받은 그 제3자에게는 효력이 없음은 당연하다.

그리하여 공사업자들이 그 제3자를 상대로 [건물소유권을 이전받은 것이 사해행위에 해당한다. 이전등기를 말소하라]는 소송을 제기하였다. 그런데 1, 2심에서는 승소하였다가 대법원에서 그 제3자는 '선의로 취득하였다. 이전등기를 받을 당시에 공사업자들을 해함을 알지 못했다'는 이유로 패소하고 말았다. 건축주는 도망가고 이전등기 받은 제3자에게는 아무런 권리가 없고, 공사업자들은 망연자실 상태이다.

현재 공사업자[갑]은 공사에 참여한 영세사업자들을 위해서라면 무슨 방법이라도 강구하겠다는 입장이다.

이 영세한 공사업자들이 돈을 받을 방법이 없을까?

대법원(2006.5.12. 선고 2005다68783 판결)은 [자기의 비용과 노력으로 건물을 신축한 자는 그 건축허가가 타인의 명의로 된 여부에 관계없이 그 소유권을 원시취득하게 되는바, 따라서 건축주의 사정으로 건축공사가 중단된 미완성의 건물을 인도받아 나머지 공사를 하게 된 경우에는, 그 공사의 중단 시점에 이미 사회통념상 독립한 건물이라고 볼 수 있는 정도의 형태와 구조를 갖춘 경우가 아닌 한, 이를 인도받아 자기의 비용과 노력으로 완공한 자가 그 건물의 원시취득자가 된다.]라고 판결했고, 이어서 건축주명의로 경료된 보존등기와 제3자에게로 경료된 이전등기를 모두 말소하라고 판결하였다. .

이러한 취지의 대법원판결은 최근까지도 여러 번 반복된 일반화된 판결이다.

상세히 설명하자면 이렇다.

첫째, 건축허가는 비록 건축주명의로 받았더라도 공사업자가 자기의 비용과 노력으로 건물을 신축한 경우에는 그 건물은 공사업자가 원시취득한다는 것이다. 물론 건축주가 공사업자들에게 공사비를 전부는 아니더라도 상당부분 지불하였다면 당연히 건축주가 원시취득하겠지만, 그렇지 않다면 그 건물은 건축주의 소유가 아니고 [자기의 비용과 노력으로 건물을 신축한 공사업자가 원시취득한다]는 취지이다.

이는 매우 당연한 판결이다. 공사업자가 건물을 신축하였는데, 공사업자는 공사대금을 한푼도 받지 못하고, 건물소유권은 건축주에게 귀속된다는 것은 누가 보아도 타당하지 않다.

둘째, 공사업자가 한 사람이 아니고 중간에 부도가 나서 포기하고 다른 공사업자가 이어 받아 공사를 하는등 공사업자가 여러 명에 걸쳐 있을 경우에는 건물의 원시취득자는 누구인가에 대하여, 대법원은 [사회통념상 독립한 건물이라고 볼 수 있는 정도의 형태와 구조를 갖춘 시점]의 공사업자가 원시취득한다는 것이다. 이 말은 설계도면에 따라 기둥과 지붕과 벽이 설치되어 비바람을 막을 수 있어서, **[독립한 건물로서의 형태와 구조를 갖춘 시점의 공사업자가 원시취득한다]**는 의미이다.

물론 건물을 원시취득한 공사업자는, 자신이 직접 시공하지 않은 부분에 대하여는 실제로 공사를 한 업자에게 공사비를 지불하여야 한다.

하여튼 대법원판결의 취지에 따른다면 공사업자[갑]은 비록 많은 영세수급업자가 직접 공사를 하기는 하였지만, 건축주와의 관계에서는 공사업자 [갑]이 문제의 건물을 신축하여 이를 원시취득한다는 것이다.

그렇다면 공사업자[갑]은 구체적으로 어떠한 내용의 소송을 하여야 하는가?

우선 문제의 미완성건물은 공사업자[갑]이 원시취득하였기 때문에, 건축주명의의 보존등기는 원인무효로서 말소되어야 하고, 건축주로부터 이전받은 그 제3자 명의의 이전등기는 원인무효인 보존등기에 기초하여 이루어진 것이기 때문에 역시 원인무효로 말소되어야 한다. 그뿐만 아니라 가압류 근저당등기 등 모두가 궁극적으로는 원인무효인 보존등기에 터잡아 이루어진 것이기 때문에 전부 말소되어야 한다.

보존등기와 이전등기등 등기부상의 모든 등기가 말소되면 결국 미등기건물이 되는데, 공사업자[갑]명의로 보존등기를 어떻게 할까?

원칙은 이렇다. 현행 부동산등기법 제65조에 의하면, 미등기건물의 경우에는 다툼이 있는 경우 건축허가를 담당한 지자체의 장을 상대로 소유권확인판결을 받아 보존등기를 할 수 있다. 그러므로 공사업자[갑]은 등기부상의 권리자 모두를 피고로 하여 각종 등기의 말소를 구하고, 동시에 관할 지자체의 장을 피고로 하여 그 건물의 소유권확인을 구하는 소송을 제기하여 승소판결을 받으면, 기존의 모든 등기를 말소하고 자신명의로 보존등기를 하여 소유자가 될 수 있다.

그러나 대법원은 보존등기의 말소를 구하여 승소판결을 받을 경우에는 원고의 소유임이 확정되는 것을 전제로 하기 때문에 별도로 확인의 소를 구하지 않더라도 보존등기를 할 수 있다는 입장이다. 참고로 사용검사를 받지 아니한 건물은 건축물대장도 없고 소유권 확인소송도 청구할 수 없다.

공사대금채권으로 건축주에게 저당권설정 청구할 수 있다

요즘도 공사를 하고 공사대금을 받지 못해 애를 태우는 경우가 많다.

이때 수급인(공사업자)이 자신이 공사를 한 목적부동산에 관하여 도급인(건축주)에게 민법 제666조에 의거하여 저당권을 설정해달라고 청구할 수가 있다.

저당권등기가 경료되면 그 다음부터는 경매가 이루어졌을 때, 저당권의 우선순위에 따라 공사대금을 받을 수 있는 효력이 있기 때문에 매우 유력한 방법이라고 할 수 있다.

이 경우 수급인의 청구가 있다고 하여 곧 저당권이 설정되는 것은 아니고, 도급인이 이를 승낙하고 등기를 하여야 비로소 저당권이 성립한다. 이때 도급인이 불응하면 저당권설정등기청구소송을 제기하여 승소판결을 받아야 한다.

토목공사일 경우 토지만, 건물공사의 경우 건물만 목적이 되고, 부동산공사 중 일부분의 수급인도 그 부동산 전부에 관하여 저당권을 설정해달라고 할 수 있다.

공사대금채권은 변제기가 도래하고 있어야 하는 것은 아니고, 도급계약을 체결하여 보수청구권(공사대금청구권)이 성립한 후에는 변제기가 도래하지 않더라도 언제든지 저당권의 설정을 청구할 수 있다.

공사도급계약에 의한 공사대금채권의 소멸시효기간은 3년이다. 3년이 경과하여 시효기간이 도과하면 저당권설정을 청구할 권리도 소멸한다.

도급인(건축주)이 목적부동산을 양도하면 수급인은 이전받은 양수인에게는 저당권설정청구를 할 수 없다. 그럴 염려가 있는 경우에는 그 공사대금채권에 대하여 가등기를 하거나 해당 부동산에 대하여 처분금지가처분을 신청하는등 별도의 조치를 취하여야 한다.

그렇다면 저당권을 설정해달라고 하는 청구는 언제까지 하여야 하는가? 바로 소멸시효문제이다.

민법 제369조는 "저당권으로 담보한 채권이 시효의 완성 기타 사유로 인하여 소멸한 때에는 저당권도 소멸한다."라고 규정하고 있다.

여기에서의 저당권설정청구권도 피담보채권(공사대금채권)이 소멸하는 순간 소멸시효가 함께 완성된다는 것이 대법원의 입장이다(2016.10.27. 선고 2014다211978 판결).

저당권을 설정한 수급인이 보수채권을 전액 변제받으면 저당권등기를 말소할 의무가 있다, 이 경우 이러한 수급인의 저당권말소의무와 도급인의 보수지급채무는 동시이행관계에 있다.

민법 제666조와 관련된 대법원판결을 본다.

첫째, 저당설정행위가 사해행위가 되느냐이다.

도급인이 해당부동산이 유일한 부동산이고 기존의 채무가 많은 경우 이를 처분하거나 저당권을 설정하는 경우에는 기존의 채권자들에게 사해행위가 되어 처분이 취소되는 경우가 있다.

이에 대하여 대법원(2021.5.27. 선고 2017다225268 판결)은 [저당권설정이 도급인의 일반 채권자들에게 부당하게 불리해지는 것도 아니다. 따라서 건축공사의 도급인이 민법 제666조가 정한 수급인의 저당권설정청구권 행사에 따라 공사대금채무의 담보로 건물에 저당권을 설정하는 행위는 특별한 사정이 없는 한 사해행위에 해당하지 않는다]고 했다.

둘째, 수급인으로부터 다시 도급을 받은 하수급인에게는 저당권설정청구권이 있는가?이다. 즉 도급인-수급인-하수급인 이렇게 3단계가 있는 경우이다.

하수급인은 수급인을 건너뛰고 직접 도급인에게 저당권설정청구권을 행사할 수 없다. 다만 [건물신축공사에 관한 도급계약에서 수급인이 자기의 노력과 출재로 건물을 완성하면 소유권이 수급인에게 귀속되는데, 이 경우에는 수급인으로부터 건물신축공사 중 일부를 도급받은 하수급인도 수급인에 대하여 민법 제666조에 따른 저당권설정청구권을 가진다.]는 것이 대법원의 입장(2016.10.27. 선고 2014다211978 판결)이다.

이때 하수급인은 언제까지 저당권설정을 청구할 수 있는가? 소멸시효 문제이다.

하수급인으로서는 언제 해당목적물의 소유권이 수급인에게 이전되었는지를 알 수가 없다. 이러한 경우에는 객관적으로 하수급인이 저당권설정청구권을 행사할 수 있음을 알 수 있게 된 때부터 3년의 소멸시효가 진행한다는 것이 대법원(2016.10.27. 선고 2014다211978 판결)의 입장이다.

셋째, 공사대금청구권을 양도하는 경우에는 저당권설정청구권도 따라가는가?

이에 대해 대법원(2018.11.29 선고 2015다19827 판결)은 [민법 제666조에서 정한 수급인의 저당권설정청구권은 공사대금채권을 담보하기 위하여 인정되는 채권적 청구권으로서 공사대금채권에 부수하여 인정되는 권리임을 전제로 하여, 당사자 사이에 공사대금채권만을 양도하고 저당권설정청구권은 이와 함께 양도하지 않기로 약정하였다는 등의 특별한 사정이 없는 한, 공사대금채권이 양도되는 경우 저당권설정청구권도 이에 수반하여 함께 이전된다고 봄이 타당하다]라고 하여, 특별한 사정이 없는 한 수급인으로부터 공사대금채권을 양도받은 양수인도 도급인에게 수급인이 완성한 목적 부동산에 대하여 저당권설정청구를 할 수 있다고 보고 있다.

마지막으로 유치권과의 관계에 대하여 본다.

수급인은 공사대금을 수령하지 못한 경우 여건이 허락하는한 저당권설정 청구권 행사보다는 유치권 행사를 선호하고 있습니다. 그 이유는 이렇다.

1) 저당설정청구권은 토지공사일 경우 토지만, 건물공사일 경우 건물만 목적이 되기 때문에, 한쪽만을 경매할 경우 실제 경매절차에서 경매물건의 가치가 하락한다.

2) 도급목적인 부동산 위에 선순위 저당권이 설정되어 있을 경우 그만큼 담보가치가 하락한다.

유치권은 사람이 직접 점유하여야 해서 번거롭기도 하지만 처절한 면이 있다. 저당권설정에 있어 위와같은 결점만 없다면 유치권만큼 효과적일 수 있다고 본다.

3 공사대금채권, 근저당까지 해놨는데 3년 지나면 소멸시효완성되나?

채권이 있더라도 이를 꼭 받는다는 보장을 할 수 없을 때, 부동산에 1순위 근저당을 설정하여 등기부에 등재되면 채권자로서는 안심하게 된다.

예를 들어 건축공사이든 토목공사이든 공사를 해주고 받을 공사대금채권에 대하여 근저당설정등기까지 해놓았고, 안심하고 푹 기다리다가 3년이 지났다. 다만 법원의 확정판결을 받은 채권은 10년이다. 그 돈 받을수 있을까? 참고로 공사대금채권의 소멸시효기간은 3년이다.

모든 채권은 소멸시효에 걸려서 법이 정한 시효기간이 경과하면 돈을 받을 수 없다. 그 기간은 일반 민사채권은 10년, 상인 간의 상사채권은 5년, 지방자치단체가 관련된 지방재정법상의 채권은 5년, 그 밖에 3년인 채권과 1년인 채권도 있다. 다만, 법원의 확정판결을 받은 채권은 10년이다. 법률이 모든 채권의 소멸시효기간을 정해 놓았다.

그리고 민법 제166조 제1항은 '소멸시효는 권리를 행사할 수 있는 때부터 진행한다'고 규정하고 있다, 변제기가 되어야 권리를 행사할 수 있기 때문에 엄격히 말하자면 [변제기 다음날]부터 소멸시효가 진행된다고 보면 된다.

한편 소멸시효는 그 진행을 중단시킬 수가 있다.

민법 제168조에 의하면 소멸시효는 다음 각호의 사유로 인하여 중단된다.

1. 청구

2. 압류 또는 가압류, 가처분

3. 승인

이렇게 중단사유로 3가지를 규정하고 있다.

1호 중단사유인 '청구'는 돈을 달라고 하는 것인데 여기에서의 청구는 재판상의 청구, 즉 법원에 청구하는 소제기를 말한다. 단순히 내용증명으로 돈을 달라고 통고서를 보내는 것도 시효중단의 효력이 있기는 하지만, 이는 그로부터 6개월 이내에 소제기를 해야 시효중단의 효력이 지속되고 소제기를 하지 않으면 그 통고서는 아무런 효력도 없다.

2호 중단사유인 '압류, 가압류, 가처분'은 채권자가 돈을 받기 위한 강력한 법적 조치이고, 부동산에 대하여 할 때 이는 모두 등기부에 기재된다.

이상 2가지는 채권자가 일방적으로 하는 조치이고, 채무자가 스스로 채무의 존재를 인정하는 것을 3호 중단사유인 [승인]이라고 하는데, 통상 이자를 지급하거나, 채무의 일부를 변제하거나 근저당설정과 같은 담보제공행위, 보증인을 세우는 행위를 하면 이는 모두 채무의 존재를 인정함을 전제로 하는 것이기 때문에 [승인]한 것으로 보아서 시효중단의 효력이 발생한다.

그러면 시효가 중단되면 시효의 진행이 영원히 멈추는가? 그게 아니고, 중단절차가 종료된 시점부터 다시 소멸시효기간이 진행된다. 공사대금채권의 경우 중단이후부터 다시 3년의 소멸시효가 진행된다.

여기에서 가압류에 관하여는 일반인으로서 다소 의아한 대법원판결이 있다. 대법원(2011.1.13 선고 2010다88019 판결)은 [가압류에 의한 집행보전의 효력이 존속하는 동안은 가압류채권자에 의한 권리행사가 계속되고 있다고 봐야 할 것이므로 가압류에 의한 시효중단의 효력은 계속된다]고 판시하였고 그 입장은 현재도 변함이 없다.

가압류결정을 받아 놓고 있으면 시효의 진행이 되지 않는다는 것인데, 쉽게 말하자면 가압류결정을 받아놓으면 가압류의 효력이 살아있는 한, 10년 그 이상이 경과해도 영원히 중단의 효력이 지속된다는 것이다. 상식적으로는 이해가 안 될 것이다.

　　그러나 청구나 압류 가압류 가처분은 채권자가 일방적으로 하는 반면, 근저당은 채무자측에서 스스로 채무의 존재를 시인하고 '내가 틀림없이 변제하겠다'는 표시로써 해주는 것인데도 불구하고, 근저당은 해놓아도 원래대로 시효가 진행된다는 게 현행법의 해석이다. 이를 근저당의 부종성이라고 하는데, 그 의미는 저당권은 피담보채권의 운명에 따라간다는 것이다.

　　근저당이 되어 있으면, 그 자체로서 담보제공이 되어 채무를 승인한 것이 되어서 근저당설정 다음날부터 새로이 소멸시효가 진행된다. 결국 공사대금채권은 근저당이 설정된 날의 다음날부터 3년이 경과하면 소멸시효가 완성되어 채권도 소멸되고 그 근저당의 부종성때문에 피담보채무가 없어지면 그 근저당도 효력이 없어져서 채무자측에서 말소하라고 요구하면 그 근저당은 말소되고 만다.

　　민법은 상식의 축소판이고 형법은 도덕의 축소판이다.

　　이는 일반인의 상식과는 동떨어진 결과이어서 법개정으로 모순이 해결되었으면 한다.

　　그렇다면 근저당까지 해놓은 채권자로서 해야 할 과제가 명백해졌다

　　첫째, 채권자로서 근저당까지 해놓았다고 하더라도 소멸시효가 완성되기 이전에 돈을 달라고 소송을 제기하여 판결을 받아 놓아서 시효를 10년으로 늘려놓아야 한다. 왜? 판결로 확정된 채권은 소멸시효가 10년으로 늘어나기 때문이다. 그리고 판결을 받으면 소송촉진등에 관한 특례법 소정의 높은 비율의 지연이자까지 받을 수 있다.

　　둘째, 조속히 경매절차를 진행하기 바란다. 저당권으로 임의경매를 신청할 수 있는데, 임의경매신청을 하여 경매개시결정을 받으면 2호 중단사유인 압류의 효력이 있기 때문에, 경매절차가 종료될때까지 채권의 소멸시효가 중단된다.

　　근저당을 믿고 아무런 조치도 취하지 않고 가만히 있으면 절대 안 된다.

제 10 장

매매

제 10 장   매매

부동산매매에는 함정이 많다.
매매과정에 과오가 있으면 소송에서 패소할 가능성이 높다.

1   부동산매매에서 절대 하지 말아야 할 5가지

토지나 건물 등 부동산은 우선 가격이 높아서 한번 잘못되면 경우에 따라서는 평생회복할 수 없는 손해를 볼 수가 있고 그럴 경우 재산적피해는 물론 정신적·육체적 건강까지 손상될 수 있다. 부동산 거래를 할 당시에는 특히 만반의 주의를 기울여야 하는 이유다.

통상 부동산매매는 우선 매매가격을 정하고 계약당일 매매가격의 10분의1에 해당하는 계약금을 지불하고, 중간에 중도금 지불하고, 잔금지급기일에 잔금지급하면서 소유권이전등기를 받음으로서 종료된다.

매우 간단한데, 부동산매매와 관련하여 많은 문제가 발생하는 게 현실이다.

부동산매매에서 절대 하지 말아야 할 5가지 중

첫째, 오랜 기간 동안 변호사로 활동하면서 부동산매매계약 후 잔금을 완불받기 전에 먼저 소유권이전등기를 해주었다가 매수인이 약속을 지키지 않아 손해를 본 사람을 여럿 보았다.

전국적으로 부동산개발이 활발하게 이루어지고 있다. 그런데 그 업자 중에는 사업자금이 충분하지 아니한 상태에서 사업을 하는 업자들이 많다. 그들은 사업자금을 대출을 받아 사업을 할 계획으로, 부동산 매매계약을 하고 계약금을 지불하면서 소유권이전등기를 먼저 해달라고 요구한다. 그 이유는 선이전등기를 받아 근저당을 설정하여 사업자금을 대출받기 위해서이다.

사업자금이 없어서 선이전등기를 요구하는 업자들은 우선 처음부터 자금이 부족하기 때문에 사업을 성공적으로 끝낼 확률이 떨어지고, 경기가 좋지 않을 경우에는 채무자가 아무리 성실한 사람이라고 하더라도, 경제여건 때문에 중간에 부도가 날 가능성도 적지 않다.

하여튼 매매대금을 완불받기 이전에 선이전등기를 해준다는 것은, 적어도 그 부동산에 관한한 모든 운명을 상대방에게 통채로 맡기는 것과 같다. 선이전등기를 받은 매수인은 그 다음부터는 매수인이 아니라 소유자로서 매매나 증여 근저당설정 등 그 부동산에 관한 모든 권한을 행사할 수 있고, 한편 등기부상 소유명의자의 채권자들도 그 부동산에 대하여 모든 채권행사를 할 수 있다.

선이전등기를 해줬다가 돈도 못받고 재산도 잃은 뒤에 평생 한을 품고 사는 분들이 주위에 허다하다는 사실을 명심할 필요가 있다.

둘째, 매매대금이 모자라는 매수인은 매도인에게, '우선 매매목적물인 부동산에 근저당을 설정하여 매도인명의로 대출을 받아 매매대금으로 충당하고, 그리고 매수인 명의로 이전등기를 한 이후, 매수인이 그 대출채무를 인수하여 천천히 갚겠다'고 말한다. 이때 매도인 입장에서는 매도하는 부동산을 담보로 대출을 받고 그 부동산을 넘겨주는 것이니까, 손해가 날 리가 없지 않느냐고 속단하고, 실제로 매도인명의로 저당권을 설정하고 대출을 받아 매매대금을 충당한 후 매수인에게 소유권을 넘겨주는 경우가 있다.

매도인이 자신명의로 대출을 받는 순간 매도인은 위험에 빠진 것이다. 이러한 경우 대부분의 매수인은 사업을 목적으로 토지를 매수하는데, 매매대금도 없는 상태에서 사업자금이 충분할 리 없고, 매도인명의의 저당채무를 쉽사리 변제하지 못할 가능성이 크다.

그럴 경우, 그 저당채무는 여전히 매도인의 채무로 남아 있고, 매수인의 사업이 꼬일 경우 그 채무의 원리금을 매도인이 갚아야 하는 문제가 남는다. 많은 매도인들은 곤경에 처한 매수인이 '우선 몇 달치 이자를 부담해달라'는 등 새로운 요구에 부수적인 추가약속을 하여 점점 깊은 수렁에 빠지는 경우도 있다.

셋째, 매도인의 기존 저당채무를 매수인이 인수하는 약정을 하지 말라는 것이다.

흔히, 근저당채무가 있는 상태에서 매매를 하는 경우, 매수인입장에서는 매매대금을 마련하기가 어렵자 기존에 매도인이 저당을 설정하고 대출받은 대출채무를, 매수인이 대신 갚기로 하고 그 액수만큼 매매대금을 적게 받고 소유권을 넘겨주는 경우가 있다. 여기에 함정이 있다.

당사자 간에 약정한 대로 매도인의 근저당채무에 대하여, 매도인은 앞으로는 절대로 그 채무에 대하여 책임이 없고, 매수인만이 책임을 지게 되는 경우 이것을 [면책적채무인수]라고 한다. 즉 매수인이 면책적채무인수를 하려면 대출은행이, 매도인에게는 채권행사를 하지 않는다는 보장이 있어야 한다. 매매당사자간의 약정만으로, 대출해준 은행이 매도인에게는 채권행사를 하지 못하는 게 아니다. 여전히 매도인에게 채권행사를 할 수 있다.

면책적채무인수를 하려면 채권자인 은행이 이에 동의를 해주어야 하는데, 이제까지 채권자은행이 부동산매매와 관련하여 이와 같이 면책적채무인수에 동의를 해주는 것을 실제로 본 적이 거의 없다. 그건 담당직원이 결정하는게 아니라 상부의 승인을 받아야 한다.

결국 매수인이 약속을 이행하지 못할 경우에는 매도인이 책임을 져야 한다.

많은 분들이 새로이 근저당을 설정하는 것보다 기존의 근저당채무를 인수하는 게 비용이 적게 드는 것으로 알고 있으나 거의 동일하다.

이러한 문제를 사전에 예방하려면 근저당채무를 인수할 게 아니라, 기존의 근저당은 말소하고, 매수인이 별도로 근저당을 설정하여 대출을 받을 것을 적극 권한다. 비용이나 절차면에서 거의 동일하다.

넷째, 많은 분들이 다운계약서, 업계약서를 작성해서는 안 된다는 사실은 알고 있다. 그러나 다운계약서나 업계약서를 작성하면 어떠한 법적 제재가 따르는지를 구체적으로 알지 못하고 있고 아직도 알게 모르게 '설마 괜찮겠지' 하고 다운계약서, 업계약서를 많이 작성하고 있다.

다운계약서를 작성하는 주된 목적은 양도소득세를 줄이기 위해서이다. 양도소득세는 매도한 가격에서 매수한 가격의 차이, 즉 양도차익이 클수록 그 액수가 커진다.

그렇기 때문에 양도차익을 줄이기 위하여 실제로 매도한 금액보다 적은 금액으로 매도한 것처럼 매매대금을 줄여서 작성하는 것이 다운계약서이다.

반대로 부동산을 매수하는 사람이 후에 그 부동산의 가액이 상승해서 먼 장래에 고액으로 매도할 것으로 예상하고, 그 부동산을 매수할 때 미리부터 실제매매금액보다 올려서 매수한 것처럼 계약서를 작성하여 매매신고를 하는 예도 있다. 이때 작성하는 것을 업계약서라고 한다.

이런 경우는 대개 양도인이 양도소득세를 면제받는 경우 예컨대 농토를 8년이상 자경을 한 후 매도하는 경우나, 1가구1주택소유자가 주택을 양도하는 경우에는 양도소득세가 면제되는데 이와 같이 양도인이 양도소득세를 면제받는 경우에 많이 이루어진다.

어떠한 경우이든 실제 매매가액과 달리 계약을 체결하면 현행법에 위배되고 위배사실이 밝혀지면 혹독한 법적제재가 뒤따른다는 사실을 명심해야 한다.

만약 중개인이 개입한 상태에서 다운계약서나 업계약서가 작성되었을 경우 중개인의 중개사무소 개설등록이 취소되거나 6개월 이내의 업무정지처분을 받을 수 있다.

1가구1주택소유자로 인정되어서 주택양도의 경우 양도소득세가 과세되지 않고, 농지를 8년간 자경한 후 매도하는 경우에는 양도소득세가 감면되는 혜택이 주어지는데, 다운계약, 업계약을 체결한 사실이 밝혀질 경우에는 그러한 혜택이 모두 없어진다는 사실 꼭 기억하기 바란다.

거기에다가 다운계약과 업계약을 체결하면 그 자체로 신고를 제대로 하지 않은 것이 될 수밖에 없다. 이 경우 신고하지 않은 데 대한 가산세가 부과되는데, 그 금액은 불법으로 세금을 납부하지 않은 금액에 최고 40%까지 부과될 수 있다.

또한 거기에 세금납부를 지연하였다는 이유로 가산세가 별도로 부과되는데, 세금을 납부하지 않고 지연한 기간동안 하루당 불법탈세액의 0.025%의 비율로 계산한 금액이 부과된다.

많은 분들이 아직도 요행을 바라고 다운계약서 업계약서를 작성하고 있는데 우리의 세무당국이 그렇게 허술하지 않다. 한 번 걸리면 혹독한 제재를 받을 수 있다.

다섯째, 매도인은 의미없는 중도금을 받지 말라는 것이다.

민법 제565조 제1항에 의하면, 부동산매매계약에 있어서 중도금을 주고받을 때까지는 매수인은 계약금을 포기하고, 매도인은 계약금의 배액을 상환하고, 각기 매매계약을 해제할 수 있다.

즉 매도인이 부동산을 10억원에 매도하기로 계약을 하고 계약금 1억원을 수령하였는데, 그후 그 부동산을 30억원에 매수하겠다는 매수인이 나타났을 경우, 매도인은 매수인으로부터 수령한 계약금 1억원에 동일한 금액인 1억원을 보태어 2억원을 매수인에게 상환하고 종전의 매매계약을 해제하고, 새로운 매수인에게 30억원에 매도할 수 있다. 다만 중도금을 받았을 경우에는 그러한 권리가 소멸한다는 것이 민법 제565조 제1항의 규정이다.

이상 5가지를 하지 말라고 해도 여러분은 할 것이다. 그러나 이를 하였을 경우 어떠한 위험이 있는지는 알고 있어야 한다.

2   가계약금. 정식계약 안하면 돌려받을 수 있나?

우리가 통상 사용하는 매매계약서에는 거의 빠짐없이 [매수인이 위약하면 계약금을 포기하고, 매도인이 위약하면 계약금의 배액을 상환한다.]라는 약정을 하는데 이를 [위약금 약정]이라 한다.

위약금 약정은 계약서에 반드시 있어야 효력이 있고, 이러한 약정이 없으면 상대방이 위약을 하더라도 계약금상당의 손해를 청구할 수 없다.

한편 [매수인은 계약금을 포기하고 계약을 해제할 수 있고, 매도인은 수령한 계약금의 배액을 상환하고 계약을 해제할 수 있다]라는 약정을 하는데 이를 [해약금 약정]이라고 한다.

해약금 약정은 민법 제565조 제1항에서 규정하는 내용으로서 매매계약서에 그러한 내용이 없더라도 민법 제565조 제1항에 의하여 당사자 일방이 언제든지 주장할 수 있는 권리이다.

이 두 개의 약정은 비슷해 보이지만 완전히 다른 내용이다.

그리고 위약금 약정과 해약금 약정은 모두 정식으로 계약이 성립된 단계에서만 효력이 있다.

그런데 가계약이라는 것이 있다.

가계약이란 [정식계약이 체결되기 전에 계약자의 우선적 지위를 확보하기 위해 체결하는 계약]을 말하고, 가계약을 통해 교부되는 금원을 가계약금이라고 한다. 그리고 이 가계약금은 통상 정식계약이 체결될 경우 정식계약의 계약금의 일부로 보고 나머지 금액만을 지급하게 된다.

그러면 계약이 정식계약으로 진행되지 않았을 때 가계약금으로 지급한 돈을 돌려주어야 하는가?

당사자 사이에 가계약금에 관하여 뚜렷하게 약정을 하였다면, 예컨대 [매수인의 책임으로 정식계약이 체결되지 않았다면 가계약금을 포기하고 매도인의 책임으로 체결되지 않았다면 가계약금의 배액을 상환한다] 아니면, [가계약금을 지불한 당사자는 이를 포기하고, 가계약금을 수령한 당사자는 그 배액을 상환하고 계약을 해제할 수 있다]는 등 약정을 확실하게 하였다면 그 약정내용대로 따를 수밖에 없다.

그러나 가계약금을 주고받을 때 이와 같이 뚜렷한 약정을 하는 경우는 거의 없고, 그렇기 때문에 분쟁이 생기는 것이다.

그동안의 법원의 판결내용을 요약하자면 다음과 같다.

서면이든 구두이든 [가계약을 하면서, 매매대금, 중도금과 잔금지급시기등 계약의 본질적인 내용이 정해졌다면] 매매계약이 성립된 것에 준하여, 가계약금에 관하여 계약금에 관한 민법조항을 적용하려는 경향을 보여왔고, 하급심판결에서는 그와 같은 판결을 해온 예도 있다.

즉 위약의 책임이 있는 당사자는 가계약금을 포기하거나 아니면 가계약금의 배액을 상환하라고 하기도 하고, 해약금에 관한 제565조에 의거하여 지불한 가계약금을 포기하거나 수령한 가계약금의 배액을 상환하고 해약할 수 있다고 판결하는 경우가 있었다.

그리고 반대로 [가계약을 하면서, 매매대금, 중도금과 잔금지급시기등 계약의 본질적인 내용이 정해지지 않았다면] 정식계약이 체결되지 않았을 때 가계약금을 반환하여 없던 것으로 한다는 입장이었다.

그러다가 2022년 9월에 대법원(2022.9.29. 선고 2022다247187 판결)이 명확한 판결을 하였다.

사실관계는 이렇다. 원고가 아파트를 임차하기 위하여 협의과정에서 피고 임대인에게 가계약금 300만원을 지급하였다. 물론 당사자간에 가계약금의 처리에 대하여 뚜렷한 약정을 한 것이 없었다.

그후 원고는 개인 사정으로 임대차계약을 진행하지 못하게 되자 이를 돌려달라고 부당이득반환청구소송을 제기하였다. 이에 대하여 피고는 [가계약금이 해약금에 해당하므로 몰취 되어야 한다]고 주장하면서 맞섰다.

이에 대하여 1심과 2심 법원은 [가계약금은 정식계약을 체결하기 위한 일종의 증거금으로서 본 계약이 체결될 경우에는 그 임대차보증금 중 계약금 일부의 지급에 갈음하고, 본 계약이 체결되지 않을 경우에는 당사자 사이의 약정에 따라 반환되거나 몰취되는 성격의 금원이라고 할 것이다]라고 하면서 정식계약이 체결되지 않은 것은 원고의 책임이니 그 가계약금은 몰취되어야 한다고 하여, 원고의 청구를 기각하였다.

그러나 대법원은 달랐다.

[당사자 사이에 가계약금을 해약금으로 처리하는 약정이 있었음이 명백히 인정되지 아니하는 한 원고가 스스로 계약 체결을 포기하더라도 가계약금이 피고에게 몰취되는 것으로 볼 수는 없다]고 하여 1, 2심판결을 뒤집었다.

즉 , 대법원은 [가계약금이 해약금 약정으로 인정되기 위하여는 약정의 내용, 계약이 이루어지게 된 동기 및 경위, 당사자가 계약에 의하여 달성하려고 하는 목적과 진정한 의사, 거래의 관행 등에 비추어 정식으로 계약을 체결하기 전까지 교부자는 이를 포기하고, 수령자는 그 배액을 상환하여 계약을 체결하지 않기로 약정하였음이 명백하게 인정되어야 한다]라고 설시한 것이다.

이와 같은 대법원판결은 오락가락하던 입장을 정리하여 확실한 지침을 내려준 것으로 보아야 하고, 앞으로는 가계약금을 어떤 경우에 돌려주고, 어떤경우에 가계약금을 포기하고 계약을 해제하기로 하는 등 뚜렷한 약정을 하였다는 증거가 없는 한, 정식계약이 체결되지 않은 것이 누구의 책임이냐를 따질 것도 없이 이를 돌려주고 원상회복을 하라는 취지이다.

3 계약금의 함정, 상대방이 계약위반했는데도 계약금 돌려주라고?

매매계약을 체결할 당시에는 통상 매매대금의 10%에 해당하는 계약금을 지불하고 추후 중도금을 지불하고 또 얼마 후에는 잔금을 지불하면서 목적물을 이전받고 소유권을 이전받고 있다.

계약금과 중도금에는 모두 함정이 있다.

그리고 매매계약서에는 "매수인이 계약을 위반하였을 경우에는 계약금을 포기하고 매도인이 계약을 위반하였을 경우에는 계약금의 배액을 배상한다"는 문구를 기재한다. 이 내용은 우리 모두가 당연한 것으로 알고 있다.

어느날 의뢰인 한 분이 '세상에 이런 엉터리 판결이 내려질수 있느냐?'고 하면서 흥분하여 찾아온 적이 있었다. 즉 토지를 매도하기로 계약을 체결하고 계약금 1억원을 수령하였는데, 매수인이 나머지 매매대금을 준비하지 못하여 계약이 깨졌다면 계약금 1억원을 돌려주지 않아도 되는데도 불구하고, 법원이 1억원을 매수인에게 돌려주라고 판결을 하였다는 것이다.

그러나 그것은 엉터리 판결을 한 것이 아니라 계약서에 기재된 계약금에 관한 약정내용에 함정이 있었고 의뢰인이 함정에 빠진 것이었다.

그 내용을 설명하자면 다음과 같다.

그 분의 주장이 맞아 떨어지려면 계약서에 **[매수인이 계약을 위반하였을 경우에는 계약금을 포기하고, 매도인이 위약하였을 경우에는 계약금의 배액을 배상한다]**고 기재되어 있어야 한다.

그런데 문제의 그 계약서는 부동산중개인협회에서 인쇄하여 배포한 것이었는데도 불구하고 이렇게 인쇄되어 있었다. 바로 "매수인은 계약금을 포기하고, 매도인은 계약금의 배액을 지불하고, 각기 계약을 해제할 수 있다"라고 기재된 것이다. 이는 전혀 다른 내용이다.

예컨대 매도인 입장에서 10억원에 매도하기로 하고 계약금 1억원을 받았는데, 얼마 있다가 그 목적물을 30억원에 매수하겠다는 사람이 나타났다고 가정해본다. 이 경우 매도인은 2억원을 배상하고라도 10억원에 매도하기로 한 계약을 파기하고 30억원에 매도하기를 희망할 것이다.

그 반대의 경우도 있을 수 있다. 즉 매수인 입장에서 10억원에 계약을 하였는데 거의 동일조건의 다른 부동산이 5억원에 매물로 나왔다면 매수인은 종전의 계약을 파기하고 싶을 것이다.

그런데 그 계약서에 기재된 내용은, 상대방이 계약을 위반하였는지를 따지기 이전에, 일방적으로 매수인은 계약금 1억원을 포기하고, 매도인은 매수인에게 계약금의 배액인 2억원을 주고, 각기 계약을 해제할 수 있다는 내용이었다.

말 그대로 상대방에게 계약금상당의 손해를 배상하기만 하면 하시라도 일방적으로 계약을 해제할 수 있다는 내용이었다.

[매수인이 계약을 위반하였을 경우에는 계약금을 포기하고 매도인이 계약을 위반하였을 경우에는 계약금의 배액을 배상한다]는 약정은 소위 **[위약금약정]**이라고 하여

민법 제398조에 따라 당사자 간에 약정이 있어야만 효력이 생긴다. 이는 말 그대로 당사자 일방이 계약을 위반하였을 때 구체적으로 손해가 얼마가 났는지 따지지 말고 계약금정도의 손해가 났다고 인정하고 이를 배상한다는 의미이다. 즉 10억에 매매계약을 하면서 계약금 1억원을 주고받았는데 당사자 일방이 계약을 위반하였다면 손해가 얼마가 났는지 따지지 말고 1억원의 손해가 났다고 보고 이를 배상한다는 의미이다.

반면에 [매수인은 계약금을 포기하고, 매도인은 계약금의 배액을 지불하고, 각기 계약을 해제할 수 있다]는 약정은 소위 [해약금의 약정]이라고 하여 민법 제565조 제1항이 적용된다.

위약금약정은 당사자가 약정하는대로 따라가야 한다. 경우에 따라서는 그런 약정을 하지 않을 수도 있다. 또한 계약서에서 당사자일방이 계약을 위반하였을 경우 상대방에게 배상할 금액을 계약금(1억)으로 정한 금액으로 할 것인지 아니면 계약금의 일부(5천만원) 혹은 그 이상(2억원)으로 할 것인지를 당사자 간 합의로 정할 수가 있다.

그리고 위약금의 약정에 관하여 약정한 것이 없는 경우에는 계약이 해제되었을 때 원칙적으로 주고받은 것을 전부 되돌려주어야 한다. 즉 원상회복을 하여야 한다.

이에 반하여 해약금의 약정은 민법 제565조가 당사자에게 일정액의 손해를 감내하는 조건으로 계약을 해제할 수 있는 권리를 인정하고 있는 것이기 때문에, 해약금약정은 계약서에 굳이 기재하지 않아도 민법 제565조에 의거하여 당연한 권리로서 행사할 수 있다.

필자를 찾아왔던 분의 계약서에는 해약금의 약정이 있을 뿐 위약금의 약정은 없었다. 즉 계약서에 반드시 기재하여야만 효력이 발생하는 위약금약정은 없고, 계약서에 없어도 법률에 의하여 당연히 인정되는 해약금의 약정이 기재된 것이다.

그렇기 때문에 계약금으로 수령한 1억원을 돌려주어야 한다. 손해배상을 받으려면 상대방이 계약을 위반하여 자신이 손해를 본 금액을 일일이 입증하여야 하는데, 실제로 손해를 본 것을 입증하기는 곤란하다. 기껏 입증할 수 있는 것이 계약과 관련하여 소비한 시간을 금전으로 환산한 금액과 교통비정도이다.

그러므로 그 의뢰인은 계약금으로 수령한 돈을 손해로서 취득할 길이 없고 법원이 엉터리판결을 한 것이 아니다.

현재도 잘못된 매매계약서 서식이 시중에 나돌고 있다.

부동산중개인들도 그 차이점을 정확하게 모르고 있는 것이 현실이다.

4 계약금일부만 지급하고 계약해제하려면, 준 돈만 포기하면 되나?

민법 제565조 제1항에 의하면 매매계약에 있어서 중도금이 수수되기 전까지는 매도인은 수령한 계약금의 배액을 상환하고 매매계약을 해제할 수 있고, 매수인은 지불한 계약금을 포기하고 매매계약을 해제할 수 있다. 이를 [해약금규정]이라고 한다.

그런데 매수인이 계약금의 일부만 지급한 상태에서 해약을 하려면, 지급한 돈만 포기하면 되는지 아니면 원래 약정했던 계약금을 채워서 모두 지급해야 하는지에 대하여는 법조문이 없으므로 법원판결을 중심으로 알아본다.

먼저 가계약금의 반환에 대하여는 앞에서 설명한 바 있다.

본론으로 들어가서 민법 제565조 제1항에 따라 지급해야 할 해약금의 액수에 대하여 본다.

가계약이 아니고 정상적인 매매계약을 체결하였는데 계약금을 일부만 지불한 경우이다.

계약금의 일부만 지불한 상태에서 계약이 깨졌다면, 매도인은 약정한 계약금 잔금을 지급하라고 청구하거나, 매수인의 계약불이행을 근거로 계약을 해제하고 손해배상을 청구할 수 있다. 그러나 계약금은 아직 전액이 수수되지 않았기 때문에 [매수인이 계약금을 포기하고 계약을 해제할 수 있느냐?]에 관한 제565조 제1항에서 말하는 해약은 아직 문제될 단계가 아니다.

다만 이 경우 대법원(2015.4.23. 선고 2014다231378)은 '계약금 일부를 지불하면서 나머지는 언제 지불하기로 약정을 한 사안'에 대하여 판결하기를, [매수인이 제565조 제1항에 따른 해제를 하려면 나머지 계약금도 지불하여야 한다]는 입장이다.

결국 대법원은 계약금 일부만 지급하고 나머지에 대하여는 별도로 [언제 지급하기로 하는 약정을 하지 않았다면] 제565조 제1항에 따른 계약해제는 할 수 없다는 것이다. 즉 계약금을 포기하거나 배액을 상환하고 계약을 해제할 수 없다는 취지이다.

위 대법원이 판결한 실제 사안을 보자면, 10억원인 아파트에 대하여 매매계약을 체결하면서 10%인 1억원을 계약금으로 하여 계약을 체결하였지만 계약금으로 1천만원만을 지급하고 나머지는 [며칠 후에 지급하기로] 명백하게 약정하였다.

이럴 경우 민법 제565조 제1항에 따라 계약을 해제하려면, 해약금의 기준이 되는 금액은 실제로 교부받은 1천만원이 아니라 약정된 계약금 1억원으로 보아야 하고, 계약을 해제하려면 매도인은 계약금의 배액인 2억원을 지불하고, 매수인은 1억원을 포기하고, 각기 계약을 해제할 수 있기 때문에, 매수인으로서는 이미 지불한 1천만원 외에 1억원에서 모자라는 9천만원을 더 매도인에게 지불하여야 한다는 것이 위 대법원판결의 결론이다.

그렇다면 여기에서 매도인 입장에서는 수령한 계약금 일부만을 취득하고 나머지는 포기하여야 하느냐? 그렇지 않다.

민법 제398조 제1항은 [당사자는 채무불이행에 관한 손해배상액을 예정할 수 있다.] 즉 미리 정할 수 있다고 규정하고 있다.

계약을 할 때에는 거의 예외 없이 [매도인이 위약하였을 경우에는 수령한 계약금의 배액을 상환하고, 매수인이 위약하였을 경우에는 지불한 계약금을 포기한다]라는 약정을 한다. 이것이 바로 민법 제398조1항에 따라 손해배상액을 예정한 것이다. 이를 [위약금 약정]이라고 한다.

즉 제565조 제1항의 해약금은 계약을 [해제하기 위하여 지불하는 돈]을 말하고, 제398조 제1항의 위약금은 계약을 [위반하였을 때 배상하는 돈]이다. 성격이 완전히 다르다.

즉 위약금 약정이 있는 경우에는 계약이 원래대로 이행되지 않은데 대하여 책임이 있는 당사자는 약정한 배상액을 지불하여야 하고, 이때 배상하여야 할 위약금은, 주고받은 1천만원이 아니고 계약상의 계약금인 1억원이다.

그렇기 때문에, 매도인이 위약하였을 경우에는 2억원을 배상하고, 매수인이 위약하였을 경우에는 계약금 1억원을 포기해야 한다. 결국 매수인은 오히려 9천만원을 매도인에게 추가로 지급하여야 한다는 것이 위 대법원 판결(2014다 231378)의 취지이다.

다만 손해배상의 예정액이 과다한 경우에는 법원이 이를 감액할 수 있다는 법규정이 있다. 그러나 적다고 금액을 올릴 수는 없다.

5 위약금을 과다약정한 경우, 계약위반하면 모두 빼앗기나?

통상 매매계약을 체결할 때 매매대금의 10%를 매수인이 매도인에게 지불하면서, "매수인이 계약을 위반하면 계약금을 포기하고, 매도인이 위약을 하면 계약금의 배액을 상환한다"는 약정을 하고, 이러한 내용은 시중에 유통되는 인쇄된 계약서에 거의 모두 기재되어 있다. 그리고 계약금은 통상 매매대금의 10%로 책정하고 있다.

그런데, 계약금을 예컨대 매매대금의 50%로 정하였다면 계약위반의 경우 매수인은 50%를 모두 포기하고 매도인은 배액인 100%를 배상하여야 하는가? 이는 누가 봐도 타당하지 않다는 생각이 들 것이다.

"매수인이 계약을 위반하면 계약금을 포기하고, 매도인이 위약을 하면 계약금의 배액을 상환한다"는 약정은 반드시 계약서에 명시되어 있어야만 효력이 발생하고, 계약서에 그러한 문구가 없거나 표현을 부정확하게 하면, 계약이 파기되었을 때, 주고 받은 계약금을 전액 반환하여 원상회복을 해야 한다는 사실, 앞에서 강조한 바 있다.

예를 들어 어느 토지를 매매대금 1억원에 계약을 하고 10%인 1천만원을 계약금으로 주고 받았고, 중도금은 2개월 후에 지불하고, 잔금은 3개월 후에 주고 받으면서 소유권이전등기를 이행하기로 약정하였다. 그런데 매수인이 중도금을 마련하지 못해서, 아니면 그 토지가 필요없게 되어서, 계약이 파기되었다. 이런 경우 매수인은 계약금 1천만원을 매도인에게 주어야 한다.

민법의 기본원리는 매수인이 계약을 파기함으로서 매도인에게 손해가 났다면 실제손해액만 배상하면 된다. 그런데 이 경우 매도인에게 손해가 난 것은 분명하지만 과연 2개월 사이에 천만원이라는 손해가 났을까?

매매대금이 10억원일수도 있다. 이때 관례대로라면 계약금이 1억원일텐데 그 기간에 1억원만큼의 손해가 났을까?

그렇지만 계약서에 매매대금 10%인 계약금을 포기하기로 약정하였기 때문에 매수인은 그 약정에 따라 많건 적건 계약금으로 정한 금액을 포기해야 한다. 그렇다면 그와같은 약정은 법적으로 어떠한 성격을 갖는 것일까?

민법 제398조 제1항은, "당사자는 채무불이행에 관한 손해배상액을 예정할 수 있다", 제2항은 "전항의 손해배상의 예정액이 부당히 과다한 경우에는 법원은 적당히 감액할 수있다"라고 규정하고 있다.

위와 같이 계약을 위반하였을 경우 손해 금액을 미리 정한 것인데, 이게 바로 민법 제398조 제1항에서 말하는 **[손해배상의 예정]**이다. 즉 실제로 손해가 얼마가 났는지를 따질 것도 없이 어느 당사자가 계약을 위반하면 상대방에게 계약금정도의 손해가 났다고 단정한다는 것이다.

그런데 "손해배상 예정액이 부당히 과다한 경우에는 법원은 적당히 감액할 수 있다"는 제398조 제2항에 대하여, 대법원(2000.12.8. 선고 2000다35771 판결)은, **[법원이 손해배상의 예정액이 부당하게 과다하여 감액하려면 채권자와 채무자의 경제적인 지위, 계약의 목적과 내용, 손해배상액을 예정한 경위, 채무액에 대한 예정액의 비율, 예상 손해액의 크기, 당시의 거래관행과 경제상태 등을 참작한 결과 손해배상예정액의 지급이 경제적 약자의 지위에 있는 채무자에게 부당한 압박을 가하여 공정을 잃는 결과를 초래한다고 인정되는 경우라야 한다]**라는 입장을 고수하고 있다.

이러한 대법원판례의 입장이 구체적인 사건에서 어떻게 반영되었는지 본다.

첫째, 매수인이 위약을 하는 바람에 매도인이 실제로 입은 손해가 계약금보다 훨씬 큰 경우가 있었는데, 이에 대하여 대법원은 **[설령 계약금보다 많은 손해를 입었더라도 그 이상 청구할 수 없다]**고 판결한 예가 있다. 이 판결은 계속 유지될지 의문을 남기는 판결이다.

둘째, 계약금으로 약정한 10% 그 자체가 너무 과다하니 이를 감액해달라는 청구에 대하여는, 오랜 거래관행에 비추어 매매대금의 10%를 손해배상예정액으로 정한 것이 부당하지 않다는 이유로 그 청구를 받아주지 않았다.

셋째, 손해배상예정액을 10% 이상으로 정하여, 그 금액이 과다하다고 감액을 청구한 사안, 대부분이 이러한 경우이다. 이러한 사안에서는, 그 금액이 과다한가 아닌가에 대하여 당사자가 적극적으로 주장 입증을 펴야 한다. 즉 매도인 입장에서는 실제 손해가 많다는 사실을 입증할 필요가 있다. 이러한 경우 법원은 제반사정을 종합하여 감액여부를 판단하는데, 법원의 추세는 가급적 10%로 낮추려는 입장이지만, 반드시 10%까지 낮춰질 것이라고 단정하는 것은 금물이다. 법원은 가급적 비율을 10%에 접근하도록 낮추기 위하여 당사자를 설득하는 게 현실이다.

넷째, 대법원은 당사자의 청구가 없더라도 예정액이 과다한 경우에는 법원이 직권으로 이를 감액하여야 한다는 입장으로서, 감액을 하지 아니한 판결이 부당하다고 하여 파기환송한 예도 있다.

계약금을 10% 이상으로 약정한 경우 그냥 넘어가지 말고 법적인 구제수단을 강구해 보기 바란다.

6 중도금의 함정, 중도금 때문에 패가망신한 사연

우리가 부동산매매계약을 체결함에 있어서는 매매대금이 고액인 경우 매매대금을 한꺼번에 지불하는 것이 곤란하다는 이유로 계약금과 잔금사이에 중도금을 주고받는 경우가 많다.

그런데 중도금과 관련하여 실제 소송에서 자주 문제가 되고 중도금약정에는 함정이 있고, 선의의 피해자가 다수 속출되고 있다.

실제로 다루었던 사건이다. 농촌에 도로가 개설된다는 정보를 미리 입수한 악덕업자가 그 내용을 전혀 모르는 땅주인을 속이고 헐값에 매매계약을 체결하고 중도금지급일자 이전에 미리 중도금 중 일부를 소액 지불하였다. 땅 주인이 도로가 개설될 계획이 수립된 사실을 나중에 알고 오른 가격대로 팔기 위하여 종전의 계약을 해제하려 했는데, 중도금을 일부 수령하였다는 이유로 계약을 해제하지 못하고 손해를 본 것이다.

민법 제565조 제1항은 "매매의 당사자 일방이 계약당시에 금전기타 물건을 계약금, 보증금등의 명목으로 상대방에게 교부한 때에는 당사자간에 다른 약정이 없는 한 당사자의 일방이 이행에 착수할 때까지 교부자는 이를 포기하고 수령자는 그 배액을 상환하여 매매계약을 해제할 수 있다."고 규정하고 있다.

예컨대 매도인 입장에서 10억원에 매도하기로 하고 계약금 1억원을 받았는데, 얼마 있다가 그 목적물을 30억원에 매수하겠다는 사람이 나타난 경우, 매도인은 10억원에 매도하기로 한 계약을 파기하고 30억원에 매도하기를 희망할 것이다. 반대로 매수인 입장에서 10억원에 계약을 하였는데 거의 동일조건의 다른 부동산이 5억원에 매물로 나와서 종전의 계약을 파기할 수도 있다. 이때 상대방이 계약을 위반하였는지를 따지기 이전에, 일방적으로 매도인은 매수인에게 계약금의 배액인 2억원을 주고 계약을 해제할 수 있고 반대로 매수인은 계약금1억원을 포기하고 계약을 해제할 수 있다는 것이 민법 제565조 제1항의 내용이다.

그러나 이 경우 계약해제는 당사자의 일방이 이행에 착수하기 이전에 해야 한다. 실무에서는 중도금을 주고 받으면, 당사자일방이 이행에 착수한 것으로 보고 있다. 그러므로 부동산거래에서 중도금을 주고 받으면 매도인의 입장에서 계약금의 배액을 주고 계약을 해제할 수 있는 길이 막혀 버린다.

이와 같은 사정을 잘 아는 악덕업자중에는 소액의 중도금을 우선 지불해놓고, 상대방으로 하여금 민법 제565조에 따른 계약해제를 할 수 없도록 봉쇄해놓고 있었다.

미리 주는 중도금이라고 하여 무심코 받아 놓으면 그 이후 그 부동산을 높은 가격에 매수하겠다고 하는 매수인이 나타나도 계약금의 배액을 주고 민법 제565조에 의거한 계약해제를 할 수 있는 권리가 사라진다.

한편 민법 제544조는 "당사자 일방이 그 채무를 이행하지 아니하는 때에는 상대방은 상당한 기간을 정하여 그 이행을 최고하고 그 기간내에 이행하지 아니한 때에는 계약을 해제할 수 있다"고 규정하고 있다.

중도금을 수령하지 않았으면 매도인 입장에서는 고액의 매수자가 나타났을 경우 하시라도 계약금의 배액을 매수인에게 상환하고 계약을 해제한 후 고액의 매수자에게 매도할 수 있는데, 중도금을 수령하였기 때문에 그러한 권리를 행사할 수 없는 경우에는 어떠한 방법으로 계약을 해제하는가? 바로 민법 제544조에 따라 상당한 기간을 정하여 이행을 최고하고 그 기간 내에 상대방이 이행하지 않았을때 계약을 해제할 수 있다.

여기에 문제가 있다. 상당한 기간을 정하여 이행을 최고하려면 통상 2주 정도의 시간을 주고 그 안에 이행을 하라고 통고서를 내용증명우편으로 보내는데, 그 우편이 실제로 상대방에게 송달이 되어야 효력이 생긴다.

그런데 헐값에 매수한 사람이 온갖 방법으로 그 내용증명을 받지 않고 시간을 끌고, 그 기간이 길면 몇 년이 소요될 수도 있다. 그 동안에 악덕업자는 고액으로 전매하기 위하여 제2의 매수인을 물색해 놓았다. 결국 그 매수인은 계약금만 걸어놓고 가격이 충분히 오른 다음 고액의 전매차익을 남기고 빠졌다.

결국 그 의뢰인은 그 토지를 팔아 근처에 새집을 지을 집터를 마련하려고 하였는데, 새로이 매수하려고 계획했던 집터의 가격도 함께 상승하는 바람에 그 꿈마저도 무산되고 다시 두메산골로 이사를 가야 했다.

중도금에 관하여 우리의 민법은 나쁜 마음만 먹으면 이렇게 선량한 사람들에게 큰 피해를 줄 수가 있는 함정이 있다.

그러면 이 함정에 빠지지 않으려면 어떻게 해야 할까?

중도금을 아예 없애고 계약금만 수령하고 나머지는 잔금으로 한꺼번에 받기로 하면 까다로운 법률관계에 얽매일 가능성이 없어질 것이다.

그러지 않아도 최근에는 그렇게 하는 분들이 많아졌다. 현명한 선택이다.

7   처(배우자)가 내 부동산을 팔고 행방불명되었어요, 어떡하죠?

처가 남편소유 부동산을 몰래 팔았을 때 남편은 소유권을 되찾을 수 있을까?

실제로 있었던 사건이다. 처가 바람이 나서 부부싸움을 심하게 하고 친정에 가 있는 동안 남편은 장기간 해외출장을 가게 되었는데 그 사이에 처가 남편이 틈틈이 마련한 돈으로 구입한 토지를 팔고 행방불명이 된 것이다.

매수인 입장에선, 부동산을 매수하려고 계약장소에 갔는데 소유자의 처가 '남편은 장기간 출장을 가서 바빠서 대신 왔다'고 하면서 남편의 인감도장을 갖고 왔고, 중개인조차도 평소 안면이 있는 사이여서 아무런 의심을 하지 않고 계약서를 작성하였다. 당시 매매대금의 10%를 계약금으로 지불하면서 중도금은 없고 1개월 후에 잔금을 지불하기로 약정하였다. 1개월 후에 소유자의 처에게 잔금을 지불하고, 소유자의 등기권리증, 인감증명 등 소유권이전등기에 필요한 서류와 인감도장을 준비하여 법무사에게 소유권이전등기업무를 의뢰하였고, 며칠 후에 소유권이 이전되었다.

매수인 입장에서는 처가 인상도 좋고 선하게 보여서 전혀 의심조차 하지 않았다. 결국 처가 바람난 것이 원인이 되어 그 부부는 이혼을 하게 되었다.

이 경우 남편은 소유권을 되찾을 수 있을까?

민법은 '부부사이는 일상가사에 관하여 서로 대리권이 있고(제827조), 부부의 일방이 일상가사에 관하여 제3자와 법률행위를 할 때에는 다른 일방은 이로 인한 채무에 대하여 연대책임을 진다(제832조)'고 규정하고 있다. 즉 일상가사에 관한 것이면 부부 일방이 채무를 졌더라도 다른 일방도 함께 연대하여 변제할 책임이 있다는 말이다.

그렇다면 부동산을 매매하는 것이 일상가사에 포함되는가? 통상 일상가사라 함은 생활용품 구입, 가족들 병원치료비 지출, 자녀 학비조달 등 동거생활을 유지하기 위하여 필요한 범위의 법률행위를 말한다. 부동산을 매매하는 행위는 일상가사에 포함되지 않는다. 그러므로 처가 부동산을 남편 몰래 팔았다면 이는 부부간의 일상가사 대리권의 범위를 넘은 것, 즉 권한없는 자가 매매한 것이 되어 처와 계약한 제3자는 소유권을 취득할 수 없는 것이 원칙이다.

매수인이 소유권을 지키려면 매매당시 처가 부동산을 매도할 권한이 있다고 믿을 만한 사유가 있어야 한다. 예컨대 남편이 아내와 사이가 나빠지기 이전 몇 개월 전에 아내에게 그 부동산을 팔도록 대리권을 수여한 적이 있는데, 그후 사이가 나빠져서 대리권을 소멸시켰지만 이를 통지하지 아니한 경우에는 매수자인 제3장 입장에서는 믿을 만한 사유가 있다고 보아 소유권을 빼앗기지 않는다.

반면에 처가 남편의 등기권리증이나 인감도장을 소지하고 있었다는 사실만으로는 처가 정당한 권한을 위임받았다고 믿을 만한 정당한 사유가 되지 못한다.

대법원은 **[남편이 정신상태가 정상이 아니고 장기간 병원에 입원해 있고 병원비나 생활비가 없어서 아내가 남편명의의 아파트를 적정가격으로 매도하여 그 돈으로 병원비, 생활비, 자녀 교육비로 사용하고 나머지돈은 타인의 집을 임차하면서 임대보증금으로 지출한 사안에서는 정당한 사유가 있다]**고 판결한 예가 있다.

그러므로 매수인 입장이라면, 이 사건과 같이 본인이 아니고 처가 매매계약을 하러 나온 경우에는 소유자가 직접 계약을 체결하기를 바라면서 연기를 하는 것이 가장 안전하고, 부득이 처와 계약을 해야 할 경우에는 다음과 같은 사항을 필히 확인해야 한다.

즉 소유자인 남편이 처에게 부동산을 매도할 것을 위임한다는 내용의 위임장을 소지할 것을 요청하여야 하고, 그 위임장에는 필히 인감도장이 날인되고 인감증명이 첨부되어야 하는데, 인감증명도 본인의 신분증과 인감도장을 지참하면 대리로 발급받을 수 있기 때문에 인감증명은 본인이 발급받은 것이어야 안전한다.

남편의 목소리를 아는 사람이라면 남편과 직접 통화를 하여 처에게 매도를 위임한 것이 사실이라는 통화내용을 녹음해 두는 것도 좋은 방법일 수 있다.

부부사이는 믿어야 하지만 믿지 못할 경우도 있다.

위와 같이 처가 남편 몰래 남편 부동산을 매도하였을 경우에는 매수한 사람은 이를 빼앗길 위험성이 매우 높다는 사실, 명심해야 한다.

최근에는 이러한 위험성 때문에 인감증명 발급업무가 한층 엄격해지기는 하였지만, 부부라고 방심하지 말고 피해를 보지 않으려면 꼼꼼히 따질 건 따져야 한다.

8 건축이 가능하다고 잘못 알고 토지를 매수했는데 건축이 불가한 경우, 계약취소 할 수 있나?

우리가 토지에 대하여 매매를 할 때는, 물론 토지를 당장 사용할 목적이 없이 여윳돈이 있어서 사두는 경우도 있지만, 대개는 당장 급히 사용하기 위하여 매수하는 경우가 많다.

이러한 경우, 예를 들어 건축허가가 가능하다고 해서 집을 짓기 위하여 토지를 구입했는데, 확인해보니까 도시계획이 얼마 전에 변경되어 건축이 불가능한 경우라든지, 아니면 그쪽으로 도로가 개설된다고 하여 물류창고를 지으려고 계약을 했는데 도로개설계획이 계약이전에 취소되어 물류창고를 지을 수 없게 된 경우 등등 계약을 하게 된 동기, 즉 집을 지을 수 있는지 물류창고를 지을 수 있는지에 대하여 착오로 잘못 알고 계약을 하는 경우가 있다.

이때 계약이 취소되지 않으면 매수인으로서는 큰 낭패를 보게 마련이다.

이러한 경우를 실무에서는 [동기의 착오]라고 한다.

그렇다면 그러한 착오를 이유로 계약을 취소하여 원상태로 회복시킬 수 있는가, 어떤 경우에 취소가 가능한지에 대하여 민법과 대법원판례를 중심으로 알아본다.

민법 제109조 제1항은, [의사표시는 **법률행위의 내용의 중요부분에 착오가 있는 때에는 취소할 수 있다. 그러나 그 착오가 표의자의 중대한 과실로 인한 때에는 취소하지 못한다.**] 제2항은 [**전항의 의사표시의 취소는 선의의 제3자에게 대항하지 못한다.**]라고 규정하고 있다.

첫째, 매수인이 집을 지을 목적이 있었다는 사실은 매수인 입장에서는 계약의 중요부분임이 분명하다. 이때 집을 지을 수가 없어서 매매계약을 취소하려면, 계약당시 집을 지을 목적으로 매매를 한다는 사실을 상대방, 즉 매도인에게 표시해서 매도인이 알 수 있도록 하여야 하고, 제3자 객관적인 입장에서 볼 때도 계약 전후의 사정을 종합할 때, '이 건 매매는 매수인이 집을 짓기 위하여 계약을 하는 것이구나'라고 인정될 수 있어야 한다.

쉽게 말해서 계약서 특약사항에서 집을 짓기 위하여 매매를 한다는 사실이 기재되면 가장 완벽하고, 그렇지 않더라도 당사자가 주고 받은 휴대폰 문자 등에 비추어 그 사실이 입증되어도 무방하다.

아무런 언급이 없이 계약을 하였다면 매도인으로서는 전혀 알지 못하는 일이기 때문에, 집을 짓지 못하게 되었다는 이유로 계약을 취소할 수 없다.

한편 착오를 이유로 취소하려면 계약 당시에 잘못 알고 있어야 한다. 그게 아니고 계약체결당시에는 아무런 문제가 없었는데 계약체결 이후에 도시계획이 변경되어 집을 지을 수 없게 된 경우에는 착오의 문제가 아니라, 계약 이후의 사정변경의 문제이어서, 전혀 별개의 문제이다.

둘째, 계약을 취소하려면 법률행위의 중요부분에 착오가 있어야 한다. 다른말로 경미한 부분에 착오가 있는 때에는 취소하지 못한다. 계약의 중요부분이냐 아니냐의 판단은 무얼 기준으로 판단하는가?

대법원의 입장을 인용하자면 이렇다.

중요부분의 착오라 함은 매수인 입장에서 집을 지을 수 있다고 잘못 알게 된 그러한 착오가 없었더라면 매매계약을 체결하지 않았을 것이라고 생각될 정도이어야 하고, 나아가 보통 일반인 입장에서도 '내가 매수인의 처지에 섰더라도 매매를 하지 않았을 것이다'라고 생각될 정도가 되어야 한다.

그러나, 토지면적을 잘못 알고 계약을 했는데 면적의 착오가 크지 않은 경우나, 토지시가에 관하여 착오가 있어 비싸게 혹은 헐값에 계약한 경우에는, 원칙적으로는 중요부분의 착오가 아니라고 보아서 계약을 취소할 수 없다는 것이 대법원의 입장이다.

셋째, 집을 지을 수 없다는 사실을 착오로 알지 못한 것이 매수인의 [중대한 과실]로 인한 때에는 취소하지 못한다고 민법이 규정하고 있다. 중대한 과실로 알지 못한 경우란, 매수인이 조금만 주의를 기울였더라면 알 수 있었는데 그러지 못하여 알지 못한 경우를 말한다. 대법원은 이에 대하여 [표의자(의사를 표시한자)의 직업, 행위의 종류, 목적 등에 비추어 보통 요구되는 주의를 현저히 결여하는 것을 의미한다]고 표현한다. 예컨대 도시계획확인원을 발부받아 확인하면 집을 지을 수 없다는 사실을 금방 알 수 있는 상황에서, 법률사무에 종사하는 사람이나 회사가 매수인일 경우, 도시계획 확인원을 확인하지 않았다면 중대한 과실이 있다고 봐서 취소할 수 없지만, 도시계획 확인원이 무엇인지도 모르는 사람이 그것을 확인하지 않았다면 중대한 과실이 없다고 봐서 계약을 취소할 수도 있다는 것이다. 즉 사람에 따라서 해석이 달라질수 있다.

넷째, 착오를 이유로 계약을 취소하더라도 선의의 제3자에게는 대항할 수 없다. 예컨대, 매매를 이유로 이전등기까지 마친 상태에서 제3자가 그 토지에 가압류등기를 하였는데, 매매가 취소되어 이전등기가 말소될 경우, 제3자의 가압류는 보호된다는 것이다.

9   (아파트)분양권전매, 이 정도는 알고 하세요

요즈음 아파트 분양권전매행위가 매우 많이 이루어지고 있고, 이와 관련하여 사기를 당하여 선의의 피해자가 속출하기도 하고, 한편 법으로 금지하고 있는 전매행위가 이루어져 때로는 형사처벌을 받음은 물론 막대한 손해를 보는 경우도 있다.

분양권전매행위와 관련하여 피해를 입지 않기 위하여 유의할 사항과 법으로 금지하고 있는 사항으로 무엇이 있는지에 대하여 정리해 본다.

우선 분양권과 입주권은 전혀 다른 개념이다. 통상 아파트는 청약을 통해 선분양을 하고 계약금을 치루고 수회에 걸쳐 중도금을 지급하다가, 건물이 완공되어 사업주체명의로 보존등기가 이루어지고 수분양자가 잔금을 치루고 소유권이전등기가 이루어지는게 보통이다. 최초 분양을 받은 사람이 사업주체 내지 시행사와 분양계약서를 작성하는 순간 분양권이 생기고, 이 분양권은 보존등기가 이루어지기까지의 사이에 매매가 이루어지는데 이를 분양권전매라고 한다.

분양권매매를 할 경우에는 특별한 사정이 없는 한 공인중개사를 통하여 하기를 적극 권한다. 분양권매매는 일반 매매와 다른 부분이 있기 때문에 수수료 아끼려고 공인중개사없이 하였다가 더 큰 손해를 보는 경우가 허다하다.

일반 부동산은 매도인이 누구인지를 등기부등본을 통하여 확인할 수 있는데 분양권의 경우에는 등기부가 없고 분양계약서로서 실권리자인지를 확인하여야 한다. 그러므로 계약전에 실제로 매도인이 건설사와 계약을 맺고 계약금과 중도금을 납입했는지를 건설사에 직접 확인할 필요가 있다.

그리고 계약을 하는 사람이, 매도인 본인인지 본인이 아니라면 정당한 위임을 받은 사람인지를 꼼꼼히 따져 봐야 한다. 이와 같은 확인을 제대로 하지 않았다가 사기를 당하여 피해를 보는 사례가 의외로 많은데, 공인중개사를 통하면 이러한 위험은 거의 예방할 수 있다.

분양권매매계약서를 작성할 때의 매매금액은 애초의 분양금액이 아니고, 매도자가 그동안 지불한 계약금과 중도금, 거기에다가 프리미엄을 합한 금액이다. 발코니 확장 등 옵션추가에 따른 비용이 추가되었을 경우 그 추가비용도 포함된다.

계약이 종료되면 관할 지자체를 방문하여 '부동산 거래계약신고서'를 작성하고 신고필증을 받아 두어야 한다. 분양권전매는 거래신고대상으로서 필히 실거래가대로 신고를 해야 한다. 프리미엄을 줄여서 신고하였다가 발각되면 몇 배의 제재를 받을 수 있다.

대부분의 분양권은 금융기관과 협약을 맺고 중도금대출을 끼고 있는 경우가 많다. 이 때의 이자는 매우 저렴하거나 무이자인 경우도 있어서 매수자가 중도금채무를 승계받는게 유리하다. 이때는 해당 은행을 방문하여 **중도금대출승계확인서**를 받아두는 것이, 유리한 대출조건을 그대로 승계할 수 있다는 점에서 꼭 필요하다.

이러한 절차가 모두 이루어지면 매수자는 시공사를 찾아가 명의가 변경된 분양계약서를 새로이 받게 됨으로서 분양권매매가 완료된다. 매수자는 새로이 작성된 분양계약서를 토대로 또다시 전매를 할 수도 있다.

매도자는 매도일로부터 60일 이내에 관할 세무서에 양도소득세를 신고해야 한다. 통상 프리미엄에서 중개수수료등 필요경비를 제외한 금액에 대하여 양도소득세가 부과되는데, 세율은 보유기간 1년 미만 단기거래는 50%, 2년 미만은 40%, 2년 이상은 단계별로 6-38% 정도이다.

다음으로 불법전매에 대하여 본다.

주택법은 주택의 수급상황 투기방지 등의 목적으로 대통령령으로 10년 이내의 범위에서 일정기간 전매를 금지하는 전매제한기간을 정하는 경우가 있다.

이 법을 어겼을 경우에는 3년 이하의 징역이나 3천만원 이하의 벌금에 처하고, 때로는 얻은 이익의 3배에 해당하는 금액의 벌금에 처할 수도 있으니 조심해야 한다.

이 경우에는 전매를 한 매도인뿐 아니라 이를 알선한 자도 처벌받는다.

다만 매수인은 처벌대상에 포함되지 않는다는 게 대법원의 입장이다.

그렇다면 이와 같이 법을 위반하면서 분양권전매를 하여 형사처벌을 받으면 분양권전매를 한 그 전매계약도 무효가 되어 분양권이 원래대로 회복되고 매도인은 전매로 받은 돈을 반환해야 하는지가 문제이다.

이에 대하여 대법원(2005.9.15. 선고 2005다34612)판결은 분양권전매로 인하여 형사처벌을 받았더라도 당사자 사이의 전매계약의 사법적 효력까지 무효가 되는 것은 아니라고 판결하였고, 현재도 그 입장은 유지되고 있다. 즉 형사처벌과는 무관하게 전매계약의 민사적 효력은 그대로 유효하다는 것이다.

문제는 이러한 처벌규정이 있음에도 불구하고 아랑곳하지 않고 분양권전매가 매우 많이 이루어지고 있는 것이 현실이다.

10 순차매매가 이루어졌는데, 중간자 건너뛰고 이전등기가 가능한가?

예를 들어 부동산을 최초양도인이 중간자에게 매도하고(1차계약) 중간자는 다시 최종양수인에게 매도한 경우(2차계약), 원칙대로라면 최초양도인은 중간자에게 1차계약에 따라 등기를 넘기고, 중간자는 최종 양수인에게 2차계약에 따라 등기를 넘겨야 하고, 각 여기에 따른 세금등 공과금을 납부하여야 한다.

이때, 중간자를 건너뛰고 최초양도인이 직접 최종양수인에게 이전등기를 하는 것, 이것을 학계 및 실무에서는 [중간생략등기]라고 한다. 이 중간생략등기에 대하여 꼭 알아두어야 할 사항이 있다.

첫째, 최종양수인이 최초양도인에게 중간자를 건너뛰고 직접 나에게 이전등기를 하라고 청구할 수 있는가? 즉 중간생략등기를 하라고 소송을 제기할 수 있는가?

할 수 있다. 단, 그러한 청구를 하기 위하여는 최초양도인, 중간자, 최종양수인 3인의 합의가 있어야 한다.

엄격히 말하자면, 최초양도인과 중간자 사이의 합의, 중간자와 최종양수인 사이의 합의, 거기에다가 최초양도인과 최종양수인 사이의 합의, 이 3가지의 합의가 있어야 한다.

최초양도인과 중간자의 1차계약의 조건, 중간자와 최종양수인의 2차계약의 조건이 서로 다른 게 원칙이다. 각자의 계약조건대로 모두 이행이 되거나 이행될 것이 보장되면, 최초양도인, 중간자 및 최종양수인 3인이, 특단의 사정이 없는 한, 중간생략등기로서 최초양도인으로부터 최종양수인에게 이전등기를 하는 데 대하여 반대를 하지 않을 것이다.

이유가 어떻든 3인 중 어느 누구라도 반대하는 상황이면, 최종양수인은 최초양도인에게 중간자를 건너뛰고 직접 나에게 이전등기를 하라고 요구할 수가 없다.

3자 간에 중간생략등기를 하는데 합의를 하였다고 하더라도, 1차계약에 따른 중간자의 최초양도인에 대한 이전등기청구권이나 2차계약에 따른 최종양수인의 중간자에 대한 이전등기청구권이 각기 소멸하는 것이 아니고 유효하게 살아 있다는 것이다.

둘째, 최초양도인으로부터 최종양수인에게로 소유권이전등기가 경료되었는데, 사후에 3자 간에 합의가 이루어지지 아니한 상태에서 그와 같은 이전등기가 경료된 것임이 밝혀지면, 최초양도인으로부터 최종양수인에게 넘어간 이전등기, 즉 중간생략등기는 말소되어야 하는가이다.

이에 대하여 대법원은, 확고하게 일관된 입장을 고수하고 있다. 즉, [**최초양도인과 중간자 사이에 매매계약이 있고, 중간자와 최종양수인 사이에 매매계약이 존재하는한, 최종양수인이 종국적으로 소유권을 취득한 것은 어찌되었든 진실이기 때문에, 소유권이전등기과정에 잘못이 있다고 하더라도, 최종양수인명의의 이전등기는 실체관계에 부합하므로 말소되지 않는다**]는 입장이다.

예외가 있다.

예컨대, 토지거래허가구역 내의 토지에 관하여는 모든 매매계약에 관하여 토지거래허가를 받아야 한다. 그런데 토지거래허가 없이 최초양도인과 중간자가 계약을 하고, 역시 토지거래허가 없이 중간자와 최종양수인이 계약을 하였다.

그런데 최초양도인과 최종양수인, 이 두 사람 사이에는 매매계약이 없음에도 불구하고, 토지거래허가를 받아 소유권이전의 중간생략등기를 한 경우이다.

이에 대하여 대법원은, 최초양도인과 최종양수인 사이에는 매매계약이 체결된 적이 없고, 최초양도인과 중간자 사이의 계약과 중간자와 최종양수인 사이의 계약에서는, 모두 의도적으로 토지거래허가를 받지 않았으므로, 최초양도인과 최종양수인 사이의 소유권이전등기는 원인무효로 말소되어야 한다는 입장이다.

셋째, 부동산등기특별조치법 제2조 제2항은 중간생략등기를 하지 말라고 규정하고 있고, 제8조 제1호는 조세부과를 면하거나 전매차익을 얻기 위하여 중간생략등기를 한 경우에는 3년 이하의 징역이나 1억원 이하의 벌금에 처하도록 규정하고 있다.

한편 이와는 별도로 중간생략등기를 하면, 최초양도인과 중간자사이의 1차계약과 중간자와 최종소유자사이의 2차계약에 대하여는 자연적으로 등기신청을 하지 않게 되는데, 부동산등기특별조치법 제11조에 의하면, 계약에 따른 등기신청을 게을리한데 대한 과태료가 부과될 수 있고, 그 기간이 길어져서 3년 내에 이전등기를 하지 아니한 경우에 해당하면 해당부동산평가액의 100분의 30의 범위 내에서 과징금이 부과될 수있다.

중간생략등기는 거의 전부 조세회피나 전매차익을 목적으로 이루어지는게 현실이라는 측면에서 볼 때, 중간생략등기는 함부로 해서는 안 된다.

그런데 이와 같이 형사처벌이나 행정벌을 받더라도 최종양수인명의의 이전등기는 실체관계에 부합하여 말소되지 않는다는 게 대법원의 입장임을 다시 한번 강조한다.

11 토지거래허가를 받지 않고 체결한 매매계약의 효력

토지거래허가제도는 투기억제를 위해 국토교통부장관, 시.도지사가 특정 지역을 거래규제지역으로 지정하는 제도로서 1979년 처음 도입되었다.

토지거래허가구역은 최대 5년까지 지정이 가능하고, 구역 내의 토지를 거래하기 위해서는 시장이나 군수, 구청장의 허가를 받아야 한다는 게 골자이다.

토지거래허가제가 실시되자 사유재산권침해가 아니냐고 하여 위헌논란이 있었는데, 헌법재판소(1989.12.22. 선고 88헌가13 결정)는 이에 대하여 합헌 결정을 내렸고, 그 내용에 토지거래허가제의 근본취지를 잘 설명하고 있어서 여기에서 인용해 본다.

[토지거래허가제는 토지의 처분을 전면적으로 금지하는 것이 아니라, 특정 지역에 한해서 일정한 기간을 정하여, 정상거래가 아닌 투기적 거래 등일 경우에만 제한하는 것이고, 또한 구제절차로서 토지소유자에게 불허가처분에 대한 이의신청권과 토

지매수청구권을 부여하고 있으므로 사유재산권의 본질적인 내용을 침해하는 것이라 할 수 없다.]라고 했다.

여기에서 눈여겨봐야 할 대목이 [정상거래가 아닌 투기적 거래 등일 경우에만 제한한다는 것이고, 토지소유자는 불허가처분에 대하여 이의신청을 하여 불허처분을 뒤집을 수도 있고, 불허처분을 할 경우 토지소유자는 그 토지를 해당시장, 군수 구청장에게 매수하라고 청구할 수도 있다]는 것이다.

기타 토지거래허가구역으로 묶인 경우 거래가 무조건 금지되는 것이 아니라 많은 경우 거래가 허용되는 부분도 있으니 상세히 알고 난 이후에 거래여부를 결정하라는 것이다.

그렇다면 토지거래허가구역으로 지정된 지역인데 거래허가를 받지 않고 매매계약을 체결한 경우 그 계약은 무조건 효력이 없는가? 있다면 어떤 효력이 있는가에 대하여 대법원판결을 중심으로 알아본다.

1) 우선 토지거래허가를 의도적으로 배제하기로 계약을 한 경우에는 물론 무효이겠지만, 일단 계약을 하되 거래허가를 받을 것을 조건으로, 즉 허가를 받으면 원래 계약이 유효하고 허가를 받지 못하면 무효로 하자고 하여 계약을 할 수 있는가?

이에 대하여 대법원(1999.6.17. 선고 98다40459 전원합의체 판결)은

[거래계약허가구역으로 지정된 구역 안의 토지에 관하여 관할 행정청의 허가를 받지 아니하고 체결한 토지거래계약은 처음부터 그 허가를 배제하거나 잠탈하는 내용의 계약일 경우에는 확정적 무효로서 유효화될 여지가 없으나,

이와 달리 허가받을 것을 전제로 한 거래계약일 경우에는 일단 허가를 받을 때까지는 거래계약의 채권적 효력도 전혀 발생하지 아니하지만, 일단 허가를 받으면 그 거래계약은 소급해서 유효로 되고 이와 달리 불허가가 된 때에는 무효로 확정되는 이른바 유동적 무효의 상태에 있다고 보아야 한다.]라고 판결했고, 그 입장은 현재도 변함이 없다.

즉 허가를 받을 것을 조건으로 체결한 계약도 유효하고, 허가를 받느냐에 따라 유무효가 결정되기 때문에 [유동적무효상태]라고 한다.

2) 거래허가를 받으려면 매매당사자의 협조가 절대적으로 필요하다. 계약당시에는 허가를 받기로 하고 계약을 하였는데, 예를 들어 매도인이 허가신청에 협력하기를 거부하여 계약이 이행불능이 될 처지가 되었다면 이에 대하여 매도인은 계약불이행

의 책임을 지는가?

이에 대하여 대법원(2010.8.19. 선고 2010다31860, 31877)판결은 [토지거래허가를 받지 않아 거래계약이 유동적 무효의 상태에 있는 경우 그와 같은 유동적 무효 상태의 계약은 관할 관청의 불허가처분이 있을 때뿐만 아니라 당사자 쌍방이 허가신청협력의무의 이행거절 의사를 명백히 표시한 경우에는 그 계약관계는 확정적으로 무효가 된다고 할 것이고, 그와 같은 법리는 거래계약상 일방의 채무가 이행불능임이 명백하고 나아가 그 상대방이 거래계약의 존속을 더 이상 바라지 않고 있는 경우에도 마찬가지이다.]라고 했다.

즉 거래허가에 협력하지 않는다는 것은 그 당사자가 더 이상 계약의 이행을 원하지 않는 것과 동일시하여야 하고, 그에게 계약위반의 모든 책임이 있다는 것이다.

그러므로 일반적으로 매도인이 위약한 경우에는 계약금의 배액을 상환하고 매수인이 위약한 경우에는 계약금을 포기할 수도 있다.

더나아가 대법원(1991.12.24. 선고 90다12243 판결)은 [거래허가신청에 협력하지 아니하는 당사자에게 거래허가신청에 협력하라고 청구할 수도 있다]는 입장이다.

3) 다음으로 허가를 받을 것을 조건으로 계약을 했는데, 지정해제나 지정기간만료등으로 허가구역이 풀린 경우, 허가구역으로 지정된 기간 내에 계약을 했으니 여전히 허가를 받아야 하는가?

이에 대하여, 대법원(1999.6.17. 선고 98다40459 전원합의체 판결)은 [토지거래허가구역 지정기간 중에 허가구역 안의 토지에 대하여 토지거래허가를 받지 아니하고 토지거래계약을 체결한 후 허가구역 지정해제 등이 된 때에는 그 토지거래계약이 허가구역 지정이 해제되기 전에 확정적으로 무효로 된 경우를 제외하고는, 더 이상 관할 행정청으로부터 토지거래허가를 받을 필요가 없이 확정적으로 유효로 되어 거래 당사자는 그 계약에 기하여 바로 토지의 소유권 등 권리의 이전 또는 설정에 관한 이행청구를 할 수 있다]라고 판결하였다. 허가구역이 해제되면 거래허가를 받지 아니한 계약이 그대로 유효하게 된다는 것이다.

12   매수한 토지의 경계가 지적도와 다르다면?

여러분이 소유하고 있는 토지의 경계가 관청에서 소지하는 지적도의 경계와 정확히 일치하지 않을 수 있다.

측량은 불완전한 사람이 하는 일이어서 얼마든지 착오가 있을 수 있고 실제의 경계와 지적도상의 경계가 얼마든지 다를 수 있기 때문에 이로 인하여 실제로 수많은 분쟁이 발생하고 있다.

그런데 우리는 토지에 관한 매매를 할 때 지적도의 경계와 현실의 경계가 일치하는 것을 전제로 매매를 한다. 그런데 후에 경계측량을 해보니 지적도의 경계와 달라서 침범당했다고 주장하는 지주가 토지인도청구를 하는 경우가 있고, 심지어는 경계를 침범하여 축조된 건물부분을 철거하라고 하는 경우도 있다. 이때 그러한 청구를 배척하려면 [내가 매수한 토지의 경계가 지적도와는 달리 실제의 경계대로 매매되었다]는 사실이 인정되어야 토지인도나 건물철거를 면할 수 있다. 물론 [취득시효가 인정되어 토지인도나 건물철거의무를 면하느냐?]는 별개의 문제이다.

이러한 경계침범문제가 생겼을 때에 일률적으로 해결할 수 있는 법규정은 없고, 대법원(1993.5.11. 선고 92다48918 판결)의 기본입장을 본다.

[가. 지적도상의 경계표시가 분할측량의 잘못 등으로 사실상의 경계와 다르게 표시되었다 하여도 그 매매당사자가 지적공부에 의하여 소유권의 범위가 확정된 토지를 매매할 의사가 아니고 사실상의 경계대로의 토지를 매매할 의사를 가지고 매매한 사실이 인정되는 등 특별한 사정이 없는 한 사실상의 경계에 관계없이 지적공부에 기재된 지번, 지목, 지적 및 경계에 의하여 소유권의 범위가 확정된 토지를 매매한 것으로 보아야 할 것이다.

나. 매매당사자가 토지의 실제 경계가 지적공부상의 경계와 상이한 것을 모르는 상태에서 실제의 경계를 대지의 경계로 알고 매매하였다고 하여, 매매당사자들이 지적공부상의 경계를 떠나 현실의 경계에 따라 매매목적물을 특정하여 매매한 것이라고 볼 수 없다.]라고 판결했고 현재도 동일한 입장이다.

이 판결의 요점을 보자면 다음과 같다.

1) 원칙적으로 지적도상의 경계대로 매매가 이루어졌다고 보아야 한다.

2) 당사자들이 현실의 경계와 지적도의 경계가 상이하다는 사실을 모르고 매매하였다는 사정만으로 현실의 경계에 따라 매매가 이루어졌다고 단정할 수 없다. 즉 지적도의 경계에 따라야 한다.

3) 지적도의 경계가 아니고 사실상의 경계대로 토지를 매매할 의사가 분명하다고 인정된다면 실제경계에 따라야 한다.]

가장 문제가 되는 것이 3) 실제경계대로 매매를 한 것임이 분명한 경우에는 실제경계대로 따라야 한다는 것인데, 단순히 [실제의 경계를 진실로 알고 있었다]는 것만으로는 부족하다는 것이다.

만약 계약서에 특약사항으로 [실제의 경계가 지적도상의 경계와 상이할 경우에는 현황의 경계에 따르기로 한다]라고 약정하였다면 사전예방책이 되겠다. 그러나 실제 거래에서 그러한 특약을 하는 경우는 거의 없을 뿐 아니라, 그러한 약정을 하였더라도 매매당시의 매도인이 현재의 소유자와 다르거나 달라진 경우에는, 새로운 현재의 소유자에게는 그러한 특약이 효력이 없는게 문제이다.

그렇다면 우리 대법원이 어떠한 경우에 실제의 경계대로 매매가 이루어졌다고 판결을 해왔는지를 구체적인 사례별로 본다.

첫째, 경계측량을 함에 있어 기술상의 착오로 인하여, [진실은 경계를 침범하지 않았는데, 측량 잘못으로 경계를 침범한 것이 되었다]는 사실이 입증되면 당연히 토지인도의무를 면할 수 있다.

측량을 위하여 큰 산봉우리에 도근점을 박아 놓고 있다. 그 도근점을 기준으로 크고 작은 측량기점을 도심지에 수도 없이 박아 놓았다. 통상 실제로 측량을 할 때에는 산봉우리 도근점으로부터 거리를 측정하여 측량을 하는 게 아니고, 가까이 있는 측량기점을 중심으로 측량을 한다. 그런데 실제측량의 기준이 된 그 측량기점이 착오로 틀린곳에 박혀있는 것이 밝혀져서 실제측량결과도 잘못된 것으로 밝혀지는 경우가 있다. 6.25 사변 후 지적복구과정에서 이러한 착오가 많이 있었다.

그게 아니고 측량기점을 완전히 다른, 틀린 기점을 기준으로 측량을 하여 문제가 된 경우도 있다.

둘째, 가장 많이 문제되는 경우이다. 택지개발업자가 한필지 토지를 분할하여 택지를 조성한 후 조성된 택지의 경계대로 측량을 한다는 것이 측량의 잘못으로 잘못 분필을 한 경우이다. 경우에 따라서는 그곳에 집을 지어 토지와 건물을 함께 분양하는 경우도 있다.

굳이 택지개발업자가 개발한 것이 아니라도 한필지를 각기 구분하여 여러 사람이 매수하고 경계를 획정하고 난 후에 분할 측량이 이루어졌는데, 측량경계선이 지적도상 잘못 획정된 경우도 마찬가지이다.

이때 기술상의 착오로 경계가 일부 침범되었다면 그후 그 토지가 여러사람을 거쳐 순차 매매가 이루어진 경우, 이때는 [지적도상의 경계가 아니고 현실의 경계가 진실된 매매목적물의 경계로 간주되어 순차매매가 이루어졌다]고 보아서, 경계침범을 이유로 한 토지인도청구를 대법원이 받아주지 않았고 현재도 같은 입장이다. 그 경계가 담이든, 수목이든, 축대이든 경계가 뚜렷하면 차이가 없다.

셋째, 지적도상 분필을 하면서 자연적으로 존재하는 구거를 중심으로 측량을 하여야 하는데, 구거를 포함하여 구거를 넘어선 지점까지 한필지로 분할을 하였다면 이는 측량 기술상의 착오로 인하여 경계가 잘못 획정되었다고 보아야 한다는 이유로 경계침범주장을 배척하는 판결을 한 예가 있다.

그런데 우리 대법원의 주류적인 입장은 분할 측량이 잘못되었다고 하더라도 그게 오래전의 일이어서 장기간 잘못된 지적도상의 경계대로 거래가 이루어진 경우, 지적도상의 경계대로 매매가 이루어졌다고 보아야 한다고 판결하고 있다.

즉 대법원은 가급적 현재의 지적도를 중시하겠다는 입장으로 이해하면 되겠다. 다만 경계침범에 있어서 침범상태가 장기간 지속된 경우에는 점유취득시효가 항상 문제될 수 있다는 사실, 꼭 명심하기 바란다.

13 건물을 매수했는데, 타인토지를 침범한 사실이 밝혀져 일부 철거해야 한다면?

부동산 즉 토지와 건물의 매매가 이루어졌을 때 부동산에 하자가 있을 수 있다. 매매한 목적물의 전부 또는 일부가 법률적으로 매도인에게 권리가 없는 경우, 수량이 부족하거나 일부 멸실된 경우, 지상권, 지역권이나 저당권등 제한물권이 설정된 경우, 건물의 부실시공등으로 인하여 정상사용이 불가능한 경우등 그 하자는 매우 다양하다.

이에 대하여 민법이 비교적 상세한 규정을 두고 있다.

대체적인 해결책의 흐름은 대금감액이나 손해배상으로 우선 해결하도록 하고, 그 하자가 중대하여 매매계약의 목적을 달성할 수 없는 경우에 한하여 계약자체의 해제를 허용하고 있다.

그런데 [건물을 매수했는데, 타인토지를 침범한 사실이 밝혀져 일부 철거해야 하는 경우]에 대하여는 민법에 직접적인 규정이 없다. 반드시 철거를 해야 할 정도는 아니더라도 하자로 인하여 매수인이 곤경에 처하였을 경우도 마찬가지이다.

민법 제572조는 [매매의 목적이 된 권리의 일부가 타인에게 속한 경우]에 대하여 매도인이 담보책임을 지도록 규정하고 있는데, 건물의 일부가 타인토지를 침범한 경우에는, 침범한 건물부분은 타인에게 속한 것이 아니라 자신의 소유이기 때문에, 민법 제572조가 딱 들어맞는 법조항은 아니다. .

그렇다고 법원이 아무런 해결책도 내놓지 않을 수는 없다. 매수인으로서는 아무런 책임도 없이 자신이 매수한 건물의 일부가 타인토지를 침범하여 심각한 법적인 난관에 처하였기 때문이다.

이에 대하여 대법원(2009.7.23. 선고 2009다33570 판결)은 [매매계약에서 건물과 그 대지가 계약의 목적물인데 건물의 일부가 경계를 침범하여 이웃 토지 위에 건립되어 있는 경우에 매도인이 그 경계 침범 건물이 차지한 대지부분을 취득하여 매수인에게 이전하지 못하는 때에는 매수인은 매도인에 대하여 민법 제572조를 유추적용하여 담보책임을 물을 수 있다.

그리고 그 경우에 이웃 토지의 소유자가 소유권에 기하여 그와 같은 방해상태의 배제를 구하는 소를 제기하여 승소의 확정판결을 받았으면, 다른 특별한 사정이 없는 한 매도인은 그 대지부분을 취득하여 매수인에게 이전할 수 없게 되었다고 봄이 상당하다.]라고 판결했다.

부연하자면 이 경우에도 민법 제572조를 유추적용하여, 매도인이 건물이 침범한 인접토지를 취득하여 매수인에게 이전해 주면 가장 완벽하고, 만약 그럴 능력이 없어 건물을 철거해야 한다면 경우에 따라서는 계약해제도 가능하다는 것이다.

그리고 침범당한 토지소유자가 건물철거 및 대지인도청구를 하여 소송에서 매도인이 패소하였다면, [매도인이 그 대지부분을 취득하여 매수인에게 이전할 수 없는 사정]이 확정되었다고 보아, 이에 따른 법적책임을 부과할 수 있다는 것이다.

그런데 이 경우 위와 같은 하자가 있다는 사실을 계약당시 매수인이 알고 있었다면, 즉 매수인이 [악의]라면 그 매수인은 그러한 하자가 있다는 사실을 알고 계약을 하였기 때문에 계약해제를 할 수가 없다.

매수인이 그러한 하자가 있다는 사실을 모르고 있었을 경우에는 즉 매수인이 [선의]인 경우에는 해당 사실을 안 날로부터 1년 내에 대금감액청구와 손해배상청구를 할 수 있고, 건물의 일부를 철거한 후 잔존부분만이라면 매수인이 계약을 체결하지 않았을 것이라는 사정이 인정된다면 계약해제도 가능하다.

하여튼 여기에서 중요한 사항은 [철거를 한 후 잔존부분의 건물만이라면 매수인이 계약을 체결하지 않았을 것이라는 사정]이 있었느냐?의 인정여부는 매수인의 주관적인 판단이 아니라 제반사정을 종합하여 건전한 일반인의 상식에 비추어 누가 보아도 그러한 사정이 인정되어야 할 정도로 즉 객관적으로 인정되어야 한다는 것이다.

14 토지를 매도했는데 엉뚱한 부분까지 넘어갔다면?

통상 토지를 매매하였을 때, 계약은 정상적으로 체결되었는데 매도하지 아니한 부분까지 소유권이 이전되었거나, 아니면 나는 정상적으로 계약을 체결하였는 줄 알았는데, 나중에 알고보니 팔지 말아야 할 부분까지 소유권이 이전된 경우가 있다.

정상적으로 계약을 체결하였으나 이전등기과정에서 어느 누구의 실수로 매도하지 아니한 부분까지 소유권이 이전되었다면, 그 원인을 찾아서 이전되지 않았어야 되는 부분에 대하여는 원인무효를 이유로 말소등기청구를 하여 소유권을 찾아오면 될 것이다.

그런데 계약은 정상적으로 체결되었으나 토지의 경계가 잘못되었거나, 아니면 매도인이 경계를 잘못 알고 그 부분은 매도하지 말았어야 하는데 그 부분까지 매도하여 매수인에게 이전등기가 경료되는 바람에, 급기야 내 소유 가옥의 일부를 철거해야 하는 상황이 벌어진 경우에 대하여 알아 본다.

실제의 사례를 본다. 이 분은 인접하여 있는 2필지의 토지를 소유하고 있었다. 1필지에는 현재 거주하고 있는 가옥을 건축하였고, 나대지인 인접토지 1필지를 팔았는데, 등기가 이전된지 20년이 지나서 최근에 측량을 해보니, 현재의 가옥이 매도한 토지의 일부에 걸쳐 있는 사실이 확인되었다. 가옥을 처음 신축할 당시부터 잘못된 것이었다.

매도인이 수차 가옥이 있는 부분은 좀 비싸게라도 되매수하겠다고 사정을 하여도 매수인은 자신이 매수한 토지의 경계대로 이전해달라는 완강한 입장이다.

결국 매수인이 건물일부를 철거하고 경계대로 토지를 인도하라고 소송을 제기하였다. 어떻게 되었을까?

통상 매매가 이루어졌을 때는 원칙적으로 토지등기부등본과 지적도의 경계와 면적대로 매매가 이루어졌다고 보는 게 원칙이다. 그리고 매매당사자는 지적공부 즉 토지등기부나 토지대장, 그리고 지적도등을 확인하고 현장을 답사한 후 계약을 체결하는게 경험칙에 부합하는 모습이고, 이와 같은 사항을 제대로 확인하지 않았다면, 제대로 확인하지 않았기 때문에 잘못된 부분은 자신이 책임을 지라는 것이다.

대법원(2004.9.24. 선고 2004다27273 판결)도 [소유권이전등기가 경료되어 있는 경우에는 그 등기명의자는 제3자에 대하여서뿐만 아니라 그 전소유자에 대하여도 적법한 등기원인에 의하여 소유권을 취득한 것으로 추정된다.]라는 입장이다.

그렇기 때문에 이 사건에 있어서 매도인으로서는 매수인이 양보하지 않는한 애초 계약한 지적도상의 경계와 면적대로 토지를 인도해주어야 한다.

유일하게 남은 문제는 매도인이 이전등기를 한 후 20년이 경과하였기 때문에, 매도하고도 아직까지 점유하는 부분에 대하여 취득시효를 주장할 수 있느냐이다.

이에 대하여 대법원(2004.9.24. 선고 2004다27273 판결)은 [부동산을 다른 사람에게 매도하여 그 인도의무를 지고 있는 매도인의 점유는 특별한 사정이 없는 한 타주점유로 변경된다.]고 하여 매도한 토지에 대하여 매도인이 점유하고 있어도 이는 타주점유이기 때문에 취득시효를 주장할 수 없다는 입장이다. 이는 너무나 당연하다.

심지어 대법원(1997.4.11. 선고 97다5824 판결)은 [매매계약 당시 잔대금의 지급과 상환으로 토지를 인도하여 주기로 약정하였는데, 매도인이 잔대금을 지급받기 전에 매수인 앞으로 소유권이전등기를 마쳐주었고, 그후 매수인이 나머지 대금을 지급하지 않자 그 대금지급을 구하는 소송을 제기한 경우, 매도인이 그 토지를 점유하고 있더라도 매도인이 소유권이전등기를 마쳐준 이후의 점유는 자주점유라고 볼 수 없다.]라고 했다. 즉 매도 이후의 매도인의 점유는 자주점유가 아니어서 취득시효를 주장할 수 없다는 입장이다.

그러나 위와 같은 대법원판결은 매도인의 입장에서, [매도한 부분이 맞다]고 인식을 한 상태에서 점유한 경우이고, 이 사건에 있어서는, 애초 경계가 잘못획정되어 있었든 매도인이 경계를 잘못 알고 있었든, 분명한 것은 문제된 부분은 매도할 의사가 없었던 경우이다.

대법원(1992.12.24. 선고 92다26468, 26475 판결)은 이렇다.

[토지의 매도인은 매수인에게 매도한 토지의 인도의무를 지고 있으므로 매도 후의 점유는 성질상 타주점유로 변경되지만 특별한 사정이 있는 경우에는 그러하지 아니하다. 자기가 소유·점유하여 오던 대지 전부를 매도하였으나 건물의 벽으로 구획되어 있는 부분이 대지 전부인 줄 믿고서 이 부분만을 매수인에게 인도한 후, 나머지 부분은 매도한 대지의 일부가 아니라 매도하지 아니한 인접한 대지의 일부로 알고서 종전과 같이 점유하여 온 경우, 매도인이 나머지 부분을 계속 점유하게 된 데에 특별한 사정이 있고, 따라서 이 부분에 대한 점유는 타주점유로 변경되지 아니하고 자주점유로 남아 있다고 해석함이 타당하다.]라고 했다.

위 대법원판결은 토지의 경계가 벽으로 구획되어 있는 것만 다르고 경계를 잘못 알고 있었다는 점에서는 이 사건과 매우 유사한 경우이다.

결국 이 분은 마지막 대법원판결의 예에 따라 승소할 수있었다.

최종단계에서는 합의로 종결되었지만, 매수인이 처음 제시했던 조건은 대폭 양보된 상태이었다.

매매단계에서 이러한것까지 세밀하게 신경을 써야 한다는 본보기이다.

15 상가매도인이 기존 임차인 내보내 준다고 장담했다가 벌어진 일

상가건물을 매매할 때 신축건물이라면 몰라도 이미 임차인이 있는 경우가 대부분일 것이다. 보통은 임차인이 있는 상태대로 건물을 매매하지만 특정부분, 특히 1층을 매수인이 적접 이용할 것을 조건으로 매매를 하는 경우가 있다. 이때 매도인은 급히 건물을 팔아야 하는 사정이 있어 자신의 건물을 꼭 매도하고 싶은 욕심에 기존 임차인을 책임지고 내보내겠다고 쉽게 약속을 했다가 큰 곤경에 처한 일이 있었다.

매수인은 약대를 졸업한 약사로서 다른 장소에서 점포를 임차하여 약국을 경영하고 있었다. 그동안 자신이 모은 돈과 부모로부터 물려받은 재산을 합하여 건물을 매수하려고 하였고 매수한 건물 1층에 약국을 개설할 계획이었다. 마침 마땅한 건물이 매물로 나와 1층은 자신이 직접 약국으로 이용하려고 했는데 그 1층에는 기존 임차인이 체인점을 운영하고 있었다.

매수인은 매도인에게 1층을 직접 사용하겠으니 잔금지급기일까지 비워달라고 요구하였고, 매도인도 그 임차인이 그러지 않아도 다른 곳으로 이전할 예정이라고 하면서 쉽게 동의하여 매매계약을 체결하였다.

그러나 기존임차인이 계약의 갱신을 요구하면서 명도를 거절하였고, 이에 대하여 매도인이 갱신요구에 불응한다면 큰 금액을 배상해야 하는 일이 벌어졌다.

매도인이 크게 실수를 한 것이다.

상가건물임대차보호법은 전적으로 상가건물의 임차인을 보호하기 위하여 제정되었다. 상가임대차법 제3조 제2항은 [**임차건물의 양수인은 임대인의 지위를 승계한 것으로 본다**]고 규정하고 있다.

기존임차인은 매도인과 임대차계약을 체결함에 있어 다른 특단의 사정이 없는 한 임대차기간중에 제3자에게 소유권이 이전되었을 경우에는 기존임차인은 새로운 소유자와도 임대차계약을 체결한 것으로 본다는 의미이다. 그렇기 때문에 기존임차인은 그 새로운 소유자에게도 임대보증금을 청구할 수 있다.

상가임대차법 제10조에 의하면, 임차인은 계약갱신요구를 할 수 있어서 임대차기간이 종료되었다고 하여 무조건 임대차계약이 종료되는 게 아니다.

특히 상가임대차법 제10조의4 제1항에서는 임차인에게 권리금회수의 권리를 인정하고 있다. 즉 기존임차인이 나가면서 후임임차인으로부터 권리금을 받기로 약정하였다면 건물소유자는 기존임차인이 그 권리금 받는 것을 방해하여서는 아니된다고 규정하고 있다.

그리하여 건물소유자가 임대차계약을 무리하게 해지하여 기존 임차인이 권리금을 회수할 기회가 상실된 경우에는 건물소유자가 그 손해를 배상하여야 한다. 이러한 기본적인 사항은 건물소유자로서, 임대업을 하는 경우에는 필수적으로 알고 있어야 하는 것들이다.

이러한 법규정을 웬만한 건물소유자라면 알고 있을 수도 있는데, 아직도 많은 건물소유자가 상가임대차법의 이러한 규정을 모르고 있고, 알고 있어도 실제 상황에 활용하지 못하고 있다.

이 건에 있어서 매도인은 매매계약을 하면서 매수인에게 '기존의 1층 임차인을 책임지고 내보내겠다'고 쉽게 약속을 한 것이다.

그 매도인이 매수인과 매매계약당시 그러한 약정을 할 상항이면 그에 앞서 기존 임차인으로부터 임대차기간이 만료하면 점포를 명도하겠다는 내용의 확답을 받았어야 하고 각서라도 받아 놓았어야 하는데, 그 매도인은 거기까지 생각을 하지 못한 것이다.

상대방이 손해배상액으로 제시하는 금액이 매도인으로서 감당하기가 곤란하였고, 결국 그 매매계약이 해제되었고, 매도인은 계약금 상당의 적지 않은 손해를 배상하는 일이 벌어진 것이다.

조속히 건물을 매도하려고 무리하게 계약을 하였다가 큰 손해를 보고 만 것이다.

16 가압류된 부동산 매수할 때, 이 정도는 알고 계세요

우리가 부동산, 즉 토지나 건물을 매수할 때 가장 먼저 확인하는 것이 등기부등본이고 거기에 누군가가 가압류등기를 해 놓은 것이 발견되면 일단 멈칫하게 마련이다.

그런데 자신에게 꼭 필요한 부동산이 매물로 나왔을 때는 가압류의 위험을 무릅쓰고라도 매수하여야 할 경우가 있다.

그러면 가압류가 있으면 무엇 때문에 꺼려하는지?에 대하여 본다.

가압류는 돈 받을 채권이 있어서 그 돈을 받기 이전에 채무자의 부동산에 장차 경매등 채권행사를 할 예정이라는 사실을 표시해 놓는 것이다.

가압류를 해놓았더라도 바로 경매신청을 할 수 있는게 아니고, 가압류채권자가 경매를 신청하려면 채무자에게 수령하여야 할 채권이 정말로 존재하는지, 존재한다면 그 액수가 얼마인지에 대하여 소송을 제기하여 법원의 확정판결을 받은 후에 그 확정판결에 기하여 경매를 신청한다. 이때의 경매는 임의경매가 아니고 강제경매이다. 그 경매가 종료됨으로서 가압류는 없어진다.

이때 확정판결을 받기 위하여 제기하는 소송을 [본안(本案)의 소]라고 말한다.

그런데 여기에서 선순위 가압류등기가 되어 있는 부동산을 매수하여 후순위로 이전등기가 이루어졌을 경우, 차후 그 가압류에 기하여 위와 같이 경매가 진행되면 후순위 이전등기는 말소되어 소유권을 상실하게 된다. 이것 때문에 가압류가 두렵다.

그렇다면 여기에서 꼭 알고 있어야 할 사항이 있다.

첫째, 가압류등기가 이루어진지 3년이 경과하였으면 가압류를 취소할 수 있다. 과거 5년이던 것을 3년으로 법을 개정하였다.

그리하여 민사집행법 제288조 제1항 제3호는 [가압류가 집행된 뒤에 채권자가 **3년간 본안의 소를 제기하지 아니한 때에는 채무자 또는 이해관계인의 신청에 따라 결정으로 가압류를 취소하여야 한다**]라고 규정하고 있는데, 여기에서 가압류가 집행되었다는 말은 등기부에 가압류등기가 되었다는 의미라고 보면 된다. 가압류등기 후 3년이 되고 아직 가압류채권자가 본안의 소를 제기하지 않았다면 가압류취소를 청구할 수 있다는 것이다.

본안의 소를 제기하기는 하였는데 그 시기가 가압류등기 후 3년이 경과한 이후에 소를 제기한 경우에도 마찬가지로 그 가압류는 취소된다.

이 경우는 법원이 가압류취소결정을 할지 말지를 판단하는 게 아니라 3년이 경과하면 무조건 취소하도록 되어 있다.

그러니까 가압류를 하여 불안정한 상태를 3년 이상 두지 말라는 취지이다.

그렇기 때문에 가압류 등기가 된 후 3년이 경과한 경우 다른 장애사유가 없다면 그 부동산에 관하여 매매대금을 완불하고 과감히 이전등기를 받은 다음, 그 가압류채권자를 상대로 가압류취소신청을 하면 안전하게 소유권을 취득할 수 있다.

가압류채권자가 취소 이후 또다시 가압류신청을 할 수가 있는데, 소유권이 이전된 이후에는 부동산의 소유자가 자신의 채무자가 아닌 다른 사람으로 변경되었기 때문에 이제는 가압류를 할 수조차 없다.

둘째, 가압류등기가 경료된지 3년이 경과되지 아니한 경우에는 제소명령을 신청할 수 있다.

가압류를 당한 사람입장에서는, 채권이 있는지, 있다면 그 액수가 얼마인지를 확정할 필요가 있다. 이때 채무자가 법원에 [가압류채권자에게 조속히 소송을 제기하라고 명령해주십시오]라고 신청할 수 있는데 이를 [제소명령신청]이라고 한다.

제소명령신청을 받은 법원은 가압류채권자에게 기간을 정하여 소를 제기하라고 명령을 하고, 그 기간은 민사집행법이 2주 이상으로 정하라고 규정하고 있는데, 실무에서는 통상 20일 안팎으로 정하고 있다.

법원이 정한 기간 내에 소를 제기하지 않으면, 그 가압류등기는 그 자체로 말소된다. 법원이 명한 제소기간이 경과한 후에는, 가압류등기가 말소되기 이전에 소제기를 하였더라도 그 가압류는 일단 말소되고 만다.

셋째, 가압류채권자가 받을 채권이라고 주장하는 금액, 이를 [가압류해방금액]이라고 한다. 이 금액을 공탁라는 것을 [해방공탁]이라고 하는데, 그 [해방공탁]을 하면, 가압류효력의 대상이 부동산에서 돈으로, 즉 가압류해방금액으로 이전하고, 부동산의 가압류등기를 말소시킬 수 있다. 그후 깨끗한 상태에서 매매를 할 수가 있다. 그 가압류해방금액은 본안의 소를 제기하여 진행되는 재판이 끝날 때까지 찾을 수 없다.

흔히 실무에서는 매수인이 매도인을 위하여 매매대금의 일부로서 위와 같이 해방공탁을 하기도 한다.

넷째, 가압류등기가 불법행위로서 이루어진 경우에는 무효를 주장할 수 있다.

대법원(1997.8.29. 선고 96다14470 판결)은 [가압류집행이 형식적으로는 채권 확보를 위한 집행절차라고 하더라도 그 자체가 법이 보호할 수 없는 반사회적 행위에 의하여 이루어진 것임이 분명한 경우(대표적으로 불법행위로 이루어진 경우) 그 집행의 효력을 그대로 인정할 수 없으므로, 가압류집행 후 본집행(경매)으로 이행하기 전에 가압류 목적물의 소유권을 취득한 자는 그 가압류집행에 터잡은 강제집행절차에서 그 집행의 배제를 구할 수 있다.]라고 판결했다. 그러한 경매의 진행을 막을 수 있다는 것이다. 여기에서 집행의 배제를 구하기 위하여 제기하는 소송은 [제3자이의의 소]의 형식으로 한다.

다섯째, 가압류등기가 말소되기 이전에는 매매대금의 지급을 보류하고, 매수인이 매도인에게 상당한 기간을 정하여 가압류등기를 말소하라고 최고(독촉)하고 그 기간 내에 이행하지 아니한 때에는 계약을 해제할 수 있다.

이 경우 매도인이 자력이 없어서, 기간을 주어도 가압류를 말소할 수 있는 능력이 없을 때에는 이해불능이라고 보아서, 이행을 최고할 필요도 없이 계약을 해제할 수 있다.

그렇지 않고 계약당시 가압류말소에 관하여 특별히 약정한 것이 있다면 그 약정에 따라 처리하면 되겠다.

여섯째, 가압류가 고의 또는 과실에 의하여 불법으로 집행된 경우, 이는 불법행위가 되어 원인 제공자에게 이로 인한 손해를 배상하라고 청구할 수 있다.

통상 실무적으로는 가압류채권자가 앞에서 말한 본안소송에서 패소 확정되어 아무런 채권이 없다고 밝혀졌는데도 또다시 가압류를 한 경우 흔히 문제가 되고 있다.

17 매매잔금을 지급하려는데 가압류가 되어 있다면, 매수인에게 어떤 방법이 있나?

의뢰인 한 분이 다급하게 찾아와 하소연을 했다. 사연인즉 아파트를 매수하기로 계약을 하고 중도금까지 지불했는데 잔금을 준비하다 보니 계약당시에는 없던 제3자 명의의 가압류등기가 되어 있다는 것이다.

이런 일은 항상 일어날 수 있다.

우선 가압류의 의미를 제대로 알고 있어야 한다.

가압류등기는 누군가가 받을 채권이 있어서 채무자의 부동산에 채권이 있다는 표시를 해놓는 것이다. 가압류등기를 할 경우에는 채권액까지 기재한다.

가압류권자는 장차 판결을 받아 그 판결문을 근거로 그 부동산을 경매에 부칠 것이 예상된다.

그리고 경매절차에서 채권자는 채권배당 요구를 하여 자신의 채권을 회수하는데 이때 가압류 결정문에 기재된 금액의 범위 내에서만 채권 배당신청을 할 수 있고, 초과되는 금액은 일반 채권자로서 배당신청을 할 수 있다.

그렇다면 의뢰인의 입장에서 할 수 있는 조치로는 어떤 것이 있는가?

첫째, 매수인입장에서는 매매잔금의 지급을 거절할 수 있다. 만약 잔금을 지불하고 이전등기를 받을 경우 가압류가 붙어있는 채로 등기가 넘어 온다.

그렇기 때문에 이때는 잔금을 지불하지 않더라도 아무런 문제가 없으니 잔금을 지불하지 않은 상태에서 충분한 시간을 두고 대책을 강구하여도 좋다.

둘째, 계약을 해제하고 이에 따른 위약금 청구 및 원상복구를 청구할 수 있는가?이다.

민법 제546조는 "채무자의 책임 있는 사유로 이행이 불능하게 된 때에는 채권자는 계약을 해제할 수 있다."라고 규정하고 있다.

그렇다면 의뢰인의 경우 계약을 해제할 수 있는가?

대법원(1999.6.11. 선고 99다11045 판결)은 [매수인은 매매목적물에 대하여 가압류집행이 되었다고 하여 매매에 따른 소유권이전등기가 불가능한 것도 아니므로, 이러한 경우 매수인으로서는 대금지급채무의 이행을 거절할 수 있음은 **별론으로** 하고, 매매목적물이 가압류되었다는 사유만으로 매도인의 계약위반을 이유로 매매계약을 해제할 수는 없다.]는 입장이다.

즉 매도인으로서 가압류를 해결하여 소유권을 이전해주면 아무런 문제될 것이 없고, 그 기회가 아직 없어졌다고 단정할 수 없다는 것이다.

다만, 예컨대 가압류금액이 너무 커서 매도인이 그 가압류를 해제할 수 없다고 인정되는 경우에는 매도인의 소유권이전등기의무가 이행불능이 되었다고 보아 매매계약을 해제할 수도 있다는 것이 또한 대법원의 입장이다.

이때 계약을 해제하려면 곧바로 계약을 해제한다는 의사표시를 하면 안되고, 이행할 수 없다고 매도인 스스로 확정적인 의사표시를 하지 않는한, 매도인에게 상당한 기간을 정하여 가압류를 해결해 달라고 이행을 최고(독촉)하고 그 기간이 도과한 다음에 계약을 해제할 수 있다.

그렇다면 계약을 해제하였을 경우를 본다. 매수인으로서는 그동안 지급한 계약금과 중도금을 돌려받는게 문제이다. 만약 이미 제3자가 거액의 채권이 있다고 하면서 가압류를 한 상황이라면 그 매도인은 매수인이 지급한 계약금과 중도금을 반환하기가 어렵게 되었을 가능성이 높다. 그렇게 되면 매수인도 다른 일반 채권자들과 동등한 지위가 되어서 그 부동산이 경매되었을 때에 채권액수의 비율에 따라 배당받을 권리자로 남게 되고 채권을 반드시 회수한다는 보장도 없다. 즉 계약해제가 능사가 아니다.

셋째, 해방공탁이라는 수단을 강구해보아야 한다.

가압류채권자가 받을 채권이라고 주장하는 금액을 공탁하고 가압류등기를 말소하는 방법이 해방공탁이다. 채권자가 가압류결정을 받은 금액 즉 [가압류해방금액]을 공탁을 하면, 가압류효력의 대상이 부동산에서 돈으로, 즉 [가압류해방금액]으로 변경되고, 부동산의 가압류등기를 말소시킬 수 있다.

흔히 실무에서는 가압류금액이 매매대금잔액에 못미칠 경우에는 매수인이 매도인을 위하여 매매대금의 일부로서 위와 같이 해방공탁을 하고 있다. 경우에 따라서는 가압류금액이 다소 초과되더라도 더 큰 손해를 예방하기 위하여 해방공탁을 선택할 수도 있다.

그러나 이때에 조심해야 할 사항은 가압류해방공탁을 하여 가압류를 말소하였는데 다른 채권자가 또다시 가압류를 할 수도 있기 때문에, 이를 못하도록 하려면 처분금지가처분결정을 받아 이를 등기해 놓는 것이 좋고, 그런 다음에 잔금전액을 마련하여 해방공탁을 하는게 안전하다.

의뢰인은 미지급잔금이 3억원 정도이었는데 다행히 가압류채권이 이에 미치지 못하여, 처분금지가처분등기를 해 놓은 다음 해방공탁을 하고 이전등기를 하여 위기를 면하였다.

무엇보다도 부동산가액이 크고 위험성이 감지될 경우 위험을 사전에 방지하려면 중도금을 지불할 때에는 매도인에게 사전에 양해를 얻은 다음 법원에서 처분금지가처분결정을 받아 등기를 해놓기를 권한다.

그것보다 더 놓은 방법은 가처분도 귀찮으니, 자금 마련이 힘들어도 중도금약정을 아예 없애고 매매잔금을 모두 준비한 다음 잔금지급과 소유권이전등기가 동시에 이루어지도록 하는 것도 좋은 방법이다.

18   아파트분양을 받았는데 실제면적이 계약면적보다 적다면?

통상 아파트 분양을 받을 때, 아파트 분양광고를 보면 '24평형', '33평형'과 같이 평수가 표시되어 있다. 일반인의 경우 그러한 광고내용을 진실로 믿고 청약을 한다.

그후 분양계약서를 작성할 때도 수많은 사람들이 분양사무실에서 분양을 하다 보면 일반인들은 계약서의 조항이 우선 복잡하고 어렵기도 하여 세밀히 내용을 따져볼 겨를도 없이 계약을 하는 경우가 대부분이다.

우선 관련된 민법조항은 이렇다.

공산품이나 농산물등 물건을 매매할 경우에는 단가에 수량을 곱한 것이 매매가격이 되고 이를 [수량매매]라고 한다. 민법 제572조, 제573조, 제574조에 의하면 이때에는 수량이 모자랄 경우 매매대금을 감액할 수 있다. 그런데 이 대금감액청구는 1년 이내에 해야 한다. 매수인이 모르고 있었다면 이를 최초로 안 날로부터 1년 내에, 매수인이 처음부터 알고 있었다면 계약한 날부터 1년 내에 행사하여야 한다.

통상 아파트의 경우에도 평당 분양가격이 정해지고 거기에 분양면적을 곱한 금액이 분양금액이 된다. 그렇기 때문에 아파트계약은 대부분 수량매매에 해당될 가능성이 높다.

그렇다면 분양받은 실면적이 모자라는 경우에 대하여 본다.

첫째, 광고면적과 계약면적이 다른 경우이다.

즉 분양사업자가 분양평수를 과장되게 광고하였고, 그 사실을 확인하지 않은 채 분양계약서를 작성하여 계약면적이 광고면적보다 적은 사실을 뒤늦게 알게 된 경우이다.

실제사건은 실면적이 27.39평임에도 광고 당시에는 [서비스면적을 포함하여 33평형]이라고 광고한 사안이었다. 이에 소비자는 소송을 제기하면서 기망당했다(속았다)고 하여 분양계약 자체를 취소하고 원상회복을 해달라고 청구한 사건이었다.

이에 대하여 대법원(1995.7.28. 선고 95다19515)은, [연립주택을 분양함에 있어 평형의 수치를 다소 과장해 광고를 했으나 그 분양가의 결정방법, 분양계약의 체결경위, 수분양자가 그 분양계약서나 건축물관리대장 등에 의해 공급면적을 평으로 환산하여 쉽게 확인할 수 있었는지의 여부 등 제반사정을 비추어 볼 때 그 광고는 거래 당사자 사이에서 매매대금을 산정하기 위한 기준이 됐다고 할 수 없다]고 판시하였다.

이 사건에서는 분양계약 당시에 소비자가 세밀히 살펴 보았더라면 정확한 면적을 확인할 수 있었기 때문에 분양업자가 기망을 하였다고 볼수 없다고 판결한 것이다.

일반적으로 판매자가 상품 판매를 위해 광고에 다소 과장된 표현을 하고 있다. 법원도 이러한 경우 다소 과장된 선전이 상관례상 잘못이 없다는 입장이고 이 사건에서도 그러한 입장을 그대로 따른 것이다. 그러나 그 정도가 심한 경우에는 기망하였다고 인정될 수 있음은 당연하다

근본적으로 정식계약서를 작성할 때 제대로 확인하려고 하는 자세가 필요하다.

다음으로 분양계약은 제대로 하였는데 실제공급면적이 계약면적보다 모자라는 경우이다.

물론 분양계약서상으로 평당 분양가격과 분양면적에 따라 계약을 하여 민법상 수

량매매로 인정될 경우에는, 후에 면적에 차이가 났을 경우 모자라는 면적에 해당하는 만큼 분양대금이 감액되어야 마땅하고 대법원의 입장도 그러하다.

어떠한 경우에 수량매매로 보아야 하는지에 대하여 대법원이 기준을 제시한 것이 있다. 대법원(2002.11.8. 선고 99다58136 판결)은 [목적물이 일정한 면적(수량)을 가지고 있다는데 주안을 두고 대금도 면적을 기준으로 하여 정하여지는 아파트분양계약은 이른바 수량을 지정한 매매라 할 것이다]라고 하여 수량매매라고 인정하는 기준을 제시하고 있다.

그런데 실제 사건에서 많은 예외가 인정되어 소비자의 분양대금의 감액청구가 받아들여지지 아니한 경우가 의외로 많은 것 같다.

2개만 소개한다.

대법원(1991.3.27. 선고 90다13888 판결)은 오히려 분양업자측에서 원고가 되어 실제면적이 계약면적보다 넓다는 이유로 수분양자에게 돈을 요구한 사안에 대한 판결이다. [원고와 피고들간에 체결된 아파트분양계약이 아파트의 6층 607호, 1층 102호 등으로 특정된 아파트 1동씩을 특정하여 매매한 것이므로, 이는 수량을 지정한 매매가 아니라 특정물을 목적으로 한 매매로서, 설사 분양안내 카타로그가 잘못되어 피고들이 분양받은 아파트의 실제면적이 분양계약서상에 표시된 분양면적보다 다소 넓다 하더라도 피고들이 법률상 원인없이 이득을 얻은 것이라 할 수 없다.]라고 판결하여, 분양업자 측에서 면적이 계약서보다 넓으니 추가로 분양대금을 지급하라고 청구한 사안에서 법원은 수량매매라고 인정하지 아니하여 분양업자의 청구를 배척한 사례가 있다.

대법원(1996.12.10. 선고 94다56098 판결)은 아파트소유권 중 공유대지지분이 부족한 사안에 대한 판결인데, [아파트 분양계약이 수량을 지정한 매매에 해당된다 하더라도, 이전등기된 공유대지 지분이 부족하게 된 원인이, 분양계약 당시 분양계약자들과 주택건설사업자가 공유지분 산정의 기초가 되는 아파트 대지를 실제와 다르게 잘못 알고 있었기 때문이 아니라, 주택건설사업자가 분양계약 당시 공유지분 산정의 기초가 된 아파트 대지 중 일부를 분양계약 후에 비로소 공용시설용 대지에 편입하여 시에 기부채납하였기 때문이라면, 주택건설사업자에 대하여 민법 제574조에 의한 담보책임을 물을 수는 없다.] 즉 [수량부족을 이유로 감액청구를 할 수 없다]라고 판결하였다. 즉 대지일부를 시에 기부채납하는 바람에 공유지분면적이 모자란다면 분양업자가 이득을 취한 것이 아니라는 입장이다.

정리하자면, 아파트면적이 계약면적보다 적은 경우에는 분양대금감액청구가 인정되는 경우가 많고 이 청구는 1년 이내에 하여야 한다.

19 급매물 싸게 매수하면 뭐가 문제인가?

우리가 신문을 보거나 길을 가다 보면 "급매"라고 기재하고 연락처를 적어놓은 것을 종종 볼 수 있다. 심지어 가격까지 기재해 놓기도 한다.

많은 사람들은 그것을 보고 '몹시 다급한 모양이구나.'라고 생각을 하고 지나치지만, 여윳돈이 있는 사람은 실제로 연락을 하여 매매를 하는 경우도 많다.

그러한 급매물이 후에 법률적으로 아무런 문제가 없다면 싼 값에 매수하기 때문에 많은 이익을 남길 수 있다. 그러나 많은 문제점을 내포하고 있다. 그렇다면 급매물이 법률적으로 뭐가 문제인지? 급매물에 손을 대려면 사전에 필히 알아두어야 할 사항에 대하여 본다.

대개 급매물을 내놓은 사람들은 부채가 많아 채권자가 많을 가능성이 매우 높고, 또한 급매물로 내놓은 물건 외에는 다른 재산이 없을 가능성이 높다.

채권자입장에서는 채무자가 유일한 재산을 처분하여 채무자가 무자력이 되었을 때는, 자신의 채권을 변제받을 가능성이 그만큼 희박해진다.

이때 채권자입장에서 그 매수인을 상대로 소송을 제기하여 그 재산을 채무자에게 되돌려 놓을 수 있는 법적수단이 있다. 여기에서는 부동산(토지, 건물)을 처분한 사례를 예로 들어 본다.

이러한 경우 채권자들이 매수인을 상대로 제기하는 소송을 **[채권자취소소송]**, 혹은 **[사해행위취소소송]**이라고 한다. 이러한 소송의 원고는 원래 그 부동산 소유자의 채권자이고, 피고는 그 채무자로부터 그 부동산을 매수한 사람이다.

이때 원고인 채권자가 주장하는 내용은 첫째, 채무자가 부동산을 처분한 것은 채권자에게 해를 가하려고 한 행위라는 것이고, 둘째, 매수인인 피고는 그 사실, 즉 채무자가 채권자들을 해하려고 그 부동산을 매도한다는 사실을 알고 매수한 것이다라는 것이다.

이때 채권자가 소송으로 청구하는 내용은 2가지, 즉 채무자와 매수인 사이에 체결된 매매를 취소해 달라는 내용과 매매계약에 기하여 채무자로부터 매수인에게 소유권이 이전된 등기를 말소하여 채무자에게 되돌리라는 내용이다.

채권자취소소송은 원고승소비율이 매우 높은 편이다.

그 이유는 이렇다. 채권자에게 해를 가하려고 한 것인지 여부는 대개 그 부동산을 처분함으로서 소극재산(부채)이 적극재산을 초과하는지 여부로 결정되는데, 급매물을 내놓은 사람들은 대부분 부채가 더 많은 상태이기 때문에 쉽게 증명이 된다.

채권자취소소송에서 공통된 쟁점은 매수인이 채무자로부터 부동산을 매수할 당시 채무자가 채권자를 해한다는 사실을 알고 있었느냐의 문제이다. 매수인인 피고가 그 사실을 모르고 매수하였다면 매수인이 승소하고, 매수인이 그 사실을 알면서 매수하였다면 채권자가 승소하고 매수인이 패소한다.

그런데, 소송실무에 있어서 '채무자가 채권자를 해한다는 사실을, 매수인이 모르고 매수한 것'이라는 사실을 매수인인 피고가 이를 입증하여야 한다는 것이 대법원의 입장이다. 이때 매수인이 그러한 사실(채무자가 채권자를 해한다는 사실)을 모르고 있었다는 점을 입증하는 것이 실무상 쉽지 않다. 그렇기 때문에 매수인이 패소할 확률이 높다는 것이고 실제로도 매수인이 많이 패소하고 있다.

이러한 경우 매수인들은 자신은 채무자가 채권자를 해한다는 사실을 모르고 있었거나 그런 것 관심도 두지 않았다고 주장을 하지만, 객관적으로 매수인 입장에서 볼 때, 우선 매도인인 채무자가 급매물로 내놓은 것 자체로 이미 부채가 많다는 사실을 당연히 예상할 수 있었고, 채무자가 그 재산을 처분하면 채무자는 변제자력이 없는 무일푼이 되기 때문에 이는 채권자인 원고들을 해하게 된다는 사실도 당연히 예상할 수 있었다고 판사는 볼 것이다.

그렇다면 결국 급매물을 저렴하게 매수하였을 경우에는, 매도인의 채권자들이 매수인을 상대로 채권자취소소송을 제기하면 매수한 부동산을 빼앗길 확률이 높다는 말이 된다.

이 경우 매수인이 부동산을 빼앗겼을 때 발생하는 손해는 당연히 매도인인 채무자가 부담하여야 마땅하지만, 매도인으로서는 이미 이를 변제할 능력이 되지 못할 가능성이 높다. 그렇다면 급매물을 매수한 사람은 고스란히 손해를 볼 가능성이 높다는 결과가 된다.

그렇기 때문에 사정을 잘 아는 사람들은 급매물에 손을 대지 않고 법원에서 경매로 나온 물건을 경락받으려고 한다. 법원의 경매로 취득한 부동산의 경우에는 그러한 위험이 없기 때문이다.

급매물을 사는 것은 도박과 같다. 급매물을 매수할 경우 채권자취소소송을 당할 가능성이 없는지 정말로 꼼꼼히 따져 보아야 한다.

제 **11** 장

경매

경매

경매를 통하여 부동산을 취득하였다면 비교적 안전하다.
그러나 경매를 거쳤더라도 새로운 법률관계가 형성되어 위험해지는
경우가 있다는 사실, 꼭 명심해야 한다.

1 법원경매에서 경락받은 부동산을 빼앗기는 경우(1) - 가등기와 가처분

법원에서 진행하는 경매절차에서, 토지나 건물등 부동산을 경락받으면, 실무상 가장 안전하게 소유권을 취득하다. 그런데 경매를 통하여 취득하더라도, 소유권을 그냥 빼앗기는 경우가 실제로 있다.

첫째, 가등기의 경우이다.

가등기에는 2가지, 즉 [소유권이전청구권 보전가등기] 줄여서 [청구권보전가등기]와 [담보가등기]가 있다.

청구권보전가등기는 예컨대 매매계약을 체결하고 계약금을 지불한 다음, 잔금지급기일까지 장기간이 남고, 그 사이에 매도인이 혹시나 다른 사람과 이중으로 계약을 하거나 근저당을 설정하는 등 부당한 처분을 할 것에 대비하여, 매도인으로 하여금 그와같은 행위를 하지 못하도록 해놓는 가등기이다.

이에 반하여 담보가등기는 금전을 차용하고, 그 채무를 담보하기 위하여, 저당권설정 대신 가등기를 하는 것, 즉 명칭만 다른 또다른 형태의 저당권설정이라고 할 수 있다.

어느 것이나 등기부에 기재되기 때문에 누구든 열람 확인이 가능하다.

여기에서 문제되는 것은 청구권보전가등기이고 담보가등기는 해당이 없다.

그렇다면 소유권이전청구권보전가등기는 어떠한 효력이 있는가?

청구권보전가등기는 그 자체로는 소유권변동에 관하여 아무런 효력이 없고 가등기에 기한 본등기, 이 본등기를 해야만 큰 효력을 발휘한다. 예컨대, 가등기를 한 이후 본등기를 하기 이전 그 사이에 제3자가 한 모든 등기(소유권이전등기, 저당권등기, 전세권등기, 가압류등기, 가처분등기, 압류등기 등)는 가등기에 기한 본등기를 하는 순간 이해관계인의 말소신청을 기다리지 않고, 등기공무원이 직권으로 말소한다.

즉 우선순위를 따질 때, 본등기가 아니라 가등기를 한 시기를 기준으로 따지고, 가등기보다 순위가 늦은 등기는, **가등기에 기한 본등기**가 되면 모두 말소된다는 것인데. 이를 [**가등기의 순위보전의 효력**]이라고 한다.

여기서 말하는 본등기는 가등기에 기한 본등기를 말하고, 가등기와 무관하게 본등기를 한 경우는 해당되지 않는다.

그렇기 때문에 그 가등기가 청구권보전가등기이고, 그 가등기자체가 원인무효로 효력이 상실되지 않는 한, 그 가등기 이후의 권리자에 의하여 신청된 경매절차에서 경락을 받아 이전등기를 경료하였더라도 그후 가등기에 기한 본등기가 경료되었다면 그 경락인의 소유권등기도, 직권으로 자동말소되어서 결론적으로 소유권을 빼앗기게 된다.

그렇기 때문에 가등기, 특히 청구권보전가등기가 이루어진 부동산에 관한 경매, 기타 거래를 할 경우에는 매우 조심을 해야 한다.

둘째, 부동산처분금지가처분의 경우이다.

예를 들어, 부동산에 관하여 매매계약을 체결하고 계약금과 중도금일부를 지급한 상태인데, 잔금지급기일 이전에 매매대금을 비싸게 주겠다고 하는 매수인이 나타나서, 매도인이 그 매수인에게 비싸게 이중으로 매매계약을 체결하려는 움직임을 보일 경우가 있다. 이때, 원래의 매수인이 매도인으로 하여금 그 부동산을 처분하지 못하도록 하기 위하여, 매도인의 동의없이 일방적으로, 처분금지가처분결정을 받는다.

가처분결정이 내려지면 등기부에 등재되어 누구든지 확인이 가능하다.

그리고 부동산에 가처분등기가 되어 있더라도, 가처분등기 이후에 소유권 이전, 압류, 근저당설정등 모든 거래에 따른 등기가, 가처분등기와는 무관하게 정상적으로 등기부에 기재된다.

다만 가처분등기이후의 모든 등기는 그후 가처분의 효력이 유지되느냐 소멸하느냐에 따라 운명이 좌우된다.

예컨대 매매계약 이후 잔금지급기일 이전에 매수인이 매도인을 상대로 처분금지 가처분등기를 해놓았는데, 오히려 매도인이 '매수인이 계약을 위반하여 계약의 효력이 소멸'했음을 주장한다고 했을 때 매도인과 매수인 사이에, 그럼 계약위반의 책임자가 누구이냐? 매매계약의 효력이 살아있느냐에 관하여 민사소송이 제기되었다고 가정해 본다. 이 소송은 가처분소송에 대응하여 [본안소송]이라고 하는데, 그 본안소송에서 만약 [매수인의 계약위반으로 계약이 해제되었다]고 결론이 나면 매수인이 한 가처분도 효력이 없어진다. 이 때 매도인은 매수인을 상대로 가처분취소소송을 제기하여 승소판결을 받아서 가처분등기를 말소할 수도 있다.

반면, 매수인이 승소하여 가처분의 효력이 유지되어서, 매수인이 매도인을 상대로 매매를 원인으로 한 소유권이전등기청구소송에서 승소판결을 받아, 소유권이전등기를 한 경우에는, 가처분등기이후에 이루어진 모든 등기는 가처분권리자가 요구하면 모두 말소된다. 가등기의 경우에는 자동말소되는 것과 다르다.

따라서 가처분등기이후에 법원경매에서 경락을 받아 이전등기를 한 경우라도, 그 등기도 역시, 말소될 운명에 처하고 결론적으로 소유권을 빼앗길 수 있다.

가등기와 가처분은 모두 등기부에 기재되어야 효력이 있고, 등기부에 기재되지 아니하면 어떠한 효력도 없다. 그러므로 경매시에는 등기부를 세심히 살펴서 가등기와 가처분등기가 있는지 확인하고 그 등기가 있는 경우에는 가등기권자와 가처분권자의 권리가 어떠한 내용의 것인지를 세밀하게 따져 보아야 한다. 확신이 서지 않으면 아예 경매에 응하지 말기를 권한다.

견해에 따라서는 가등기나 가처분등기가 되면, 아예 등기부를 폐쇄하여 그후에는 일체의 등기를 하지 못하도록 하면 되지 않느냐고 반문하는 분이 있다. 그러나 가등기나 가처분의 효력이 없을 수도 있고, 당사자 합의로 그 효력을 소멸시킬 수도 있는 것이어서 그런 극단적인 조치는 불가하다.

2 | 법원경매에서 경락받았는데 빼앗길 수 있다(2) – 원인무효, 법령위반등

앞의 상황에 이어서 설명한다.

첫째, 원인무효의 등기가 된 부동산의 경매에 관하여 본다.

누군가가 이전등기에 필요한 서류를 위조하여 자신명의로 불법으로 이전등기를 하는 경우가 종종 있다. 그와 같이 불법으로 등기한 사실이 밝혀지면, 그 위조범은 물론 무거운 형사처벌을 받게 되는데, 한편 그 범인이 서류를 위조하여 경료된 이전등기는 원인무효의 등기가 된다. 진정한 권리자가 말소를 청구하면 그 이전등기는 말소되는게 현행 민법의 기본원칙이다.

그런데 위조범으로부터 다시 그 부동산을 [아무것도 모르고 매수한 선의의 매수인]은 현행법하에서는 전혀 무방비상태이다. 즉, 위조범이 불법으로 등기한 것을 토대로 그로부터 이전등기를 한 것이라는 이유로, 위조범명의의 등기가 말소되면 그 이후 선의의 매수인앞으로 이전된 소유권이전등기는 물론 근저당등기, 가압류등기, 가등기, 전세권등기 등등 모조리 자동적으로 말소되어 권리가 소멸되고 만다.

이러한 현상을 실무에서는 [등기에는 공신력이 없다]고 한다.

그러면 불법등기에 기초하여 이루어진 등기는 모두 원인무효라고 하였는데, 개인적인 거래가 아니고 법원경매를 통하여 경락받은 경우에는, 예외적으로 유효하다고 보아 소유권을 인정해야 하지 않느냐고 반문할 수 있다.

그러나 법원경매도 예외는 아니다. 경매되기 이전에 그 부동산의 이전등기 과정에서 원인무효사유가 밝혀지면 그 원인무효등기 이후의 등기는 모두 원인무효이기 때문에, 법원경매를 통하여 경락을 받아 이전등기를 하였더라도, 역시 원인무효로서 말소될 운명에 처하여 빼앗기게 된다.

둘째, 많은 분들이 뒤통수를 맞는 경우이다. 사립학교법인재산, 의료법인재산, 불교재산, 복지재단의 재산 등 법률이 정하는 경우, 중요재산을 처분할 때는 감독청의 허가를 받도록 법률이 규정하는 경우가 있다. 그 이유는 그러한 재산이 없어지면 법인 자체가 존재할 수 없게 되기 때문이다.

이 경우에는 경매의 경우에도 예외가 아니어서 경매를 하기 이전에 감독청의 허가를 받아야 한다. 그럼에도 불구하고 그러한 감독청의 허가없이 경매가 진행되는 경우에 그 경매는 무효가 되어 경락받은 부동산을 빼앗길 수 있다.

결론은 위와 같이 감독청의 허가를 받아야 처분이 가능한 부동산은 채권행사의 대상이 되지 않는다는 사실을 사전에 알고 있어야 한다.

이러한 문제는 경매법원에서 미리 알아서 걸러주어야 하는데 경매담당 공무원이 모든 것을 알 수가 없는 것이 현실이다.

셋째, 빈번하게 발생하는 문제로 공정증서에 기한 경매에서 경락받은 부동산은 빼앗길 수 있다.

흔히 채무자가 자신의 채무가 있다는 사실을 공증사무실에서 공정증서로 작성하는 예가 있다.

통상 채권자가 채무자의 재산에 대하여 법원에 경매신청을 할 경우에는 법원의 확정판결로 하는 게 원칙이지만 공정증서에 기하여도 경매를 신청할 수 있다. 이와 같이 경매를 신청할 수 있는 효력 때문에 공정증서를 작성한다고 해도 과언이 아니다.

법원판결이 위조되거나 대리로 작성되는 예는 상상할 수가 없다.

그러나 공정증서는 그렇지 않다. 공정증서가 위조되었거나 아니면 대리권이 없는 사람이 공증인을 찾아가 작성한 것임이 밝혀진 경우에는, 그 공정증서는 무효이고, 무효인 공정증서에 기하여 진행된 경매도 무효이어서, 이때 경락받은 부동산은, 진정한 권리자가 청구하면 소유권을 빼앗길 수 있다.

다만 대리권과 관련하여 [표현대리]라는 것이 있다.

대리권이 없는 사람의 법률행위라도, 그 행위의 상대방이 대리권이 있다고 믿었고 믿을 만한 정당한 사유가 있을 경우에는 유효한 법률행위로 인정받을 수 있다. 이때의 대리를 [표현대리]라고 한다.

대표적으로 배우자가 대리권을 행사하였는데 사실은 별거한 지 오래되고 실제로는 대리권이 없는 경우에 많이 문제가 되고 있다.

그렇다면 공증인이 공정증서를 작성할 당시 공증사무실에 찾아온 사람이 대리권이 없는 사람이지만, 공증인입장에서 볼 때, 예컨대 찾아온 사람이 배우자이어서 대리권이 있다고 믿을 만한 사유가 있었을 때는, 일반 표현대리의 이론대로라면 그 공정증서는 유효하고 그 공정증서에 의한 경매도 유효하다고 보아야 한다.

그러나 [소송행위]에는 표현대리이론이 적용되지 않는다는 것이 통설이고, 공증인의 공증행위는 소송행위로 보아서 공증인에게는 표현대리 이론이 적용되지 않는다는게 대법원의 입장이다.

그렇기 때문에 대리권이 없는 사람이 공증인을 찾아가 작성한 공정증서는 표현대리의 성립여부를 따질 것도 없이 무효이고, 그 공정증서에 기한 경매도 무효이어서 그러한 경매에서 경락받아 취득한 부동산은 빼앗길 수 있다.

다만 공정증서는 제대로 작성되었는데, 그 공정증서에 기재된 채무를 모두 변제하였음에도 불구하고, 그 공정증서에 기하여 경매가 부당하게 이루어졌다면 사정이 다르다. 이러한 경우에는 경락을 받은 경락인명의 이전등기가 그대로 유효하다.

이 경우에는 경매를 당한 채무자가 청구이의의 소를 제기하고 강제집행정지신청을 하여 경매를 막을 수 있었는데 이를 하지 않았기 때문이다.

이와 같이 경매절차가 무효라면 경락받은 부동산자체는 빼앗기지만 경락대금을 배당받아간 사람들은 그 돈을 부당이득으로서 반환해야 한다는 문제가 남아 있다.

3 법원경매에서 낙찰받았는데 그냥 빼앗겼을 때 후속조치 실례

어떤 중년 부부가 3층 건물의 1층을 임차하여 음식점을 경영하고 있었다. 그 부부는 정말로 열심히 일을 하여 돈도 벌고 음식점도 널리 알려져 앞으로도 그 장소를 떠나지 않고 계속 영업을 할 생각이었다.

그러다가 그 건물주가 사업에 손을 댔다가 실패하여 그 건물이 경매되기에 이르렀다. 그 부부는 그 건물에서 계속 음식점을 운영할 욕심으로 가진 돈 모두 끌어 모으고 은행대출도 받아 무리하게 그 건물을 낙찰받았다. 힘들게 이자를 갚아가면서도 이제는 내 소유의 건물이니까 즐거운 마음으로 일을 하고 있었다.

그런데 법원으로부터 이 부부가 낙찰받아 경료한 이전등기를 말소하라는 소장을 받았다. 이유인즉 전 소유자의 등기가 원인무효라는 것이었다.

이 부부에게 어떤 구제방법이 있을까요?

부동산은 소유자가 바뀔 때마다 소유권이전등기가 이루어진다. 모든 사람은 등기부등본을 보고 등기부상 소유자인지를 확인한 다음 매매, 근저당설정 등등 거래를 한다. 그런데 나에게 소유권을 넘겨준 전 소유자의 등기가 후에 원인무효로 말소되면 그 후에 순차로 이루어진 모든 등기, 소유권이전등기는 물론 근저당설정등기, 가압류 가처분등기등 모든 등기가 줄줄이 말소되어 결국 소유권을 비롯한 모든 권리를 상실한다.

즉 등기부등본을 믿고 거래를 하였다고 하여 권리가 보장되지 않는다. 이를 두고 '등기에는 공신력이 없다'고 한다.

법원의 경매를 통하여 낙찰받았어도, 원인무효등기에 기초하여 경매가 이루어진 것이라면 역시 무효이어서 소유권을 빼앗긴다.

원인무효의 종류는 다양하다.

① 누군가가 마음먹고 타인의 부동산을 매매계약서를 위조하는 등 범죄행위를 저질러 타인의 부동산을 자신명의로 등기를 한 것임이 후에 밝혀진 경우

② 매매 등 거래가 무권리자에 의하여 이루어진 경우

③ 종중소유의 부동산은 적법한 종중총회의 결의가 있어야 처분이 가능한데, 총회의 결의가 없거나 총회결의가 무효인 경우

④ 하나의 부동산에 2개의 등기, 즉 중복등기의 경우 먼저 이루어진 등기(선등기)가 유효하고, 늦게 이루어진 등기(후등기)는 무효인데, 후등기에 기초하여 이루어진 경매의 경우.

⑤ 경매에는 강제경매와 임의경매 2가지가 있음. 흔히 근저당권자가 신청하여 진행되는 것이 임의경매인데, 임의경매는 근저당권등기 그 자체에 원인무효사유가 있는 경우, 즉 누군가가 채권이 없음에도 불구하고 불법으로 근저당권등기를 설정한 경우

다만 원인무효등기라고 하더라도, 부동산실명법에 의하면 명의신탁의 경우에는 제3자에게 대항할 수 없다. 즉 명의수탁자명의로 등기가 되어 있는 상태에서 경매가 이루어져 경락을 받은 사람은 대항할 수 없는 제3자에 해당되어서 보호받을 수 있다.

한편 원인무효사유가 있더라도 경락인에게 취득시효의 요건이 갖추어지면, 즉 경락을 받아 점유를 개시하여 20년의 점유취득시효나 10년의 등기부취득시효의 요건이 갖추어지면, 보호받을 수 있다. 그러나 이론상 그렇다는 것이지, 현실적으로는 시간상 취득시효요건을 갖추어 피해를 면하는 경우는 흔하지 않다.

그럼 원인무효의 등기에 기초한 경매에서 낙찰받은 것이기 때문에 낙찰받은 부

동산을 그냥 빼앗기고 말아야 하는가? 이럴 때일수록 흥분하지 말고 차분하게 대처해야 한다.

통상 일반적인 매매가 무효가 되어 원상회복을 하여야 할 경우, 이전등기를 받은 매수인은 이전등기말소를 해주어야 하고 매도인은 자신이 수령한 매매대금을 반환하여야 한다.

이때 매수인은 자신이 지불한 매매대금을 반환받을 때까지 매도인에게 말소를 하지 않고 버틸 권리가 있는데 이를 [동시이행항변권]이라고 한다.

그러나 경매에 있어서 경락인은 '자신이 지불한 경락대금을 주지 않으면 그 부동산 못내놓겠다'고 버틸 수가 없다. 왜냐하면 경매절차에서 경락대금을 갖고 간 사람은 매매와는 달리 전혀 당사자가 아닌 제3의 채권자들이기 때문이다.

하지만 경락인이 경락받은 부동산은 빼앗긴다고 치더라도, 경락인이 지불한 돈을 배당받아 갖고 간 채권자들은 그 돈은 부당하게 이득을 취한 것이 되어서 경락인에게 반환해야 한다. 만약 그 채권자들이 그 돈을 고스란히 갖고 있다면 부당이득반환청구소송을 제기하여 상당부분 회수할 수가 있다.

그 부부는 경락받은지 얼마 지나지 않아 문제가 되었고 신속하게 나서는 바람에 70%정도를 회수할 수 있었다.

그리고 낙찰받은 부동산에 대하여 이전등기를 하느라 지불한 취득세, 등록세 등 공과금도 당연히 반환받을 수 있다.

이상의 현상은 사전에 완벽하게 예측하기가 어렵다

그렇다고 이런 것이 두려워 부동산 거래를 아예 하지 않을 수도 없다.

운에 맡길 수밖에는 없는 게 현실이다.

4. 부동산 경매에서 공유자에게 인정되는 우선매수권, 제대로 알자

경매에서는 여러 사람이 응찰을 하고 그중에서 최고가로 매수신고를 한 사람이 낙찰을 받는다. 그런데 부동산공유자 중 일부가 채무를 감당하지 못하여 그의 지분이 경매되는 경우에는, 다른 공유자는 [공유자 아닌 다른 사람]이 최고가로 매수신고를 한 금액과 동일한 금액으로, 경매되는 물건의 지분을 우선매수하겠다고 경매법원에 신고를 할 수 있다. 이러한 신고가 있는 경우 법원은 최고가 매수신고가 있더라도, 다른말로 최고가 응찰자가 있더라도, [우선매수신고]를 한 그 공유자에게 매각을 허가하여야 한다.

쉽게 말해서 공유자는 다른 사람이 낙찰한 최고가 금액으로 그 경매물건을 빼앗아 올 수 있는 권리가 있다. 이를 [공유자 우선매수권]이라고 하고 민사집행법 제140조가 규정하고 있다. 경매에서 매우 중요한 내용이다.

공유자가 우선매수권을 행사하는 방법으로는 3가지가 있다.

① 매각기일 전에 미리 집행관 또는 집행 법원(경매법원)에 [매수신청 보증금을 제공하고 사전에 우선매수권을 행사하겠다]고 신고하는 방법
② 해당 매각기일에 일반 입찰자와 같이 입찰표를 작성하고 서면으로 우선매수 신고를 하는 방법
③ 집행관의 최고가 입찰선언 후 즉시 우선매수 신고하는 방법

공유자가 우선매수권을 행사하겠다고 신고를 했는데, 아무도 입찰을 하지 않은 경우에는 우선매수권을 행사한 공유자가 사전에 고지된 최저경매가격으로 공유물을 매수할 수(경락받을 수)가 있다.

그러나 공유자라고 해도 우선매수권이 인정되지 않는 경우가 있다.

공유자에게 우선매수권을 인정하는 이유는, 공유지분의 매각으로 인하여 새로운 사람이 공유자로 되는 것보다는 [경매와 무관한 기존의 공유자]에게 우선권을 부여하는 것이 사회전체적으로 부동산의 소유관리에 유용하다고 보기 때문이다. 이러한 취지에 부합하지 않는 경우에는 공유자의 우선매수가 인정되지 않는다고 보면 된다.

첫째, 공유물전부가 경매되는 경우이다.

공유자우선매수권은 공유자 중 일부 공유자의 지분이 경매될 경우에 경매와 무관한 다른 공유자에게 인정되는 권리이다. 그렇기 때문에 공유물 전부에 대하여 경매가 될 경우에는, 경매와 무관한 공유자가 없고, 어떤 공유자에게도 우선매수가 인정되지 않는다. 경매를 당하는 채무자본인인 당해 공유자는 물론 우선매수가 인정되지 않는다.

둘째, 공유물의 경매분할의 경우이다.

공유자는 하시라도 공유물을 분할할 수 있다.

법원의 재판에 의한 공유물분할방법은 현물분할이 원칙이나 예외적으로 경매를 통한 대금분할이 보충적으로 가능하다. 현물로 분할할 수 없거나 현물로 분할하면 현저히 그 가액이 하락할 염려가 있는 때에 법원은 공유물의 경매를 명할 수 있다.

공유물분할의 일환으로 경매를 할 경우에는 공유자중 경매와 무관한 공유자는 없다. 따라서 그 부동산의 공유자는 누구에게도 우선매수권이 인정되지 않는다. 그러나 공유자가 타인명의로 경락을 받는 것은 별개의 문제이다.

셋째, 구분소유적공유관계에서도 인정되지 않는다.

예컨대 토지를 분할하지 않고 한 필지 토지의 일부를 경계를 구분하여 여러명이 각기 특정부분을 나누어 소유하면서, 다만 등기는 면적의 비율에 따라 2분의1, 혹은 3분의 1등 지분등기를 하여 공유물로 등기를 하는 경우가 있다. 이를 [구분소유적 공유관계]라고 한다. 이와 같이 토지를 구분소유하는 경우에는 각 소유자는 특정된 부분만을 소유하고 있어서, 사실상은 공유가 아니고 자신이 점유관리하는 특정부분을 단독소유한다고 보아야 한다.

이러한 구분소유적 공유관계에 있는 사람에게는 다른 구분소유자의 소유부분이 경매되었을 경우 공유자의 우선매수권이 인정되지 않는다.

물론 위와 같이 우선매수권이 인정되지 않는 공유자는 일반인들과 동등한 지위에서 입찰에 참여할 수 있다.

많은 분들이 공유자에게 우선매수권이 인정되는 줄 알고 거액의 경락대금을 준비하고 있다가 실수를 하는 경우가 종종 있다.

다음에는 공유자의 우선매수권이 악용되는 경우를 본다.

경매를 담당하는 법원으로서는 고가로 경매가 이루어져 많은 채권자들이 혜택을 보기를 원한다. 공유자가 우선매수신고를 하면 법원 및 부동산경매사이트에는 우선매수신고가 된 물건이라고 표시가 된다. 그렇게 되면 일반인들은 낙찰이 돼도 공유자가 빼앗아 갈 거라고 보고 아예 입찰을 포기하는 경향이 있다. 그리고 응찰자가 없을 경우에는 우선매수신고를 한 공유자가 최저경매가격으로 경락을 받아야 한다,

이 경우 우선매수신고를 한 공유자는 일반낙찰자와 마찬가지로 통상 낙찰금액의 10%를 보증금으로 납부하여야 하는데, 이를 납부하지 아니하면 유찰이 될 수밖에 없다. 그 다음에는 감정가의 20-30% 가격이 또다시 내려간 상태에서 다음 매각기일에 경매가 이루어진다,

이는 공유자의 우선매수권행사에 의하여, [부당하게 경매금액이 하락하는 불합리한 결과]가 초래된 것임이 분명하다.

법원실무에서 공유자우선매수권을 행사하여 가격을 낮춘 공유자가 또다시 우선매수권을 행사하여 낙찰자가 되어야 할 경우에, 법원이 매각을 불허한다는 결정을 내린 사실도 있다.

5　미등기건물을 경매, 가압류, 가처분 할 수 있나? (유일한 재산인 미등기건물에 채권행사하는 방법)

채권자가 채권을 회수하여야 하는데 채무자가 무일푼이고 재산이라고는 건축하다가 중단한 미등기건물이 유일한 재산이라고 할 때 이에 대하여 경매, 가압류, 가처분등 채권행사를 할 수 있는가?

채권자가 해당부동산을 처분하지 못하도록 채무자를 압박하는 수단으로 통상 부동산에 관하여 채권자가 가압류나 가처분등기를 한다. 가압류는 금전채권자가 돈을 받기 위해서 하는 것이고, 가처분은 예컨대 매매계약을 하고 이행이 완료되기 이전에 매수인 측에서 매도인으로 하여금 처분을 하지 못하게 하기 위하여 하는 것이다. 가압류나 가처분등기가 되어 있으면 사람들이 그 부동산에 대하여는 지레 겁을 먹고 거래를 하려고 하지 않기 때문에 소유자는 이를 처분하기가 어렵게 된다.

그런데 가압류나 가처분, 그리고 경매등 채권행사는 그 내용이 등기부상에 기재가 되고, 특히 경매는 경매진행사항이 등기부등본에 기재되고 있어서 등기부등본만 보더라도 경매진행사항을 대강 알 수가 있다.

즉 부동산의 경우에는 등기가 되어 있어야만 채권행사는 물론이고 모든 법적인 절차가 진행될 수 있다.

그러니까 채무자에게 건축중인 미등기건물만이 유일한 재산일 경우에는, 그 건물에 대하여 보존등기를 해야만, 이에 대하여 모든 채권행사를 할 수 있다.

많은 분이 미등기건물이니까 가압류, 가처분, 경매신청등 채권행사를 전혀 할 수 없는 걸로 알고 있다.

핵심은 미등기건물에 대하여, 채무자인 소유자가 채권행사가 들어올 것을 예상하고 고의로 보존등기를 하지 않고 있을 때, 채권자측에서 소유자를 대신하여 일방적으로 보존등기를 할 수 있느냐의 문제이다.

우선 미등기 건물이 불법 건축물인 경우에는 보존등기가 불가능하여 채권행사도 할 수 없다. 미등기건물이더라도 건축허가나 건축신고를 마친 적법한 건축물이어야 한다.

왜냐하면, 만약 무허가 건축물에 대한 가압류, 가처분 또는 경매가 신청되면, 절차상 등기소의 등기관이 구비서류를 심사하여 보존등기를 할지 말지를 결정하고, 등기가 가능하다고 판명되면 등기관이 직권으로 보존등기를 하게 되어 있다. 그런데 이 과정에서 불법건축물에 대하여 소유권 보존등기가 등기관 직권으로 경료된다면 불법상태가 양산될 수 있기 때문이다.

이와 같은 보존등기를 하기 위하여 어떠한 서류가 구비되어야 하는지에 대한 설명은 생략한다. 왜냐하면 일반인이 직접 처리할 수는 없고, 그 단계에서는 변호사든 법무사든 전문가에게 의뢰할 수밖에 없고 그들이 챙겨줄 것이기 때문이다.

다만 이때 적법한 건물이면 족하고 사용승인(준공검사)을 받았는지 여부는 상관 없다.

이에 관련된 대법원 판결을 본다.

대법원은 [완공이 된 건물뿐 아니라, 완공되지 않아 보존등기가 경료되지 않았거나 사용승인되지 않은 건물이라고 하더라도, 채무자의 소유로서 건물로서의 실질과 외관을 갖추고, 그의 지번·구조·면적 등이 건축허가 또는 건축신고의 내용과 사회통념상 동일하다고 인정되는 경우에는 이를 부동산경매의 대상으로 삼을 수 있다(대법원 2005.9.9. 선고 2004마696 결정)]고 했다.

한편 대법원은 [완공되지 않은 건물에 대한 경매를 인정하고 있기는 하지만 최소한 건축허가의 내역과 같은 층수의 골조공사가 완공되고, 주벽과 기둥 등의 공사가 이루어져 건축허가의 내역과 같은 건물로서의 외관은 갖춘 건물로 인정될 수 있는 정도의 공사가 이루어진 경우에만 이를 경매의 대상으로 삼을 수 있다 할 것이다(대법원 2003.7.15. 선고 2003마353 결정; 대법원 2004.10.14. 선고 2004마342 결정)]고 했다.

이 논리는 가압류나 가처분의 경우에도 준용된다.

즉 대법원의 기본입장은 [미등기 건물은 아직 사용 승인을 받지 못하였더라도, 그 미등기건물이 채무자의 소유이고, 사회통념상 이미 건물의 실체를 갖추고 있는 경우에는 일반적으로 보존등기를 한 후 그 건물에 대하여 채권행사가 가능하다]는 입장이다.

6 근저당이 설정된 건물을 철거하고 신축한 경우, 근저당 효력이 유지될까?

등기, 얼마만큼 신뢰할 수 있나? 등기에는 공신력이 없다고 했다. 즉 등기를 믿었는데 등기가 잘못된 경우 등기를 믿은 사람은 고스란히 손해를 본다고 몇 번이나 강조했다.

이번 시간에도 등기의 신뢰성에 관련된 실제 사건 하나를 소개한다.

어떤 사람이 가까운 친구의 부탁을 받고 돈을 빌려주었다. 토지 보상을 받아 돈이 있다는 사실을 알고 꾸어달라고 하는 터라 돈이 없다고 할 수도 없고, 평소 워낙 친하고 오랜기간 믿어왔던 친구인 데다가 자신의 유일한 재산인 가옥에 1순위 근저당을 설정해주겠다고 하여 적지 않은 돈을 꾸어주고 그 가옥에 근저당을 설정받았다.

그런데 그 집주인은 가옥이 낡은 데다가 여름 장마 때 가옥의 일부가 심히 훼손되어 집을 수리하려다가, 오히려 새로 신축하는 것이 낫겠다고 생각되어 가옥을 철거하고 바로 그 자리에 동일한 규모의 가옥을 새로 지었다.

그 집주인은 자신에게 돈을 빌려준 친구에게는 오히려 근저당이 설정된 가옥이 신축건물로 변경되어서 담보가치도 상승할 것이라고 생각을 하였고, 돈을 빌려준 친구도 1순위 근저당이 설정되어 있었기 때문에 동일한 생각을 하고 안심하고 있었다.

그후 돈을 빌린 사람은 경제사정이 더욱 악화되어 빚을 더 많이 지게 되었고 급기야 전재산에 대하여 경매가 이루어지게 되었다.

돈을 빌려준 친구, 그 돈을 경매절차에서 배당받을 수 있을까?

철거되기 전에 위와 같이 근저당을 설정한 것외에도, 신축후에도 그 등기부에 다른 채권자들이 가압류를 해놓는 등 채권행사를 수없이 해놓았다. 이게 효력이 존속할까?

이 사건은 대법원까지 갔었다.

이 사건에서 집주인은 본의 아니게 큰 실수를 한 것이 있다.

가옥을 신축할 경우에는 당연히 관청의 허가를 받아야 하고 이것까지는 잘 준수하였는데 가옥을 철거하고 신축을 한 경우에는, 구건물에 대하여는 멸실등기를 하고 신축건물에 대하여는 새로이 보존등기를 하였어야 했다. 이렇게 해야 현행 부동산등기법에 따른 법절차를 준수한 것이 된다.

그럼에도 그 집주인은 동일한 위치에 동일한 규모의 건물을 건축하였기 때문에, 예전 등기에 대하여 멸실등기를 하고 신축건물에 대하여는 보존등기를 해야 한다는 생각을 전혀 하지 못한 것이다.

건물을 신축하면 건축물대장도 다시 만들고 등기부도 새로이 만들어서, 거기에는 건물의 위치, 종류, 규모, 건축연도 등이 기재되게 마련인데, 설령 건물의 규모나 위치가 동일하더라도 구건물의 등기는 신축건물의 등기로 유용될 수가 없다. 가장 기본적으로 건축연도가 상이하여 동일성이 없다. 결국 채권자들이 채권행사로서 한 모든 등기는 철거되어 없어진 가옥에 대한 권리이기 때문에 아무런 효력이 없게 되었다.

이에 대한 대법원(1993.5.25. 선고 92다15574 판결)은

[구건물 멸실 후에 신건물이 신축되었고 구건물과 신건물 사이에 동일성이 없는 경우 멸실된 구건물에 대한 근저당권설정등기는 무효이며 이에 기하여 진행된 임의경매절차에서 신건물을 경락받았다 하더라도 그 소유권을 취득할 수 없다.]라고 판결하였다. 즉 근저당설정등기가 무효임은 물론 그 근저당에 기하여 실시된 임의경매로 인하여 경락을 받은 경락인도 신건물에 대하여는 소유권을 취득할 수 없다고 판결한 것이다. 이 입장은 현재도 변함이 없다.

그렇다면 할 수 없이 이제라도 신축건물에 대하여 새로이 등기부를 만들어 보존등기를 하고 처음부터 경매를 진행하여야 한다.

구 가옥이 그대로 존속한다면 이 근저당채권자인 친구는 1순위 근저당권자로서 최선순위로 배당을 받아 채권전액을 회수할 수 있었는데, 이제는 신축건물을 채무자 명의로 보존등기를 하여 다시 경매를 하더라도 근저당의 우선순위가 없어지고 일반채권자들과 동등하게 채권자평등의 원칙에 의하여 채권액수의 비율에 따라 안분비례를 할 수밖에 없다.

이러한 원칙은 일반인들에게는 매우 생소하게 들릴지 모르지만 부동산등기에 관하여 기본지식만 갖춘 사람이라면 다 알 수 있는 당연한 법이론이다.

이 사건의 경우에도 이러한 법률지식을 알고 있었다면 가옥소유자는 자신을 믿고 자신에게 돈을 꾸어준 친구에게 충분한 안전조치를 취했을 것인데, 돈을 꾼 사람이나 꾸어준 사람이나 아무것도 모르고 있다가 전혀 예상치 못하게 돈 잃고 친구도 잃는 불의의 일격을 당하게 된 것이다.

제 12 장

부동산임대차

제 12 장 부동산임대차

임대차에 관한 법률은 임대인과 임차인 모두가 알고 있어야 한다.

1 전세사기, 당하지 않으려면?

일반적으로 타인의 집을 임차하여 거주하는 임차인들은 대개는 거주할 집이 없는 가난한 사람들이고 그들이 임대인에게 지급하는 보증금은 이를 마련한 임차인에게는 얼마나 소중한 돈인지에 대하여는 굳이 강조할 필요가 없다.

그런데 이 보증금을 떼이는 전세사기가 점점 기승을 부리고 있고 사기 수법도 날로 교묘해지고 있는 것 같다.

전세사기의 유형에 대하여 보면 해답이 나올 수도 있다.

첫째, 깡통전세이다.

보통 주택 담보대출과 전세금을 합한 금액이 그 건물의 매매가보다 높은 경우의 임대차를 말한다.

빌라를 신축한 후 시가보다 많은 보증금으로 임대를 하여 보증금을 챙기고, 그 건물을 재력이 전혀 없는 바지사장에게 소유권을 넘겨 문제가 된 사건이 언론에 보도된 적도 있다. 통상적으로 보증금의 액수가 건물시가의 70% 정도를 넘어서면 깡통전세라고 보아도 좋을 듯하다.

둘째, 이중계약이다.

집주인이 이미 세입자가 있음에도 불구하고 이중으로 임대계약을 하는 경우도 있지만, 월세계약을 한 임차인이 집주인 행세를 하며 새로운 세입자와 전세계약을 맺고 보증금을 챙기는 경우도 있고, 중개인이 집주인에게는 월세계약을 했다고 거짓말을 하고 실질 임차인과는 전세계약을 체결하여 보증금을 챙기는 경우도 있다.

셋째, 신탁회사명의로 소유권이 이전된 경우이다.

건물이 신탁회사명의로 이전되어 있는 경우에는 신탁회사로부터 후에 소유권을 이전받기로 한 실질 소유자가 있어도, 법적으로는 그 건물은 신탁회사소유이다. 그리하여 그 건물에 대하여 등기부상의 소유자인 신탁회사를 제쳐두고 실질소유자라고 하는 사람과 계약을 하고 보증금을 지불하면 보증금을 떼일 수 있다.

넷째, 임대차보호법의 대항력을 이용한 사기이다. 가장 지능적인 수법이라고 할 수 있다.

주택임대차보호법 제3조 제1항에 의하면 [임차인이 주택의 인도(이사)와 전입신고를 하면 그 다음날부터 제3자에 대하여 효력이 있다]라고 규정하고 있고,

상가임대차보호법 제3조 제1항도 '상가 임대차는 [건물의 인도]와 [사업자등록을 신청]하면 그 다음날부터 제3자에 대하여 효력이 생긴다'라고 규정하고 있다.

여기에서 '제3자에게 효력이 있다'라는 말은 '대항력이 있다'라는 의미이다.

이는 매우 중요한 사항이고, 이것 때문에 주택임대차보호법과 상가임대차보호법이 생겼다고 해도 과언이 아니다.

그리하여 주택의 경우에는 주택인도(이사)와 전입신고를 마친 경우, 상가의 경우에는 건물의 인도와 사업자등록을 마친 경우, 대항력을 갖추었다고 말한다.

그런데 여기에서 이 대항력의 효력이 발생하는 시기는 대항력을 갖춘 당일이 아니라 다음날이라고 한 것이 문제이다.

통상 이사를 하면서 보증금을 완불하고, 서두를 경우 당일 전입신고까지 마쳐 대항력을 갖출 수가 있다. 이때 같은날 은행에서 대출을 받고 저당권을 설정했다고 할 경우, 저당권은 설정당일 효력이 발생하는데, 임차인의 대항력은 다음날 0시부터 효력이 발생하기 때문에, 임차인의 보증금반환채권은 저당채권보다 하루가 늦어 후순위로 밀린다. 그리하여 그 건물이 경매가 되었을 때 저당채권을 변제하고 남은 돈이 있을 때만 그 범위내에서 보증금을 배당받을 수 있다.

이 점을 이용하여 고등사기꾼들이 보증금잔금을 받는 당일 즉시 은행에서 대출을 받아 챙기고 도주하는 일이 생기고 있다. 이를 해결하기 위하여는 국회가 법개정을 하여야 하는데, 아직도 아무런 해결책이 없는 실정이다.

그렇다면 임차인 입장에서 전세사기를 당하지 않으려면 어떠한 예방책이 있는가?

첫째, 등기부등본을 세밀히 살펴야 한다. 등기부에는 저당권, 가압류, 가처분 등

웬만한 위험요소들이 기재되어 있어 임대차계약을 할 경우에는 필히 열람하여야 한다. 가능하면 집주인의 납세완납증명까지 확인하기 바란다.

둘째, 임차목적물의 시가를 반드시 확인해야 한다. 깡통전세를 예방하기 위하여는 다른 방법이 없다.

셋째, 현장확인을 하여 이미 다른 사람이 거주하고 있는지등 제반 사정을 살펴야 한다. 이미 다른 사람이 임차해 거주하는데도 불구하고 이중으로 임대차계약을 체결하는 경우가 있기 때문이다.

넷째, 계약체결할 경우 집주인 본인과 계약을 하여야 하고 집주인이 아닐 경우 위임장이 확실한지를 살펴야 한다. 배우자나 자식 등 가족일 경우 더 꼼꼼히 살펴야 한다. 위임장에는 집주인의 인감도장이 날인되고 인감증명이 첨부되어야 완전하다.

다섯째, 보증금은 반드시 임대인의 계좌로 입금하여야 한다. 임대인이 보증금을 수령하지 않았다고 하면 문제가 발생하기 때문이다.

여섯째, 보증금지급하고 이사를 하면 제체없이 전입신고를 하고 확정일자도 받아둘 것을 잊지 말아야 한다.

마지막으로 가급적 그 지역사정을 잘 아는 부동산중개인을 통하여 계약을 하라는 것이다.

임대차계약뿐만 아니라 매매, 교환 등 부동산에 관하여 거래를 할 때에는 미리 살펴야 할 사항들이 매우 많고, 특히 임대차계약을 할 당시에는 그 집에 선순위권리자가 없는지, 만약 있다면 후에 집이 경매되었을 때 내 보증금은 보장을 받을 수 있는지를 꼼꼼히 따져야 한다.

그러려면 건물등기부등본, 건축물대장, 도시계획확인원등 관련서류를 사전에 발부받아 확인하여야 할 것이 많은데, 일반인은 상당수가 그러한 문서를 보아도 무엇이 문제인지 알 수가 없다. 이런 것들은 공인중개사가 다 알아서 챙겨준다.

공인중개사법이 규정하기를, 중개인은 중개대상물을 제대로 확인하고 설명해 줄 법적인 의무가 있고, 만약 중개인이 잘못을 저질러 손해를 본 경우에는 중개인이 책임을 지게 되어 있는데, 중개인이 배상을 하지 못할 경우에 대비하여 중개인은 의무적으로 공제에 가입하도록 되어 있다. 즉 모든 중개인은 보험에 들어 있다고 보면 된다. 그리고 공제가입을 증명하는 [공제증서]를 중개인 사무실에 비치하고 있다.

물론 중개인자격이 없는 무자격 중개인은 피해야 한다는 사실은 두말할 필요도 없다.

중개수수료 아끼려다 큰 사고를 당하고 후회하는 분들을 한두 번 본 게 아니다.

2 임대차보호법의 함정, 사기꾼에게 당한 사건의 실체

몇년 전에 임차보증금을 고스란히 떼인 사건을 담당했던 적이 있는데, 그때 범인은 아파트 몇 채를 이용하여 사기행각을 벌였고, 그중에 임대차계약을 체결한 후 보증금을 완불하고 입주하는 날 고액의 근저당을 설정하여 소위 깡통전세를 하고 외국으로 도피한 사건도 포함되어 있었다.

그런데 최근에, 피신한 국가만 다를 뿐 거의 동일한 사건이 주위에서 또다시 발생하였다.

이 사건은 임대차보호법자체에 문제가 있어서 발생한 것이다. 국민들로 하여금 악질사기꾼에게 피해를 보도록 함정을 파놓은 결과, 국민들이 그 함정에 빠졌고, 악질사기꾼이 이를 이용한 것이다.

우선 [대항력]에 대하여 정확히 알아야 한다.

주택임대차보호법 제3조 제1항에 의하면 [임차인이 이사(주택의 인도)를 하고 전입신고를 하면 그 다음날부터 제3자에 대하여 효력이 있다(제3자에게 대항할 수있다).]고 규정하고 있는데 이것이 임차인의 대항력에 관한 규정이다.

바로 이 대항력을 인정해주기 위하여 주택임대차보호법이 생겼다고 보면 틀림없다.

대항력의 실체가 무엇인가?

부동산에 대하여 경매가 이루어지면 경락인이 내놓은 돈을 채권자들이 배당을 받아가는데, 그 배당을 함에 있어서는 우선순위가 있다. 예를 들어 근저당과 전세권이 여러개 설정되어 있을 때 1순위 채권자(근저당이든 전세권이든)가 모두 변제받고 나머지를 가지고 2순위 채권자가 배당을 받을 수 있다. 그후 나머지가 없다면 그 아래 후순위 채권자는 한푼도 받지 못한다.

즉 채권자는 1순위, 2순위, 3순위 이런 우선순위가 있고 그 순위는 보통은 근저당이나 전세권등 등기가 이루어진 등기일자에 의하여 정해진다.

　　주택임차인도 보증금을 변제받을 수 있는 순위가 정해져야 하는데, 이사를 가고 전입신고를 한 날이 다른 경우 그중 후에 이루어진 날에 대항력이 생긴다. 그 대항력이 생긴 날자와 근저당이나 전세권등기일자 중 어느 것이 먼저이냐에 따라 우선순위가 정해진다. 그러니까 이사하고 전입신고를 마친 날이, 최 선순위 근저당권이 등기된 날보다 빠르면, 해당 부동산이 경매되었을 때 임차인의 보증금이 최우선 변제를 받고 나머지를 가지고 근저당권자들이 변제를 받을 수 있다는 말이다.

　　이와 같이 대항력이 매우 중요하고 대항력을 갖추기 위하여 이사와 전입신고를 서둘러 하라고 하는 이유가 바로 여기에 있다.

　　그런데 주택임대차보호법은 대항력이 발생하는 시기를 '이사하고 **전입신고를 마친 다음날부터**'라고 규정하고 있어서, 이사한 날과 전입신고를 모두 마친날, 즉 두 개의 날자가 다른 경우에는 둘 중 늦은날의 다음날에 대항력이 발생한다. 예컨대, 3월2일 이사를 하고 전입신고를 하였다면 대항력은 다음날인 3월 3일 0시(3월 2일 밤12시)부터 생긴다.

　　반면 근저당이든 전세권이든 모든 등기는 그 등기가 이루어진 날, 엄격하게는 등기신청서가 등기소에 접수된 날에 효력이 발생한다.

　　여기에 함정이 있다.

　　악덕사기꾼인 집주인은 3월2일 오전에 보증금잔금을 받고, 임차인은 당일 이사를 하고 전입신고까지 하였는데, 같은날 집주인이 고액의 근저당설정등기를 하여 대출을 받은 경우, 근저당등기는 3월 2일 이루어져서 3월 2일 우선순위가 정해졌지만, 임차인의 대항력은 다음날인 3월 3일 0시(3월 2일 자정, 밤12시)에 우선순위가 정해졌다.

　　그렇기 때문에 비록 같은 날이긴 하나, 임차인이 3월 2일 먼저 대항력을 갖추었어도, 해당 부동산이 경매되면 근저당권자가 먼저 배당을 받고, 나머지가 충분하면 다행이지만, 모자라면 임차인의 보증금은 모자라는 것만큼 못받게 되고, 나머지가 아예 없으면 임차인은 보증금을 한푼도 변제받지 못하게 된다.

　　이는 분명 잘못된 법률이다.

　　몇년 전의 사건은 범인이 이러한 법의 함정을 모르고 저지른 것으로 보이나. 최근에 일어난 사건은 법의 함정을 알고서 범한 것으로 보인다. 이러한 법의 함정을 이용하여 사기범죄가 발생한 것이 언론에 보도되어 교육효과가 발생한 것 아닌가 생각된다.

이 문제는 주택임대차뿐만 아니라 상가임대차의 경우에도 똑같은 함정이 있다.

즉 상가임대차보호법 제3조 제1항은 '상가 임대차는 [건물의 인도]와 [사업자등록을 신청]하면 그 다음날부터 제3자에 대하여 효력이 생긴다(대항력이 생긴다).'고 규정하고 있다.

여기에서도 건물인도와 사업자등록신청이라는 2가지 대항요건을 갖추면 그 다음날 0시부터 대항력이 생기기 때문에, 주택임대차에서와 똑같은 함정이 있다.

이와 관련하여 확정일자를 받는 것은 대항력과는 전혀 무관하다. 확정일자는 후에 보증금반환이 법적으로 문제가 되었을 때, 보증금반환에 관하여 법원의 판결을 받지 않아도 판결을 받은 것처럼 지위를 인정해주어서, 경매나 공매가 이루어질 때 배당을 받는 권리가 부여된다고 보면 된다. 대항력을 갖추지 못한 상태에서는 확정일자는 아무 소용이 없다.

위와 같은 사기피해를 예방하기 위한 수단으로 몇 가지가 제시되고 실제로 실거래에서 이용되고 있는데 그 효용가치가 있는지에 대하여 차례로 본다.

첫째, 잔금을 완불하였으면 이사 가기 이전이라도 전입신고를 서둘러서 곧바로 하라고 주문하는 경우가 있다.

그러나 대항력은 이사, 전입신고 2가지를 모두 완료하여야 그 다음날 0시부터 효력이 발생하기 때문에 실제로 이사를 하지 않고 전입신고만 한다고 하여도 대항력이 발생하지 않는다.

다만 은행이 주택을 담보로 대출을 하기 위하여 근저당을 설정하기 이전에 대출신청자인 집주인에게 주민센터에서 발급하는 [전입세대열람원]을 제출하라고 하는 경우가 있다. 전입세대열람원에는 그 집에 누가 전입신고를 하였지가 기재되어 있다. 전입세대열람원을 발급해 달라고 신청할 당시 이미 전입신고가 되어 있으면 은행은 법규정은 차치하고 단지 불안해서 대출을 하지 않는다. 그렇기 때문에 법률상 대항력은 없지만, 사실상 은행으로 하여금 대출을 하지 못하도록 하는 효과가 있기 때문에 전입신고를 미리 해둘 가치는 충분히 있다고 본다.

그러나 전입신고를 하기 이전에 전입세대열람원이 발급되었다든지, 은행이 고객을 신뢰하는 등의 이유로 전입세대열람원을 확인하지 않은 경우에는 소용이 없을 수 있다.

참고로 전입신고는 인터넷 [정부24시]를 통하여 전자접수도 가능하다.

둘째, 보증금 잔금을 주는 날과 그 다음날, 등기부등본을 꼭 확인하라고 주문하는 예가 있다. 등기부에는 권리관계가 상세히 기재되어 있기 때문이다.

통상 은행이 근저당을 설정하고 대출을 할 당시에는, 근저당설정등기를 의뢰받은 법무사가 등기신청서류가 완비되었다고 확인해주면 은행은 이를 믿고 대출금을 지불한다. 그리고 나서 법무사가 근저당설정등기신청서를 등기소에 접수하면 등기소는 빨라야 1-2일 후에, 경우에 따라서는 보완지시를 받을 경우에는 상당기간이 경과한 다음에, 등기업무를 처리한다. 등기소 업무가 접수당일 처리가 완료되는 경우는 거의 없다.

그렇기 때문에 등기부를 통하여 사기범들의 행위를 그 즉시 발견하는 것은 불가능하여 여기에 전적으로 의존해선 안 된다.

셋째, 전세권등기를 하라고 권유하는 분도 많다.

물론 전세권등기를 하면 이사, 전입신고, 이런 것 하지 않아도 대항력이 생긴다는 장점이 있기는 하다.

그러나 등기하는 데도 적지 않은 비용이 소요될뿐 아니라, 전세권등기를 하려면 집주인의 동의를 받아야 하는데 집주인이 동의를 하지 않아 하지 못하고 있는 게 현실이다.

나아가 전세권설정등기는 설정범위가 등기부에 표시되는데, 건물일부에 대하여 전세권등기가 설정된 경우 경매가 불가능한 경우가 많아서 실효를 거두지 못하는 경우가 종종 있다.

넷째, 계약당시 특약사항으로 '임대인은 잔금지급일 다음날까지 등기부사항을 유지한다.' 내지는 '임대인은 임차인이 1순위를 유지하도록 한다.'는 기재를 하라고 주문하기도 한다. 임대인을 정신적으로 압박하는 효과는 있다.

그러나 이러한 특약을 한다고 하더라도 마음먹고 사기행각을 벌이는 임대인에게는 아무소용도 없을 뿐아니라, 1순위 권리를 유지하느냐?는 임대인이 결정하는 것이 아니라 법에 의하여 정해지는 것이기 때문에 이 또한 별효용이 없다.

마지막으로 [전세보증보험]에 가입하라고 권유한다.

물론 보험으로 피해를 보전받을 수 있다. 그렇더라도 사회적으로 문제가 완전히 해결되는 것이 아니라고 본다.

전세사기를 예방하는 문제는 근본적으로 국회가 함정을 없애는 법개정을 하는 수밖에 없다. 조속히 보완입법이 되기를 기대한다.

3 | 임대보증금 떼인 사람이 가장 많이 한 실수 5가지

우리가 살면서 돈을 떼이는 사람을 많이 보는데, 그중에서 평생 맞벌이로 모은 전 재산이나 다름없는 전세보증금을 떼이고 내쫓기게 된 부부를 만났을 때 가장 마음이 아팠다.

전문사기꾼이나 사기꾼 중개인을 만나 상상을 초월한 수법으로 사기를 당했다면 그건 그 사람의 운명이라고 할 수밖에는 없다. 그런 사기꾼을 만난 그 자체가 불행이다. 그런 전문사기까지 예방하기 위한 방법을 다룰 수는 없다.

여기서는 법에 전혀 문외한인 분들에게 실제 상황에서 자주 활용할 수 있는 몇가지만을 추려서 알기 쉽게 설명해 본다.

첫째, 가급적 부동산중개인을 통하여 계약을 하라고 주문한다.

많은 분이 중개료 아끼려고 직접 거래를 하는 분들이 예상외로 많다. 특히 조금은 법에 대하여 아시는 분들이 많이 저지르는 실수다.

임대차계약뿐만 아니라 여러분들이 매매, 교환 등 부동산에 관하여 거래를 할 때에는 미리 살펴야 할 사항들이 매우 많고, 특히 임대차계약을 할 당시에는 그 집에 선순위권리자가 없는지, 만약 있다면 후에 집이 경매되었을 때 내 보증금은 보장을 받을 수 있는지를 꼼꼼히 따져야 한다.

그러려면 건물등기부등본, 건축물대장, 도시계획확인원등 관련서류를 사전에 발부받아 확인하여야 하는데, 일반인은 그러한 문서를 보아도 무엇이 문제인지 알 수가 없다. 그렇다고 일일이 변호사나 법무사를 찾아가 물어 볼 수도 없다.

부동산중개인을 통하여 하라는 이유는, 공인중개사법이 규정하기를 중개인은 중개대상물을 제대로 확인하고 설명해 줄 법적인 의무가 있고, 만약 중개인이 잘못을 저질러 손해를 본 경우에는 중개인이 책임을 지게 되어 있는데, 중개인이 배상을 하지 못할 경우에 대비하여 중개인은 의무적으로 공제에 가입하도록 되어 있다. 즉 모든 중개인은 보험에 들어 있다고 보아도 좋다.

그리고 공제가입을 증명하는 [공제증서]를 중개인 사무실에 비치하고 있다.

임대보증금사고원인 1순위가 중개인 없이 거래를 한 경우라고 본다.

둘째, 계약을 할 때는 반드시 집주인 본인과 계약을 하고, 보증금은 집주인 본인의 계좌로 입금하여야 안전하다.

계약을 할 때 집주인이 아닌 사람, 배우자나 자녀 등 가족이나 제3자가, 집주인의 도장을 갖고 와 계약을 하는 경우가 있는데 이 때는 대신 나온 사람은 집주인이 작성한 위임장을 소지하여야 한다. 위임장에는 인감증명을 첨부하고 인감도장이 날인되었는지 꼭 확인해야 한다.

인감증명은 첨부되었는데 막상 위임장에는 인감이 아니고 막도장이 찍힌 경우가 종종 있다. 이는 위임장의 효력이 반감된다.

보증금은 집주인의 별도의 요청이 없는 한, 꼭 집주인 본인의 계좌로 입금하라는 것, 잊지 말아야 한다. 집주인의 배우자나 자녀도 안 된다. 배우자나 자녀라고 믿었다가 손해 본 예가 한둘이 아니다.

셋째, 가장 중요한 것, 보증금 지불하고 이사를 했으면 만사 제쳐놓고 전입신고부터 해놓아야 한다. 이삿짐 나르고 하다보면 오후 6시가 넘어 주민센터에 가서 전입신고는 하루정도 쉽게 넘길 수 있다.

주택을 인도받고 전입신고를 해야 그 다음날부터 대항력이 생긴다.

전입신고를 늦게 하면 임대차보호법의 생명인 대항력이 늦어지고 보증금 변제받는 권리가 그만큼 후순위로 밀린다는 사실, 이것 때문에 임대차보호법이 제정되었다는 사실, 아무리 강조해도 지나침이 없다.

참고로 전입신고는 인터넷으로 [정부24시]에 할 수도 있다.

전입신고하면서 확정일자도 꼭 받아두시기 바란다.

수없이 강조해도 제날짜에 하지 않는 사람이 의외로 많다.

왜, 사람을 믿으니까. 절대로 안 된다.

넷째, 임대기간 중간에 주민등록을 이전하면 모든 게 물거품이 된다.

우리가 살면서 주민등록을 이전해야 할 일이 종종 있다. 농지를 매수하기 위하여, 직장문제 때문에 등등.

그런데 가장 가슴 아팠던 것은, 자녀의 학교문제로 주민등록을 잠시 이전했다가 곧바로 원위치시킨 경우이다.

주민등록은 계속 유지되어야 하고 단 하루라도 다른 곳으로 이전하였으면 그 순간 대항력이 없어진다. 다른 곳으로 이전했다가 원위치 시킬 때, 그때 새로이 대항력이 생기고 종전의 대항력은 없어지기 때문에, 그때까지 아무런 권리 변동이 없으면 다행이지만, 그 사이에 새로운 권리자, 흔히 말하는 근저당이나 전세권이 설정되면 임차인은 권리가 후순위로 밀린다.

다섯째, 임대차가 종료되었을 때 보증금을 완불받기 전에 이사를 가면, 그동안 소중히 유지되었던 대항력이 없어진다.

보통 집주인은 다음에 임차할 사람이 들어오면 보증금 잔금을 주겠다고 하는 경우가 많은데, 반면에 임차인은 직장문제등으로 이사를 가지 않을 수 없는 경우가 있다.

이럴 경우에 대비하여 임대차보호법은 [임차권등기명령]제도를 두었다. 법원민원실에 가면 친절히 안내한다. 임차권등기명령은 등기부에 기재되는 사항이다. 부득이한 경우에는 임차권등기명령을 신청하여 등기부에 등재한후 이사를 가야 종전의 대항력을 유지할 수 있다.

이상 5가지로 추려 봤다.

그밖에도 임차인들이 주의해야 할 사항이 다수 있지만, 무엇보다 의문이 생기면 즉시 전문가를 찾아가는 마음가짐이 필요하다.

4 토지소유자가 임대할 때 지상물매수청구권 조심하세요

토지를 타인에게 임대하여 타인이 건물, 수목등을 소유하고 있는 경우, 임대기간이 만료되어서 임대인이 건물철거 및 토지인도를 청구하였을 때에, 임차인이 지상물매수청구권을 행사하면 토지소유자는 전혀 필요하지 아니한 건물이나 수목을 억지로 매수하여야 할 경우가 있다.

지상물매수청구권에 관한 우리 민법 제643조, 283조의 내용을 정리하자면 이렇다.

건물기타 공작물의 소유 또는 식목, 채염, 목축을 목적으로 하는 토지임대차의 기간이 만료한 경우에, 건물기타 공작물이나 수목이 현존한 때에는 임차인은 계약의 갱신을 청구할 수 있고, 임대인이 계약의 갱신을 원하지 아니하는 때에는 임차인은 상당한 가격으로 공작물이나 수목의 매수를 청구할 수 있다.

이 법조문에 따라, 임차인이 지상물매수청구권을 행사하기 위한 요건은 이렇다.

첫째, 임대차기간의 만료로 인하여 임대차가 종료했어야 한다.

그러나 임차인이 차임지급을 연체하거나, 임차인이 임차권을 제3자에게 무단양도하거나 무단전대를 하는 것(임대인의 동의 없이 양도, 전대하는 것을 말함)은 임대차계약위반이고, 이러한 경우 임대인은 임대차계약을 해지할 수 있다. 이와 같이 임차인이 임대차계약상의 의무를 위반하여 임대차가 종료한 경우에는 임차인의 지상물매수청구권이 허용되지 않는다. 즉 지상물매수청구권은 계약위반을 하지 아니한 임차인에게만 허용된다.

그리고 지상물매수청구권은 임대차기간이 정상적으로 만료한후 임차인이 '갱신청구권을 행사하였는데 임대인이 이를 거부한 경우'에 행사하는 것이 원칙이다.

그러나 예외가 있다. 임대인과 임차인이 임대기간 경과 후 아무런 조치를 취하지 아니한 채 자동 연장된 경우에는 기간의 정함이 없는 임대차가 되고, 이 경우에는 임대인이 해지통고를 한 후 6개월이 경과하여야 해지의 효력이 발생한다. 이 경우에는 임대인이 한 해지통고에 갱신거절의 의사가 포함되었다고 보아서, 임차인의 갱신청구의 의사표시가 없이도 임차인의 지상물매수청구가 가능하다.

둘째, 임대기간 만료시 건물, 수목기타 지상시설이 현존하여야 한다.

다만 지상시설이나 수목은 반드시 임차인이 설치한 것이 아니고 타인으로부터 인수한 것이더라도 무방하다.

그리고 지상시설은 임대목적에 부합하는 것이어야 한다. 즉 수목의 소유를 목적으로 임차하였는데 수목의 소유와 무관한 건물을 축조한 경우, 그 건물에 대하여 지상물매수청구를 하는 것은 허용될 수 없다.

셋째, 지상물매수청구는 임대인이 건물철거소송을 제기하였을 때 재판절차에서 진행하는 것이 보통이다. 그러나 재판절차와 무관하게 소송 외에서도 지상물매수청구를 할 수가 있다. 그리고 건물은 반드시 허가를 받고 건축된 것이 아니어도 지상물매수청구가 가능하다(대법원 2013.11.28. 선고 2013다48364 판결)

다음으로 지상물매수청구권을 행사하였을 때의 법률효과에 대하여 본다.

지상물매수청구권을 행사하면, 임차인의 일방적인 매수청구권행사로써 임대인과 임차인 사이에 지상 시설물에 관하여 매매계약이 성립하고, 이 경우 임대인의 동의를 요하지 않는다. 이 경우 매매가격은 당사자 간 협의가 성립하지 아니하면 소송에서 시가감정을 통하여 정해지는 것이 실무관행이다.

그렇기 때문에 임대인이 임대기간만료를 이유로 건물철거소송을 제기하여 소송도중, 임차인이 지상물매수청구권을 행사하면 건물에 대하여 매매계약이 체결된 것으로 되어서 매매계약에 따라, 매수인이 된 임대인은 소유권이전등기청구를, 매도인이 된 임차인은 매매대금청구를 하는 것으로 청구내용이 변경되는 게 현실이다.

이때 그 건물에 대하여 저당권이 설정되어 있는 경우에는 임대인은 저당권이 말소될 때까지 담보금액에 상당한 금액의 매매대금의 지급을 거절할 수 있다.

여기에 중요한 사항이 있다.

임대차계약당시에 특약사항으로서 '임차인은 임대기간만료시 지상물매수청구권을 행사하지 않는다', 달리 표현하여 "임차인은 기간만료시 원상회복을 한다"고 표현하고 원상회복에는 당연히 지상물철거가 포함되는 것으로 약정하는 경우가 있다. 이에 대하여 민법은 임차인에게 불리하게 약정하는 것은 효력이 없다는 강행규정(민법 제652조)을 두고 있기 때문에, 지상물매수청구권을 행사하지 않는다는 약정을 해도 아무 소용이 없다.

다만 임대기간 만료 후 임차인이 지상물매수청구권을 행사할 수 있는 시점에서, 임대인과 임차인이 지상물매수청구권을 행사하지 않는다는 약정을 하였을 경우 그러한 약정까지 효력이 없다고 할 근거는 없다.

지상물매수청구권을 사전에 포기하는 약정은 강행규정에 위배되어 무효이지만, 구체적인 사정을 종합할 때 그 포기가 임차인에게 불리하지 않다고 평가되면 포기의 의사표시는 유효하다는 것이 또한 대법원의 입장이다.

또 하나 중요한 사항, '임차인의 지상물매수청구권은 임차인이 2기 이상의 차임을 연체한 경우에는 권리가 없어진다'는 것이다. 다시말하면 지상건물이나 수목의 가격을 임대인으로부터 받아내려면 차임(토지사용료)은 2기 이상 연체하지 말고 악착같이 지불하여야 한다.

5 임대인과 임차인이 변경된 경우의 지상물매수청구권

지상물매수청구권은 채무불이행사유가 없는 임차인이 임대기간의 만료시 갱신청구를 하고 이에 대하여 임대인이 응하지 아니할 경우 임차인이 행사하는 권리이고, 임차인이 지상물매수청구권을 행사하면 임대인의 동의여부를 불문하고 임대토지에 존재하는 건물이나 수목에 대하여 매매계약이 성립되어서, 임대인은 임차인에게 매매대금을 지불하여야 하고, 임차인은 임대인에게 지상시설물에 대하여 소유권을 이전해야 한다.라는 과제가 남는다고 했다.

그런데 임대인이나 임차인이 임대기간 중 변경된 경우에는 새로운 임차인은 지상물매수청구권을 여전히 행사할 수 있는지, 새로운 임대인에게도 동일하게 지상물매수청구권을 행사할 수 있는지에 대하여 본다.

우선 임대인이 변경된 경우이다.

건물이나 수목의 소유를 목적으로 한 민법상의 토지임대차에 있어서, 토지의 소유권이 변경된 경우, 임차인은 새로운 토지소유자에게 임차권의 효력을 주장할 수 없는 것이 원칙이다.

왜냐하면, 주택임대차나 상가임대차는 건물소유자가 변경된 경우 새로운 소유자에게도 임차권으로 대항할 수 있다는 법조문이 있기 때문에 새로운 소유자에게도 효력이 있지만, 건물이나 수목의 소유를 목적으로 하는 토지 임대차의 경우에는 그러한 법규정이 없기 때문이다.

그러므로 토지소유자가 변경된 경우 임차인은 새로운 토지소유자에게 지상물매수청구권을 행사할 수 없는 게 원칙이다. 다만 새로운 토지소유자에게 임차권을 주장할 수 있는 2가지의 예외가 있다,

첫째, 민법 제621조는 '부동산임차인은 임대인에게 임차권등기를 해달라고 청구할 수가 있고, 부동산임차권을 등기한 경우에는 새로운 임대인, 즉 새로운 토지소유자에게도 임차권의 효력이 있다'고 규정하고 있다.

둘째, 민법 제622조는 [건물의 소유를 목적으로 한 토지임대차는 그 임차권을 등기하지 아니한 경우에도 임차인의 그 지상건물을 등기한 때에는 새로운 토지소유자에 대하여 임대차의 효력이 생긴다]고 규정하고 있다. 즉 지상건물이 등기가 된 경우

에는 임대토지를 매수하는 사람 입장에서 등기부등본을 통하여 건물의 존재사실을 쉽게 확인할 수 있고, 건물이 존재한다는 사실을 알고 토지를 매수한 사람은 이를 감내하라는 취지이다.

이와 같은 2가지 예외에 해당하는 경우에는 임차인은 변경된 토지소유자에게 임차권을 주장할 수 있고 따라서 지상물매수청구권도 행사할 수 있다.

다음으로 임차인이 변경된 경우이다.

민법 제629조는 "임차인은 임대인의 동의없이 그 권리를 양도하거나 임차권을 전대하지 못한다"라고 명시하고 있다. 전대라 함은 임차인이 임대인이 되어 제3자에게 재임대하는 것을 말하는데, 이 경우 임차인을 전대인, 제3자의 임차인을 전차인이라고 한다. 즉 임차인은 임대인의 동의없이 임차권을 무단양도, 무단전대를 할 경우 임차인은 계약위반이 되어 임대인은 이를 이유로 임대차계약을 해지할 수가 있고, 이러한 경우 전차인은 지상물매수청구권을 행사할 수 없다.

그러나 임대인의 동의를 얻어 임차권을 양도하거나 전대한 경우에는 사정이 다르다. 이러한 경우 임차권을 양도받은 사람이나 전차한 사람은 적법한 임차인이 되어 임대기간 중 계약위반사항이 없고 임대기간이 만료되었을 경우 임차권을 양수한 사람이나 전차인은 임대인에게 지상물매수청구권을 행사할 수 있다.

지상물매수청구권을 사전에 포기하기로 하는 약정은 강행규정에 위반하여 효력이 없다.

여기에서 명심할 사항이 있다.

누군가가 내소유 토지에 나도 모르는 사이에 건물을 지었다. 이 경우 나는 토지소유자로서 곧바로 건물철거를 요구할 수가 있다. 이 경우 '건물주가 몇 년만 참아달라, 그때까지 임대료를 후하게 지불하겠다'라고 사정을 할 수 있다. 이 경우 임대료를 지불하기로 약정하는 순간 건물소유를 목적으로 하는 토지 임대차가 성립하고, 건물소유자는 임대기간만료 후 지상물인 건물에 대하여 매수청구권을 행사할 수 있고, 그러한 경우 토지소유자는 그 건물을 억지로 매수하여야 하는 경우가 발생할 수 있다. 그러므로 임대료를 주고받기로 약정할 경우에는 이 점을 세심히 따져보고 신중하게 결정하여야 한다.

6 　임차인이 임차건물 수리하려면 이 정도는 알고 있어야

　　민법 제623조는, [임대인은 임차인이 목적물을 사용 수익할 수 있도록 필요한 상태를 유지할 의무가 있다]고 규정하고 있다.

　　타인의 집을 임차하여 살고 있는 임차인, 집이 아니고 토지를 임차하고 있는 경우도 마찬가지이다. 임차인이 응급상황이 생겨서 수리를 하여야 하거나 응급상황은 아니더라도 수리를 해야 하는데 집주인과 즉시 연락도 되지 않고 연락은 되더라도 뾰족한 해법을 제시하는 것도 아닐 때, 그렇다고 임차인이 그 부동산에서 갑자기 빠져나올 수도 없는 상황에서, 임차인이 할 수 없이 응급조치로 수리를 해야 할 경우가 있다.

　　이럴 경우 임차인이 수리를 하는 데 소요된 비용을 집주인(임대인)으로부터 받을 수 있는지, 받을 수 없다면 어떠한 경우인지에 대하여 제대로 알고 있어야 한다.

　　민법 제626조 제1항은 [임차인이 임차물의 보존에 관한 필요비를 지출한 때에는 임대인에 대하여 그 상환을 청구할 수 있다.] 제2항 [임차인이 유익비를 지출한 경우에는 임대인은 임대차종료시에 그 가액의 증가가 현존한 때에 한하여 임차인의 지출한 금액이나 그 증가액을 상환하여야 한다.]라고 규정하고 있다.

　　즉, 필요비나 유익비에 해당하면 임차인은 임대인에게 그 지출금액을 청구할 수 있는데, 유익비의 경우에는 실제 지출금액과 그로 인하여 부동산의 가치가 증가한 금액, 이 둘중 임대인이 선택한 금액을 청구 할 수 있다는 것이다.

　　필요비라 함은 예컨대 태풍으로 지붕이나 벽체가 손괴되거나 진입로가 유실되어 출입이 불가능하게 되어 이를 수리하는 비용등 임차물의 보존을 위하여 지출한 비용을 말하고, 유익비라 함은 전기가 들어오지 않는 건물에 하는 전기시설, 토지의 경우에는 성토, 축대축조, 하수도설치, 도로개설 및 포장 등 해당 부동산의 객관적가치를 증가시키는 데 소요된 비용을 말한다.

　　다만 임차인이 자기에게만 필요한 것, 대표적으로 임차인이 특정영업, 예컨대 음식점이나 미용실 등을 하기 위하여 시설한 인테리어시설은 대개 다른 임차인이 입주하였을 때는 모두 철거하여야 할 것이어서 이는 필요비나 유익비에 해당하지 않는다. 따라서 이 부분에 해당하는 비용은 애초부터 임대인에게 상환을 청구할 수가 없다.

　　그런데 문제는 부동산에 관한 임대계약을 할 때에는 특약사항으로서 [임차인은 임대차종료시에 부동산을 원상으로 복구하여 임대인에게 명도한다]라는 사항을 명시하고 있는 경우가 거의 대부분이다. 이러한 특약이 있을 때 필요비와 유익비를 임대인에게 상환을 청구할 수 있는가? 달리 표현해서 필요비와 유익비를 포기한 것으로 볼 것인가?가 실무에서 자주 문제가 되고 있다.

민법 제652조는 임차인을 보호하기 위하여 임차인에게 불리한 약정을 하지 못하도록 강행규정을 두어 그 강행규정에 해당하면 임대계약서에서 특별히 약정을 해도 효력이 없다고 명시한 것이 있다. 예를 들어 임차인은 임대인에게 지상물매수청구권, 부속물매수청구권을 행사할 수 있는데, 특약으로 임차인이 이러한 권리를 행사하지 않는다. 혹은 포기한다라고 약정을 하더라도 이는 임차인에게 불리한 약정으로서 강행규정에 해당하기 때문에 그러한 약정을 하더라도 아무런 효력이 없다. 즉 임차인은 여전히 그러한 권리를 행사할 수 있다.

그런데 필요비와 유익비에 대하여는 [임차인이 이를 청구하지 못한다 내지 포기한다]고 약정하는 것은 임차인에게 매우 불리한 약정이지만, 민법은 이를 강행규정에 포함시키지 않고 있다. 따라서 당사자 간에 [임차인은 필요비와 유익비를 포기하고 원상복구를 해야 한다]고 약정을 한 경우, 법해석상으로는 그 약정이 임차인에게 불리하더라도 그대로 효력이 있는 것으로 해석할 수밖에는 없다. 즉 임차인은 그 불리한 약정을 이행하여야 한다.

대법원(1995.6.30. 선고 95다12927 판결)도 [건물의 임차인이 임대차종료시에 건물을 원상으로 복구하여 임대인에게 명도하기로 약정한 것은 건물에 지출한 각종 유익비와 필요비의 상환청구권을 미리 포기하기로 한 취지의 특약이라고 보는 것이 보통이다]라고 판결했고 현재도 변함이 없다.

그런데 통상 [임차인은 임대차종료시 원상으로 복구하여 명도한다]고 약정할 때에는 임차인이 자신의 영업을 하기 위하여 시설한 인테리어나 간판등을 철거하여 원상으로 복구한다는 의미에서 그러한 약정을 하는 것이지, 필요비나 유익비까지 임차인이 이를 사전에 포기한다는 뜻에서 그와 같은 약정을 한 것이 아니라고 보는 게 현실에 부합한다.

필요비와 유익비는 불가피하게 지출해야 할 경우가 많고 임대인에게만 이익이 되기 때문에 그 비용은 당연히 임대인이 부담한다고 해야 한다고 보는 것이 사회적으로 공평하다.

어찌되었든 아직까지는 대법원의 입장이 앞에서 설명한 대로이기 때문에 손해를 보지 않으려면 우리가 스스로 임대차계약을 할 당시에 특별히 유의를 할 수밖에 없다.

즉 임차인 입장에서 필요비와 유익비를 지출하여야 할 상황이 발생할 것이 예상된다면, 아예 원상복구에 관한 특약을 하지 말던가, 부득이 특약을 해야할 상황이면, 막연히 [원상복구하여 명도한다]라고 할 것이 아니라, [임차인이 영업을 하기 위하여 시설한 인테리어나 간판등을 철거하여 원상으로 복구하여 명도한다]라고 구체적으로 약정하면, 불가피하게 지출한 필요비와 유익비의 상환을 청구할 수 있는 권리를 사전에 포기한 것은 아니어서 억울하게 손해를 보는 일은 없을 것이다.

7 토지임차인이 지은 '비닐하우스', 지상물매수청구 가능한가?

통상의 토지임대차에 있어서의 지상물매수청구권에 관하여는 앞에서 설명했다.

건물기타 공작물이나 수목의 소유를 목적으로 하여 토지를 임차하는 경우가 많다. 민법 제643조에 의하면, 임대차기간이 종료하였는데 임차인 소유의 건물이나 수목이 현존하고 있는 상태에서, 임차인이 계약의 갱신을 청구하였으나 임대인이 갱신을 원하지 않는 경우에는 임차인은 임대인에게 지상물을 매수하라고 청구할 수 있다.

아직도 [지상물은 모두 임차인이 철거하고 원상회복해야 하는 것 아닙니까?] 할수 있다. 그렇지 않다.

'건물이나 수목의 소유를 목적으로 한 토지임대차의 경우 임대기간이 만료하면 지상물의 가격을 임대인에게 청구할 수 있고, 가격에 관하여 의견일치가 되지 아니하면 법원의 감정가격에 의한다'는 사실이다.

중요한 사항은, 이 지상물매수청구권은 강행규정으로 임차인에게 인정된 권리로서, 임차인에게 불리하게 약정한 경우 민법 제652조에 의거하여 그 약정은 효력이 없다. 예컨대, 처음 임대차계약당시 특약으로서 '임차인이 건물을 건축하거나 수목을 식재하는 경우 임대기간이 만료된 경우 임차인은 이를 철거하여 토지를 원상복구하여 인도한다'고 약정하는 경우가 많다. 설령 그러한 약정을 하였더라도, 이는 지상물매수청구권을 사전에 포기한 것으로서 임차인에게 불리한 약정이기 때문에 민법 제652조에 의하여 그러한 약정은 효력이 없고 임차인은 여전히 임대인에게 지상물매수청구권을 행사할 수 있다.

그렇다면 여기에서 비닐하우스를 건물로 보아 지상물매수청구를 할 수 있느냐가 문제이다.

농사를 짓기 위하여 타인의 토지를 임차하는 경우, 대부분 비닐하우스를 지어 농작물을 재배한다. 이때 경우에 따라서는 그 비닐하우스가 규모가 크고 철제 파이프를 이용하여 견고하게 설치하고 설치비용도 거액이 소요되고 때로는 정부로부터 지원금을 수령하여 설치하는 경우도 있다.

비닐하우스에 관한 지상물매수청구소송이 자주 제기되고 있는데, 이에 대하여 대법원판결(1997.2.14. 선고 96다46668)이 있었다. 그 사건은 토지를 화훼재배를 목적으로 토지를 임대한 것인데, 임차인이 화훼재배와는 직접 관련이 없는 화훼판매를 위하여 비닐하우스를 비교적 견고하게 지은 사안에 대한 판결이다.

판결문을 인용하자면 이렇다. [비닐 하우스는 화훼판매를 위하여 필요한 시설물이라 하더라도, 그 자체의 소유가 이 사건 임대차의 주된 목적은 아니었을 뿐 아니라, 비용이 다소 든다고 하더라도 토지상에서 쉽게 분리, 철거해 낼 수 있는 그 구조에 비추어 이를 철거할 경우 전혀 쓸모가 없어진다거나 사회경제적으로 큰 손실을 초래하지 않는다]는 이유로 임차인의 지상물매수청구를 인정하지 않았다.

위와 같은 대법원판결 이후 법원에서 비닐하우스에 대하여 지상물매수청구권을 인정한 사례는 아직 없는 것 같다. 그러나 비닐하우스라고 하더라도 겨울동안 농작물을 재배하기 위하여 지은 경우 난방시설도 설치하고 추위를 견디기 위하여 두꺼운 천으로 외벽을 감싸는등 매우 견고하게 지어서 구조나 비용면에서 거의 건물과 동일하게 보아야 할 경우가 상당히 많다. 이 모든 경우를 일률적으로 비닐하우스라는 이유만으로 지상물매수청구를 인정하지 않는 것은 다소 불합리한 면도 있다고 본다.

대법원판결의 취지대로라면 비닐하우스라고 하더라도 설치하는 데 많은 비용이 소요되고, 분리, 철거가 용이하지 않거나, 철거할 경우 그 자재가 전혀 쓸모없게 되는 경우로서, 사실상 통상의 비닐하우스가 아니라 건물 내지 공작물로 보아야 하는 정도라면, 지상물매수청구를 인정해도 무방하다고 본다.

8 농지의 임차인이 임차농지에 농가주택을 지었다면 지상물매수청구 가능할까?

실제로 처리했던 사건이다.

농업에 관심이 많은 한 청년이 농사를 짓지 않고 있는 비교적 넓은 농지를 임차하였다. 그 청년은 중장비를 동원하여 그 농지를 정리하여 평평하게 만들고 조그맣게 허름한 농가주택을 지었고, 거기에서 기거하는 시간이 길어지고 수선을 여러번 하면서 비용이 많이 지출되었다.

그런데 토지주가 그 토지를 직접 이용하겠다고 하여 토지인도를 요구하였다. 이때 임차인인 그 청년은 농가주택에 대하여 지상물매수청구권을 행사할 수 있을까?

임대차가 기간만료로 해지되었을 때 임차인소유의 건물등 지상물에 대하여 임차인이 임대인에게 이를 매수하라고 청구할 수 있느냐?는 매우 중요한 사실이다.

임차인은 지상물의 매매가격에 해당하는 돈을 수령할 수가 있어서 좋겠지만, 임대인인 토지소유자는 전혀 필요하지 아니한 건물이나 수목등 지상물을 억지로 매수하여야 할 수도 있기 때문이다. 경우에 따라서는 그 금액이 수억원이 될 수도 있다.

그렇기 때문에 계약만료시에 현실적으로 가장 뜨거운 관심사 중 하나가 임차인에게 지상물매수청구권이 인정되느냐이다.

어찌되었든 지상물매수청구권이 문제가 될 여지가 있을 때는 아예 임대를 하지 않는 것도 훌륭한 선택이 될 수 있다.

지상물매수청구권에 관한 우리 민법 제643조 제283조의 내용을 정리하자면 이렇다.

[건물기타 공작물의 소유 또는 식목, 채염, 목축을 목적으로 하는 토지임대차의 기간이 만료한 경우에, 건물기타 공작물이나 수목이 현존한 때에는 임차인은 계약의 갱신을 청구할 수 있고, 임대인이 계약의 갱신을 원하지 아니하는 때에는 임차인은 상당한 가격으로 공작물이나 수목의 매수를 청구할 수 있다]는 것이다.

지상물매수청구권에 대하여 중요한 기본지식 몇 개를 본다.

첫째, 임차인이 임차도중에 지은 그 건물이 미등기이거나 무허가 건물이라고 하더라도 임대차해지당시 그 건물이 현존하고 있다면 그 건물에 대하여도 지상물매수청구권을 행사할 수 있다는 것이다. 물론 임대차해지 이전에 철거되어 없어진 경우에는 인정되지 않는다.

둘째, 지상물매수청구권을 임대차해지 이전에 사전 포기하기로 하는 약정은 임차인에게 불리한 약정으로서 무효이다. 민법은 제652조에서 임차인에게 불리한 약정은 무효라고 하는 강행규정을 두고 있는데 지상물매수청구권의 사전포기약정이 무효라는 내용도 포함되어 있다.

일반적으로 임대차가 해지되었을 때, '임차인은 원상회복을 하기로 한다'고 약정하는 것이 일반적인데, 원상회복의 내용중에서 지상물매수청구권을 포기하는 내용이 있다면 이 부분은 강행규정에 위반되어 무효이다.

그러나 계약이 해지된 이후에, 즉 임차인이 지상물매수청구를 할 수 있는 상황임에도 불구하고 스스로 지상물매수청구권을 포기하기로 약정하였다면 이는 계약자유의 원칙상 유효하다는 것이다.

셋째, 임차인에게 지상물매수청구권이 인정되려면, 임차인이 임대차에서 정한 의무를 위반한 것이 없어야 한다. 대표적으로 2기이상의 차임(임대료)을 연체하였거나 임대인의 동의없이 임차권을 제3자에게 전대 혹은 양도한 것이 문제가 되어 임대차가 해지된 경우에는 임차인에게 지상물매수청구권이 인정되지 않는다.

넷째, 지상물매수청구권은 임대차기간이 만료한 후 임차인이 '갱신청구권을 행사하였는데 임대인이 이를 거부한 경우'에 행사하는 것이 원칙이다. 즉 임대인은 임대차를 계속 유지하기를 원하는데 임차인 스스로가 더 이상 임대차관계를 유지할 의사가 없는 경우에는 허용되지 않는다.

이상 기본사항을 보았는데 이상의 사정을 종합할 때 앞에서 말한 농가주택에 대하여 지상물매수청구가 가능할까?

민법은 [건물기타 공작물의 소유 또는 식목, 채염, 목축을 목적으로 하는 토지임대차의 기간이 만료한 경우]에 지상물매수청구권이 있다고 했다.

즉 건물을 소유하기 위하여 임차를 한 경우에만 건물에 대하여 지상물 매수청구가 가능하고, 수목을 소유하기 위하여 임차를 한 경우만 수목에 대한 매수청구가 가능할 뿐, 임대목적을 벗어난 시설물은 지상물매수청구가 허용되지 않는다.

예컨대, 가옥소유를 목적으로 토지를 임차하였는데 값비싼 정원수를 다수 식재한 경우, 건물 외에 그 정원수에 대하여까지 지상물매수청구를 인정한다면 이는 지나치게 임대인에게 불리하다.

그러므로 이 건의 경우에는 농업을 목적으로 한 임대차이지 주택의 소유를 목적으로 한 임대차가 아니기 때문에 임대인의 동의없이 지은 농가주택에 대하여는 지상물매수청구권이 인정되지 않는다.

이 경우 농가주택에 대하여 지상물매수청구가 인정되려면, 다른 특단의 사정이 없는한 임대차계약 당시 농가주택을 지어도 무방하다는 특약을 하거나, 임대인의 동의를 얻어서 건축하였어야 한다.

9 　기간이 무제한인 영구임대차도 가능하게 되었다

영구임대차를 인정한다면 소유권자는 명의만 갖고 있을 뿐, 소유권의 핵심인 배타적사용수익권을 영원히 행사할 수 없다는 의미이다. 이러한 영구임대차에 대하여 종전에는 이를 인정하지 않다가 이번 대법원판결로 종전입장을 바꾸어 놓았다.

설명에 앞서 물권과 채권은 확연히 다르다. 채권이라는 것은 상대방에게 무엇인가를 요구할 수 있는 청구권을 말하고 임차권도 채권이다. 물권에는 대표적으로 소유권, 지상권, 저당권이 있고 등기부에 기재된다는 특징이 있다.

임대차에 있어서 임대기간은 매우 중요한 사항이다. 임차인은 임대기간을 가급적 늘리려는 경향이 있고 임대인은 그 기간을 줄이려고 하는 경향이 있으나, 반드시 그런 것은 아니고 그 반대현상도 얼마든지 있을 수 있다.

임대차기간은 임대인과 임차인의 협의에 의하여 정해진다. 다만 임차인을 보호하기 위하여 주택과 상가에 대한 임대차에 있어서는 [얼마 이상으로 하라]고 최단기간에 대한 제한규정을 두고 있다.

핵심사항에 대하여 간단히 본다.

주택임대차보호법에 의하면, 주택 임대차 계약을 체결하는 경우 계약서에 계약기간을 정하지 않았거나 기간을 2년 미만으로 정했더라도 임차인은 최소한 2년의 기간을 보장받을 수 있다.

다만, 임차인은 2년 미만으로 정한 기간이 유효하다고 주장할 수 있다. 그렇기 때문에 만약 계약기간을 1년으로 정했다면, 임차인은 2년 동안 임대차 기간을 보장받으면서도 필요한 경우에는 1년 후에 계약을 해지하고 임대인에게 보증금을 돌려 달라고 할 수 있다.

그러나 1년으로 계약을 한 경우 임대인은 1년 후에 나가라고 주장할 수가 없다.

상가건물 임대차보호법에 의하면, 기본원리는 동일하나 기간이 약간 틀리다. 즉, 기간을 정하지 않거나 1년 미만으로 정한 임대차는 그 기간을 1년으로 본다고 정하고 있다(제9조 제1항 본문). 그리하여 상가임대차는 임대차기간이 최소 1년은 보장된다. 상가임대차계약에서 1년이 안 되는 기간으로 약정한 단기 임대차는 법적으로 무효이다. 다만 임차인이 스스로 1년 미만의 단기 임대차를 유효하다고 주장하는 것은 가능하다(제9조 제1항 단서)

이와 같이 한쪽에게만 지키라고 하는 것을 [편면적 강행규정]이라고 한다.

통상 모든 임대차는 기간의 정함이 있어야 하고 그 임대기간을 '영구'로 하는 것은 일반적인 법상식에 반한다고 인식해 왔다.

2016년 1월 이전의 민법은 제651조에서 '석조, 석회조, 연와조 또는 이와 유사한 견고한 건물 기타 공작물의 소유를 목적으로 하는 토지임대차 및 식목, 채염을 목적으로 하는 토지임대차'를 제외한 임대차의 존속기간을 20년으로 제한한다는 규정을 둔 적이 있었다. 즉 20년이 넘으면 무효라는 것이었다.

이에 대하여 헌법재판소가 2013.12.26. 위헌결정을 하였는데, [민법 651조의 입법 취지가 불명확하고, 과잉금지원칙을 위반하여 계약의 자유를 침해한다]는 이유로 헌법에 위반된다는 결정을 선고하였다. 즉 20년 이상으로 임대기간을 정한 경우에도 유효하다는 것이다. 이 헌법재판소결정에 따라 2016년 민법 제651조가 폐기된 것이다.

그리하여 현재는 민법상 임대차기간이 영구인 임대차계약의 체결을 불허하는 규정도 없고, 그렇다고 할 수 있다고 하는 규정도 없다.

그렇더라도 임대기간을 영구로 하는 것에 대하여는 선뜻 수긍하지 못하는게 현실이었다.

이에 대하여 실제사건이 있었는데, 2023.1.12. 대구지방법원항소부에서는 [임대차계약에서 임대차기간을 영구로 설정한 것은 채권인 임차권의 성질로 보아 허용되지 않고, 소유자가 사용·수익 권능을 영구적으로 포기함으로써 처분 권능만이 남는 새로운 유형의 소유권을 창출하는 것이어서 영구임대차계약은 무효이다]라고 판결하였다.

종전의 주류적인 입장에 따른 것이다.

이에 대하여 대법원은 [아니다. 영구임대차도 유효하다]라고 하여 2심판결을 뒤집었다.

대법원(2023.6.1. 선고 2023다209045 판결)은 [소유자가 소유권의 핵심적 권능에 속하는 사용·수익의 권능을 대세적으로 포기하는 것은 특별한 사정이 없는 한 허용되지 않으나, 특정인에 대한 관계에서 채권적으로 사용·수익권을 포기하는 것까지 금지되는 것은 아니다. 따라서 임대차기간이 영구인 임대차계약을 인정할 실제의 필요성도 있고, 이러한 임대차계약을 인정한다고 하더라도 [사정변경에 의한 차임증감청구권이나 계약 해지] 등으로 당사자들의 이해관계를 조정할 수 있는 방법이 있을 뿐만 아니라, 임차인에 대한 관계에서만 사용·수익권이 제한되는 외에 임대인의 소유권을 전면적으로 제한하는 것도 아닌 점 등에 비추어 보면, 당사자들이 자유로운 의사에 따라 임대차기간을 영구로 정한 약정은 이를 무효로 볼 만한 특별한 사정이 없는 한 계약자유의 원칙에 의하여 허용된다고 보아야 한다.

특히 영구임대차라는 취지는, 임대인이 차임지급 지체 등 임차인의 귀책사유로 인한 채무불이행이 없는 한 임차인이 임대차관계의 유지를 원하는 동안 임대차계약이 존속되도록 이를 보장하여 주는 의미로서, 위와 같은 임대차기간의 보장은 임대인에게는 의무가 되나 임차인에게는 권리의 성격을 갖는 것이므로 임차인으로서는 언제라도 그 권리를 포기할 수 있고, 그렇게 되면 임대차계약은 임차인에게 기한의 정함이 없는 임대차가 된다.]라고 판결하였다.

통상 임대차에 있어서는 임대인은 강자이고 임차인은 약자이다. 그리하여 법률은 약자인 임차인을 보호하기 위하여 법을 수없이 개정하여 왔고, 현재 시행되고 있는 주택임대차보호법이나 상가건물임대차보호법은 모두 임차인을 보호하기 위하여 제정되었다.

그런데 영구임대차를 인정한다면, 사실상 소유권을 형해화하는 결과가 될 수 있다. 소유권의 가장 핵심적인 요소가 그 물건을 소유자가 독점적이고 배타적으로 사용할 수 있는 권리인데, 그러한 권리가 임차인에게 이전되었기 때문이다.

대법원은 영구임대차라도 임차인은 마음대로 그 임대차를 해지할 수 있고, 그럴 경우에는 기한의 정함이 없는 임대차가 된다는 입장이다.

그렇다면 임대차의 운명이 전적으로 임차인 일방에게 좌우되고, 임대인은 임차인이 언제 임대차를 해지하더라도 이에 따라야 한다는 결과이다. 임차인이 임대조건을 위반하지 않는 한 영원히 그 물건을 마음대로 이용할 수 있다는 의미이다. 이는 임대인의 지위를 지나치게 소홀히 하고 형평의 원칙상 매우 임차인에게 기울어진 법해석이라고 보여진다.

대법원이 위와 같은 판결을 하려면 보완적으로 임차인이 계약을 해지하기 이전에 취해야 할 사항이라든지, 경제사정의 변동에 따른 임대료조정에 관한 해석 등 여러 가지 보완조치도 함께 내놓았으면 좋았을 것이다.

어찌되었든 대법원이 영구임대차도 유효하다고 보았기 때문에, 영구적인 임대가 필요하다고 생각되는 분은 우선 영구임대차를 체결해놓고 보아도 좋을 듯하다.

10 임대기간 중 원인불명의 화재가 발생한 경우 누가 책임지나?

화재가 발생하면 정신적인 고통은 말할 것도 없고, 재산적으로 임대인은 건물소실의 피해가 있고, 임차인은 가재도구 등의 피해가 있게 마련이다.

누군가의 고의 과실로 화재가 발생하여 원인제공자가 밝혀지면 그 원인제공자가 책임을 진다. 그리고 옆 건물에서 화재가 발생하여 임차건물로 옮겨 붙은(연소) 경우에는 최초로 발생한 화재의 원인제공자에게 책임이 있는지 여부를 따지게 된다.

여기서는 임차건물에서 최초로 화재가 발생하였는데 화재원인이 밝혀지지 않았을 때의 그 손해에 대하여 누가 책임을 져야하는지에 대하여 알아본다.

화재가 발생하면 경찰과 소방본부 화재감식반에서 최첨단 과학장비를 동원하여 화재의 원인을 조사하는데, 이는 화재의 원인제공자를 색출하여 처벌하는 것이 목적이지만, 피해당사자에게는 화재로 인한 재산상 손해배상책임자를 가리는 데에 매우 중요한 자료가 된다.

이해를 돕기 위해 임대차에 있어서 기본적인 사항을 본다.

우선 임대인의 입장이다.

민법 제623조에 의하여, '임대인은 임대목적물을 임차인에게 인도하고, 계약존속중 그 사용, 수익에 필요한 상태를 유지하게 할 의무'를 부담한다.

그렇기 때문에 건물자체의 설비 등에 하자로 인하여 화재가 발생하였다면 임대인은 임차인이 입은 손해를 배상하여야 한다.

대법원판결(2021.4.29. 선고 2021다202309 판결)은 [임차인이 임대차계약에 의하여 정하여진 목적에 따라 사용·수익하는 데 하자가 있는 목적물인 경우 임대인은 하자를 제거한 다음 임차인에게 하자 없는 목적물을 인도할 의무가 있다. 임대인이 임차인에게 그와 같은 하자를 제거하지 아니하고 목적물을 인도하였다면 사후에라도 위 하자를 제거하여 임차인이 목적물을 사용·수익하는 데 아무런 장해가 없도록 해야만 한다.

임대인의 임차목적물의 사용·수익상태 유지의무는, 임대인 자신에게 귀책사유가 있어서 하자가 발생한 경우는 물론, 자신에게 귀책사유가 없이 하자가 발생한 경우에도 책임을 면할 수 없다. 또한 임대인이 그와 같은 하자 발생 사실을 몰랐다거나 반대로 임차인이 이를 알거나 알 수 있었다고 하더라도 마찬가지이다.]라고 판결했다.

쉽게 말해서 임대인이 화재에 대하여 직접적인 원인행위를 하지 않았더라도, 천정의 전기배선, 벽체내부의 전원선등의 건물자체의 하자로 화재가 발생하였다면 건물주인 임대인이 전부 책임을 진다는 것이다.

다음 임차인의 입장이다.

임차인은 임대차계약이 종료되면 임차목적물을 원상그대로 반환해야 할 의무가 있다. 그리고 임차인의 고의 과실로 화재가 발생하여 건물이 소실되었다면 원상그대로 반환할 수가 없기 때문에 그로 인한 피해를 임대인에게 배상하여야 함은 당연하다.

그런데 화재의 원인이 밝혀지지 아니하였을 경우는 어떻게 되는가? 임차인이 임차목적물을 원상그대로 반환할 수 없는 것은 마찬가지인데 이때도 같은 논리로 임차인이 책임을 져야 하는가?

이에 대하여 대법원(2017.5.18. 선고 2012다86895, 86901 전원합의체 판결)은 [임대차 목적물이 화재 등으로 인하여 소멸됨으로써 임차인의 목적물 반환의무가 이행불능이 된 경우에, 임차인은 이행불능이 자기가 책임질 수 없는 사유로 인한 것이라는 증명을 다하지 못하면, 목적물 반환의무의 이행불능으로 인한 손해를 배상할 책임을 지며, 화재 등의 구체적인 발생 원인이 밝혀지지 아니한 때에도 마찬가지이다.]라고 판결했다.

즉 원인불명의 화재사건에서 임차인이 책임을 면하려면 [화재의 원인이 내 책임이 아니다]라는 사실을 임차인이 입증하여야 한다는 것이다. 그런데 임차인이 [내 책임이 아니다]라는 점을 입증하려면 사실상, 화재의 원인이 다른 곳에 있다는 사실을 밝혀야만 가능한데, 실무상 경찰이나 소방본부 화재감식반에서 화재원인이 불명이라고 일단 최종적으로 판정하였으면, 임차인으로서는 [내 책임이 아니다]라는 점을 밝힐 방법이 없다. 그렇기 때문에, 임차기간중 화재가 발생하고 그 원인이 불명일 경우 임차인이 소송에서 패소하는 것이 현재의 우리 법원의 실정이다.

이와 관련하여, 여관 호텔등 숙박투숙객도 비록 단기이지만 임차인임에는 틀림이 없다. 투숙중에 화재가 발생하였고 화재의 원인이 불명으로 판명되었을 때 투숙객에게 책임이 있을까?

이에 대하여 대법원(2023.11.2. 선고 2023다244895 판결)은 [숙박업자는 고객에게 객실을 제공한 이후에도 필요한 경우 객실에 출입하며 고객의 안전 배려 또는 객실 관리를 위한 조치를 취하기도 한다.

그러므로 객실을 비롯한 숙박시설은 특별한 사정이 없는 한 숙박기간 중에도 고객이 아닌 숙박업자의 지배 아래 놓여 있다고 보아야 한다.

그렇다면 임차인이 임대차기간 중 목적물을 직접 지배함을 전제로 한 임대차 목적물 반환의무 이행불능에 관한 법리는 이와 전제를 달리하는 숙박계약에 그대로 적용될 수 없다.

고객이 숙박계약에 따라 객실을 사용·수익하던 중 원인이 밝혀지지 않은 화재로 인하여 객실에 발생한 손해는 특별한 사정이 없는 한 숙박업자의 부담으로 귀속된다고 보아야 한다.]라고 판결했다. 즉 투숙객에게 책임을 부과할 수 없다는 입장이다.

최근에 필자를 찾아온 분이 있었다. 그 분은 자신이 건물의 임차인이었는데 직장에 출근하고 집을 비운사이에 화재가 발생하였고, 소방서에서 조사결과 누군가의 방화로 추정된다고 결론을 내렸지만 방화범은 찾지 못하였다.

보험회사는 집주인에게 보험금을 지급하고, 임차인를 상대로 화재원인이 불명이라는 이유로, 보험회사가 건물주에게 배상한 손해를 지급하라고 임차인에게 소송(구상금청구소송)을 제기한 것이다.

여기에서 방화범이 누구인지 밝혀지지 않은 것이 대법원이 말하는 [화재원인불명]일까? 신원은 밝혀지지 않았지만 방화범에 의한 화재로 밝혀졌기 때문에, 이는 [화재원인불명]과는 다르다. 그 보험회사는 그 방화범을 찾아서 그 방화범을 상대로 청구를 하였어야지, 방화범을 찾지 못하였다고 하여 임차인을 상대로 청구를 한 것은 잘못이라고 본다.

제 **13** 장

종중소송

종중소송

전통고정관념을 깨지 않으면 종중운영에 지장이 많다.
대법원은 종중에게 정관이 있을 것과 회장등 임원들로 구성된 집행부의 존재를
요구하고 종중회의에 대하여도 매우 엄격한 요건을 갖출 것을 요구하고 있다.
출가한 여성도 종중원이다.
임야에 조상묘가 있다고 종중소유라고 단정못한다.

1 종중원에게 명의신탁한 부동산, 이런 식으로 없어진다

부동산을 타인명의로 등기를 하는 것을 명의신탁이라고 한다. 종중이 개인명의로 등기를 하는 경우 종중은 실소유자인 명의신탁자가 되고, 그 개인은 명의수탁자가 된다. 명의신탁은 위법이고, 모든 부동산은 타인명의로 등기를 하면 부동산실명법 제4조에 따라 무효가 되고, 때로는 형사처벌도 받을 수 있는데, 다만 예외적으로 종중부동산, 배우자간의 명의신탁, 종교단체의 명의신탁은 조세포탈, 강제집행면탈 또는 탈법을 목적으로 하지 않는 한, 부동산실명법 제8조에 따라 위법이 아니다.

종중부동산은 예로부터 개인명의로 명의신탁을 하는 경우가 매우 많고, 특히 농지는 현행 농지법이 종중명의로 등기를 할 수 있는 길을 막아 놓았기 때문에, 농지에 관한 한 종중은 개인명의로 명의신탁을 하여 농지를 소유할 수밖에 없다.

문제는 부동산실명법 자체에 있다.

부동산실명법 제4조 제3항에 의하면, 명의수탁자와 매매계약을 체결하고 이전등기를 받은 제3자는 그 부동산의 소유권을 적법하게 취득한다.

이 경우 약간 의외라고 생각되는 부분은, 제3자가 명의수탁자와 매매계약을 체결할 당시, 그 부동산의 실질적인 소유자가 개인이 아니고 종중소유라는 사실을 알고서

계약을 하였더라도, 그 제3자는 소유권을 취득하는 데 아무런 영향이 없다는 것이고, 심지어 명의수탁자인 그 등기명의자가 종중을 배신하여 부동산의 매매대금을 가로채려고 한다는 사정을 그 제3자가 알고 있었더라도, 그 제3자가 등기명의자의 배신행위에 적극가담한 것이 아닌 한, 그 제3자는 안전하게 그 부동산을 취득한다는 것이다.

결국 종중은 배신행위를 한 명의수탁자에게 손해배상을 청구하거나 형사고소를 하는 방법이 있기는 하나, 부동산 그 자체를 되찾아 올 수 있는 길은 없다는 게 핵심 포인트이다.

필자가 실제로 다루었던 사건은 이렇다.

종중부동산으로서 시제답으로 이용하던 농지를 40년 전에 3인명의로 3분의1지분씩 신탁등기를 하였다. 그 3인은 당시 종중에서 매우 신망받는 인품의 소유자들이었다. 세월이 흘러 그중 2분이 돌아가셨는데, 한 분은 돌아가시기 전에, 자녀 사이에 재산분쟁이 없기를 바라는 순수한 마음으로 상속등기 대신 미리 장녀 A씨에게 증여를 원인으로 이전등기를 하였고, 또 한 분은 돌아가신 후 외아들 1인이 상속등기를 하였는데, 그후 그 외아들이 사업을 하면서 빚을 많이 졌고, 채권자들이 그 외아들명의로 있는 종중재산 3분의1지분에 대하여 경매를 신청하여 이미 제3자가 경락을 받아 소유권이 제3자에게 넘어갔고, 그 제3자는 법적으로 전혀 하자가 없는 상황이다.

이제는 그 제3자에게 소유권을 회복하려고 하자 그 제3자는 종중에서 감당하기 어려운 금액인, 경락받은 금액의 몇배 많은 금액을 요구하는 상황이다.

그리하여 종중에서는 경매로 넘어간 것에 대하여는 그 외아들에게 손해배상판결을 받고, 나머지 3분의2지분만이라도 종중소유로 확실하게 묶어 놓기 위하여, 소송을 제기하여 판결을 받아놓자고 의견이 모아졌다.

막상 소송을 제기하자 종중에 협조를 할 것으로 예상했던 장녀A씨가 태도가 돌변하여 개인소유라고 주장하고 나섰다. 장녀A씨의 지분을 찾아올 수 있을까?

장녀A씨가 상속등기를 하였다면, 상속은 포괄승계로서, 명의수탁자의 지위를 승계한 것으로 보아 그 지분을 찾아올 가능성이 있지만, 증여를 원인으로 이전등기를 하였기 때문에 장녀A씨는 [명의수탁자인 아버지로부터 소유권을 취득한 제3자]에 해당하여, 장녀A씨가 스스로 협조하지 않는 한, 현행 부동산실명법의 해석상, 이를 찾아올 방법이 없다.

결국 장녀A씨에게는 패소하였고, 그는 승소한지 몇 년 지나서 공유물분할을 위한 경매신청을 하였고, 종중에서는 경락받을 돈이 없어 유일한 종중부동산인 조상 시제답이 공중분해 되고 말았다.

시제답이 없어지자 조상시제도 지내지 못하게 되고 결국 종중이 와해될 위기에 처하고 말았다.

명의신탁은 공통적으로 명의수탁자가 고의로 배신을 할 경우만이 아니라, 수탁자가 빚을 지는 경우에는 언제 없어질지 아무도 장담할 수 없는 위험에 처하게 된다는 사실을 명심하시고, 명의수탁자를 믿고 안믿고를 불문하고, 당장이라도 법적 조치를 강구하라는 조언을 드린다.

법적조치는 여러가지 방법이 있을 수 있다.

임야라면 당장 종중명의로 이전등기를 하시기 바란다. 농지는 판결을 받아도 종중명의로 등기를 할 수 없기 때문에, 농지의 지목을 변경하여 종중명의로 이전하거나, 소송을 하면서 가처분등기를 할 수도 있고, 등기명의자로부터 종중소유임을 확인한다는 확인서를 받거나 근저당을 설정하는 방법이라도 강구해 놓기를 권고한다.

2 종중소송 쉽게 생각하지 마세요

종중에 관한 어려운 법률문제는 차치하고 여기에서는 종중을 이끌어가는 종중임원분들이 종중소송을 하기 이전에 꼭 알아두어야 할 사항에 대하여 본다.

소송을 하기 위해서 변호사에게 사건을 의뢰하기 이전에 완벽하게 준비하여야 할 사항이 있다.

첫째, 종중이 소송을 하려면 종중총회에서 종중대표로 하여금 소송을 진행할 수 있도록 권한을 부여한다는 의결을 하고 그 내용을 회의록이라는 문서로 작성하여 이를 법원에 증거로 제출해야 한다.

통상 '종중원명부가 작성되어야 하고 종중이 제대로 구성되지 아니하였을 경우 연고항존자가 총회소집을 하여야 한다'는 사실 정도는 사전에 알고 총회를 개최하는데, 현실적으로 종종총회를 소홀히 하여 낭패를 보는 사항이 있다.

우선 종중원명부를 작성할 때 유의할 점은 이렇다.

종중원명부는 그 종중의 맨 꼭대기 할아버지(보통 중시조라고 함), 중시조의 후손이라면 생존하고 있는 성년(19세 이상) 남녀를 모두 포함하여야 한다.

종중원파악은 족보를 중심으로 작성하면 되는데, 대개 족보는 작성한지 장시간이 흘러서 족보에 기재되지 아니한 나이어린 종중원이 상당수 있게 마련이고, 출가한 여자는 족보 제작시부터 빠져 있는 경우가 많다. 그러나 종중원명부에는 이들까지 모두 포함하여야 한다. 단순히 이름만 알아서는 안되고 주소, 전화번호까지 알아내야 한다. '종중원의 존재와 주소파악을 위하여 최선의 노력을 다하지 않았다'고 인정되면 그러한 종중원명부를 토대로 소집통고를 하여 개최한 총회는 효력이 인정되지 않는게 재판 실무이다.

둘째, 종중원명부가 작성되었으면 정해진 총회날자에 총회에 참석하라는 소집통지를 하여야 하는데, 여기에서도 명심해야 할 사항이 있다.

많은 경우 출가한 여자는 종중에 관심이 없다는 이유로, 소송의 상대방인 종중원은 협조를 하지 않을 것이라는 이유로, 통지를 아예 하지 않는 경우가 있는데, 그러한 상태에서 개최된 총회의 의결은 효력이 없다. '신문공고를 하지 않았습니까?'하는데 쉽게 파악할 수 있는 경우 개별통지를 하지 않았다면 신문공고를 했더라도 용서가 되지 않는다.

셋째, 그리고 누가 소집하여야 하느냐? 소집권자가 문제이다. 이미 종중이 장기간 조직되어 제대로 활동하여 왔다면 기존의 종중대표가 소집권자로서 총회를 소집하면 된다.

그러나 대부분의 종중이 법이 요구하는 조직을 갖추고 있지 않다. 이러한 경우에는 연고항존자(항렬이 가장 높고 나이가 가장 많은 종중원)가 소집하여야 한다. 연고항존자를 따질 경우 통상 남자 종중원중에서 찾는데 그러면 안 된다. 여자도 법이 인정하는 종중원이기 때문에 특히 출가한 여자로서 항렬이 높고 나이가 더 많은 종원이 생존해 있다면 그가 연고항존자로서 총회를 소집하여야 한다는 점 유의하여야 한다. 총회를 실제로 소집했던 연고항존자보다 항렬이 높고 나이가 하루라도 많은 사람이 존재하면 그 총회는 효력을 인정받지 못할 수 있다. 연고항존자가 의외로 실무에서 문제가 많이 생기고 있다.

소집통지서에는 안건이 반드시 기재되어야 하고 특별한 사정이 없는 한 원칙적으로 총회에서는 이미 고지된 안건에 대하여만 의결할 수 있다.

파악이 안된 종중원을 위하여 통상 일간신문 중앙지와 지방지 2개정도에 소집공고를 내는 것이 보통이다.

총회를 개최하고 작성된 회의록을 가지고 변호사를 찾아가 소송을 의뢰하게 되는데, 총회개최와 관련되어 잘못된 사항이 있으면, 그 소송은 이미 패소판결을 받을게 뻔하다. 상대방이 이를 묵인하고 넘어가면 다행이지만 소송으로 맞붙은 상대방이 이를 용서할 리가 없다. 변호사는 상대방이 이를 소송 도중에 문제삼을 때까지는 이를 알 수가 없고, 그때는 이미 늦었다.

이러한 문제가 있을 경우 패소판결을 받게 되는데 이때는 기각판결이 아니라 각하판결을 받는다.

그때까지 발생한 시간낭비, 비용낭비는 회복할 길이 없고, 나아가 상대방에게 소송비용까지 부담해야 한다.

종중소송에 임하는 분들이 너무 쉽게 생각하는 사항이 또 있다.

종중소송은 대개 소유권에 관한 것인데, 종중과 제3자(종중과는 전혀 관련이 없는 사람)사이에 분쟁을 하는 경우도 있지만 종중과 그 종중의 구성원(종중원)사이에 벌어지는 경우가 훨씬 더 많다.

과거에는 종중명의로 소유권등기를 하지 아니하고 종중원들 명의로 소위 명의신탁을 하여 종중재산을 보유하는 게 통례이었다.

그런데 소유자로 등기가 된 종중원이 사망한지 오래되었고, 그 자손들이 상속등기를 해놓은 상태에서, 종중이 등기명의자에게 소유권을 주장하는 경우가 대부분이다.

종중 부동산 특히 조상묘를 다수 모셔놓고 매년 시제를 지내는 임야의 경우 종중에서는 이를 당연히 종중소유임이 명백하다고 하여 당연히 승소하는게 마땅하다고 확신하고 시작한다.

이런 경우 대부분 해당 부동산이 종중소유라는 확실한 증거가 없다. 조상산소가 있다는 것만으로 소유권을 인정해주지 않는다.

혹시 누구누구에게 명의신탁할 당시 종중에서 명의신탁을 하기로 결의한 총회회의록이 있는 경우에는 종중이 승소한다.

그리고 등기명의자가 생전에 '어느 부동산은 종중의 소유임을 인정한다'는 확인서를 작성한 것이 있다면 그 확인서 작성자 혹은 그 상속인들에게도 종중이 승소한다.

그러나 대부분의 경우 그러한 확실한 증거가 없어서 종중은 해당 부동산이 종중소유라는 사실을 입증하지 못한다.

나아가 종중일을 담당한 책임자가 없어서 장기간 활동을 소홀히 하여, 재산세를 등기명의자가 장기간 납부하였다든지, 등기명의자가 해당 부동산을 상당기간 직접 점유한 경우(농지의 경우에는 농사를 짓고, 임야의 경우에는 벌목이가 조림을 한 경우)에는 종중이 패소하는 경우가 많다. 왜냐하면 법원은 확실한 증거가 없으면 등기부기재대로 소유권을 인정하기 때문이다. 이러한 경우에는 각하판결이 아니라 기각판결을 받게 된다.

종중이 소송을 제기하여 위와같은 이유로 각하판결을 받거나 기각판결을 받을 경우 소송을 주도한 종중의 임원들은 자신의 개인소송에서 패소한 것 이상으로 매우 큰 정신적 타격을 받는다.

종중소송을 할 경우 완벽하게 챙겨야 할 사항들에 대하여 준비가 부족하면 반드시 대가를 치른다.

3 종중재산 지키기 위하여 평소 준비해두어야 할 사항

우리나라에는 수없이 많은 종중이 있고, 대종중아래에 소종중이 있고 하여 한 사람이 여러개의 종중에 가입되어 있는 경우도 매우 많다. 그리고 대부분의 종중은 부동산 특히 임야나 농토를 소유하고 있는데, 그 소유자를 종중으로 등기를 해놓지 않고 종중원 개인명의로 등기를 하여 명의신탁을 해놓은 경우가 많고, 특히 농지의 경우에는 법률이 종중명의로 등기할 수 있는 길을 막아 놓았기 때문에, 미등기상태로 둘 수는 없고, 할 수 없이 개인명의로 명의신탁등기를 해놓을 수밖에 없다.

그런데 세월이 흘러 명의수탁자인 등기명의자가 돌아가시고 자녀들에게 상속등기가 되면서, 상속인들이 종중재산인 사실을 부인하여 종중과 [명의수탁자혹은 그의 상속인들]과 사이에 소유권에 관한 소송이 매우 많은 것이 우리의 현실이다.

그런데, 종중이 승소하여야 할 사건에서 종중이 패소하는 경우가 의외로 많다.

종중이 이와 같은 종중소송에서 승소하려면 소송이전부터 확실한 증거들을 필수적으로 갖추고 있어야 하는데, 어떤 점을 유념해야 하는지에 초점을 맞추어서 정리해 보았다.

우선 민사소송에서의 대원칙인 입증책임(증거를 제시해야 할 책임)에 대하여 기본적인 원칙을 알고 있어야 한다. 토지든 임야이든 건물이든 모든 부동산은 누구에게든 등기가 되어 있으면, 그 등기명의자의 소유로 추정된다. 이를 [등기의 추정력]이라고 한다.

즉 종중소유라도 종중원개인명의로 등기되어 있으면 그 등기명의자의 소유로 추정되기 때문에, 종중입장에서는 [종중이 실질소유자인 명의신탁자이고 등기명의자는 실권이 없는 명의수탁자라는 사실]을 입증하여야 종중이 승소할 수가 있다.

명의신탁과 관련된 소송에 있어서 모든 입증책임이 종중에게 있기 때문에 종중이 충분한 증거를 제시하지 못하면 패소할 수밖에 없고, 등기명의자나 그 상속인 입장에서는 방어만 잘 하면 승소할 수 있다는 말이다.

종중이 소송에서 승소하기 위하여 가장 중요한 것, 종중이 건전하게 존재하고 있어야 한다.

대법원은, [명의신탁사실이 입증되려면 종중원명의로 최초 명의신탁등기를 할 당시에 이미 유기적인 조직을 갖춘 종중이 존재하고 있었어야 한다]는 입장이다. 그 말은 최초 명의신탁 당시부터 현재까지 종중이 계속 존재하고 있어야 한다는 말이나 다름없다. 종중이 없어졌다가 재조직할 수도 있으나 이는 확실성이 없다.

그런데 종중이 패소하는 많은 경우, 종중의 실체를 인정할 수 없어서 그러한 종중이 존재하고 있었는지? 그 종중이 소송을 위하여 최근에 급히 조직된 것은 아닌지? 의문이 제기되는 경우이다.

종중의 존재 자체가 부실하고 종중 활동이 미미한 경우에는, 부동산을 등기명의자가 관리하고 그들이 재산세를 납부하게 마련이고, 이는 종중에게는 매우 위험한 현상이다.

종중이 건전하게 존재하려면 반드시 책임감있는 몇몇 종중원이 희생정신으로 온갖 비난을 감수하면서 종중을 굳건히 지키고 있어야 한다. 실제로 종중재산이 고스란히 보존된 종중은 예외없이 그런 사람 몇몇이 종중재산을 지켜오고 있다.

그렇다면 구체적인 사항에서 종중과 종중원사이에 소유권분쟁이 있을 때를 대비하여 어떠한 증거를 평소 준비하고 있어야 하는가?

소송이 제기된 다음에 준비해도 되는 것 아니냐고 할 수 있지만, 소제기 이후에는 준비가 불가능한 것이 대부분이다.

대법원은 특정사실 하나만으로 종중소유라고 인정되는게 아니고, 종중소유라고 인정되려면 제반 사정을 종합하여 판단해야 한다는 것이다.

즉 대법원(2000.7.6. 선고 99다11397)은 [등기명의인과 종중과의 관계, 등기명의인이 여럿이라면 그들 상호간의 관계, 등기명의인 앞으로 등기가 경료된 경위, 시조를 중심으로 한 종중 분묘의 설치상태, 분묘수호와 봉제사의 실태, 그 토지의 규모와 관리상태, 그 토지에 대한 수익의 수령·지출관계, 제세공과금의 납부관계, 등기필증의 소지관계 등 여러 정황에 미루어 그 토지가 종중 소유라고 볼 수밖에 없는 상당한 자료가 있어야 한다]는 입장이다.

이 대법원판례를 중심으로 하나하나 따져 본다.

1) 종중재산을 종중원명의로 신탁등기를 하려면 등기명의인을 2-3명이 아니라 가급적 여러 명으로 하고, 여러 명도 각 지파의 대표자들로 골고루 배치하는 게 좋다.

실무에서 여러명의 등기 명의자 중 일부의 후손들이 개인소유라고 주장할 때, 다른 공동등기명의자의 후손들이 [무슨 소리냐, 종중소유가 맞다]라고 강하게 반박하여 종중재산으로 지켜진 사례가 많다.

2) 종중은 평소 종중재산목록을 작성하여 어떤 부동산이 종중소유임을 문서로 남기고 매년 정기총회를 할 때마다 그 재산목록을 회의자료에 첨부하여 참석 종원들에게 배포하는 것이 좋다.

그렇게 되면 배포당시에 이의를 하지 않는 한, 후에 그 재산이 개인소유라고 주장하는 예가 거의 없다.

3) 문제의 부동산에 대하여 누가 점유관리하여 왔는지는 종중소유이냐 아니냐를 판단함에 있어 매우 중요한 사실이다. 특히 농지는 매년 경작을 하기 때문에 관리의 여부나 그 주체를 쉽게 알 수 있지만 임야의 경우에는 그렇지 않다. 임야에 분묘가 존재하고 그 분묘를 관리하였다고 해서, 그 임야 전체를 관리하였다고 볼 수 없기 때문이다.

관리를 했는지 자체가 불분명하거나 관리주체가 누구인지 불분명한 경우, 모두 소유권을 찾아오려고 하는 종중에게는 불리한 요소들이다.

그러므로 직접관리가 어려울 경우, 의도적으로라도 타인에게 관리를 맡기고 임대계약서, 관리계약서 등 문서로 남기는 습관을 갖는 것이 추후 소송에 대비하여 결정적인 증거가 될 수 있다.

4) 부동산은 매년 재산세를 납부하게 마련이다. 그런데 그 재산세고지서는 등기명의자에게 송달되고 실질적인 부담자가 누구이든, 등기명의자 이름으로 납부하게 된다.

그 부동산이 종중재산이고 재산세를 종중이 납부하였다면 그 영수증은 반드시 종중이 보관하고 있어야 한다. 명의수탁자인 등기명의자가 그 영수증을 보관하고 있으면서 자신이 재산세를 납부해 왔다고 주장하여 종중이 패소한 경우가 적지 않다.

결론적으로 종중의 활동이 없는 상태에서, 예컨대 등기명의인이 1인이고 점유관리나 재산세납부를 등기명의인이 장기간 해온 경우에는 사실상 종중소유라는 사실을 입증하기가 쉽지 않다.

5) 등기권리증을 소중히 보관하고 있어야 한다. [부동산 명의신탁에 있어서 등기권리증 소위 땅문서는 실질소유자인 명의신탁자가 소지하고 있는게 통례이다]라고 대법원은 보고 있다. 특히 종중과 개인간의 명의신탁의 경우 등기권리증을 누가 소지하고 있느냐는 명의신탁소송에 있어서 매우 중요한 사항이다. 명의신탁소송에서 등기권리증을 명의수탁자가 소지하고 있다면 특단의 사정이 없는한 명의신탁자의 청구는 기각될 확률이 매우 높다.

6) 종중임야에는 조상의 선조묘가 존재하는 경우가 많다. 그럴 경우 가급적 비석을 세워서 그 조상이 누구인지를 알 수 있도록 해야 한다.

간혹 비석이 없는 분묘의 경우 그 조상이 누구인지에 대하여 다툼이 있는 경우가 실제로 있다.

마지막으로 분쟁의 씨앗을 남기지 않고 종중소유로 확실히 남겨두기 위하여 어떠한 조치를 해두는게 좋은지에 대하여 본다.

가장 쉽고 확실한 방법으로, 명의수탁자인 등기명의자로부터 [OO토지는 내 명의로 등기가 되어 있지만 종중소유임을 확인한다]는 확인서를 받아두면, 후에 그 후손들마져도 개인소유라고 주장할 여지가 없어 안전하다.

당연한 이야기지만 그런 확인서는 분쟁이 없을 때만 받는 게 가능한 것이지 일단 분쟁이 생기면 받기가 불가능하다.

그리고 등기명의자가 나쁜 마음을 먹고 제3자에게 처분하는 것은 걱정할 필요가 없다고 하더라도, 그 등기명의자의 채권자가 그 부동산에 대하여 채권행사를 할 경우에는 현행법상 전혀 무방비상태라고 보아도 무방하다. 그럴 경우가 발생할 염려가 있다면 사전에, 다른 방법도 있기는 하지만 가등기를 해놓거나 저당권이라도 설정해 놓아야 한다.

그리고 등기명의자가 돌아가시고 상속인이 소유권을 이어 받을 때, 상속등기를 하지 않고 생전에 증여나 매매를 원인으로 이전등기를 하는 경우가 간혹 있다. 이 경우에는 [증여받은 자 내지는 매수인]으로서 제3자에 해당하여, 그들에게는 일반 제3자에게와 마찬가지로 종중이 권리주장을 하지 못할 수 있다. 그런 사실을 발견하였을 때에는 즉각 조치를 하여야 한다.

누차 강조하지만 명의신탁은 매우 위험한 상태이니 하루빨리 종중명의로 돌려 놓던지, 아니면 특별한 법적장치를 해놓기를 권한다.

4 종중정관에서 특히 주의할 사항

일반적으로 종중은 특정 조상의 후손들이 매년 시제를 지내기 위하여 모이고, 모인 자리에서 종중의 대소사를 논하고 종중의 나아갈 방향을 결정하는 게 보통이다. 그리고 실제로 시제에 참석하는 사람들은 직장생활을 하는 젊은 사람들은 거의 없고, 대개 집안에서 영향력이 있고 나이가 많은 소위 '집안어른'들이다. 우리의 관행은 한 가족의 가장 어른이 종중일에 참석하면, 여성종원은 말할 것도 없고, 참석자의 자녀들은 참석을 하지 않는 게 원칙이다. 결국 종중은 극소수의 집안어른들이 이끌어간다고 해도 과언이 아니고, 이는 유교주의에 터잡은 우리의 매우 오래된 관행이다. 그 집안어른들이 결정한 사항에 대하여는 극히 예외적인 경우를 제외하고는 감히 이의를 제기하지 못해 왔던 게 명문집안의 종중일수록 관행이었다.

그런데 우리나라의 법원은 현실과는 동떨어진 판결을 하고 있어 문제이다. 법원에서는 종중을 법인격이 없는 단체라고 하면서도 재판을 하고 판결을 할 때에는 마치 이익단체인 회사의 경영원칙을 따르라고 하고 있다.

즉 법원에서는 종중의 구성원은 만 19세가 된 성년이라고 하고, 집안어른들이나 여자종원, 여기에는 출가하여 다른집 며느리가 된 사람도 포함하라고 한다. 여자종원을 포함한 일반종중원들이 동등한 자격으로 총회에서 표결권을 갖는다는 원칙을 고수하고 있고, 이에 어긋나는 일에 대하여는 가차없이 제재를 가하고 있어, 종중소송에 있어서 예상치 않은 패소판결을 받는 경우가 매우 많다.

우리나라 종중의 실태와 법원이 적용하는 법적기준이 어떻게 상이하고 무엇을 준비해두어야 할 것인지에 대하여 본다.

첫째, 종중정관이 제대로 있어야 한다.

우리나라 종중은 종중대표를 별도로 선임하지 않고 중중의 정관이 없어도, 집안의 덕망있는 어른들이 잘 이끌어왔다. 그런데 법원은 '종중의 실체를 인정하려면 종중의 정관이 작성되어 있고 대표자가 정해져야 한다'는 원칙을 고수하고 있다. 그렇기 때문에 종중대표자가 정해지지 않고 정관이 없는 경우, 설령 있더라도 대표자를 최근에 선임하고 정관을 최근에 제정한 경우에는, 법원이 종중의 존재에 관하여 의심을 한다. 그렇기 때문에 정관을 만들어놓고 대표자를 선임해두어야 한다. 그리고 법원은 종중의 정관을 마치 국가의 헌법과 같이 여기기 때문에 그 내용을 정함에 있어서 매우 신중하여야 한다. 소송이 벌어진 후에 내용이 잘못되었다는 주장은 허용되지 않는다.

둘째, 종중이 소송을 하기 위하여는 종중총회에서 종중대표에게 소송에 관한 권한을 위임한다는 결의를 해야 한다.

그런데 종중이 그러한 결의를 하려면 총회를 개최하여야 하는데, 총회를 개최하기 위하여는 만 19세 이상의 남녀종원 모두에게 총회 소집통고를 하여야 하고, 그러기 위하여는 종중원의 이름과 주소가 기재된 종중원명부가 작성되어야 하는데, 종중의 규모가 작은 경우에는 종중원명부를 작성하는 일이 어렵지 않으나, 규모가 큰 경우에는 종중원 파악조차 어렵고, 매년 사망하는 종원, 성년이 되어 자격을 취득하는 종원이 있어, 종중원의 변동상황을 파악하기가 매우 어렵다. 그러기 때문에 총회소집통고를 하고 총회를 소집한다는 것은 사실상 매우 번거롭고, 거기에다가 총회를 하더라도, 소집통고를 받지 아니한 종원들이 이의를 제기하면 총회결의가 효력이 없어질 수 있다.

이와 같은 총회소집절차의 문제점을 사전에 해결하는 방법이 있다.

총회는 정기총회와 임시총회가 있고, 정기총회는 매년 중시조의 시제날 혹은 공동제사날에 개최하는 경우가 많다.

즉 정관에 매년 1회 개최하는 정기총회의 일시와 장소를 미리 정관규정으로 정해놓은 경우(예, 매년 10월 둘째 주 일요일 11시 시제장소)에는 소집통지를 하지 않아도 적법하게 소집통고를 한 것과 동일한 법적효력을 인정하고 있는 것이 우리나라 법원의 입장이기 때문에 이 점을 잘 활용할 필요가 있다.

셋째, 정관에서 총회의 의사정족수 및 의결정족수에 관한 규정을 둘 때 주의할 사항이 있다.

통상 사회의 많은 단체는 재적구성원 과반수출석에 출석인원 과반수찬성으로 안건을 가결하고 있다. 종중정관으로 이를 모방하여 '재적과반수 참석에 과반수찬성'으로 안건을 가결하는 것으로 규정했다가는 큰일난다. 왜냐하면 종중원 과반수가 참석한다는 것은 아예 불가능하기 때문이다. 이를 감안하여 재적종원의 과반수가 아닌 4분의1 혹은 5분의1이 참석하면 총회가 성립된다고 정관에 규정하는 종중도 있으나, 이 마저도 정족수를 채우기가 어렵다.

정관에서 정한 정족수를 채우지 아니한 상태에서 의결한 것은 아무런 효력이 없다.

이에 대한 해결방법이 있다.

총회의 의사정족수에 관하여는, 참석인원에 대하여 아예 언급을 하지 말고 단순하게 [참석자 과반수의 의결로 한다]라고 정하면 된다. 법원에서는 이러한 정관규정에 따라 결의한 총회의결에 대하여 효력을 인정하고 있다.

항상 종중관련 실제 소송이 벌어졌을 때, 총회소집의 하자 및 의사정족수가 단골 쟁점으로 다투어지고 있는 게 현실이고, 이 관문을 통과하지 못하면 기각판결이 아니라 각하판결을 받게 된다.

이상 2가지만 준비해두면, 적어도 요즘 종중이 가장 패소판결을 많이 받는 사유인 총회의결의 하자에 관하여는 문제점이 해소될 수 있다.

5 종중재산 매매할 때 이것을 조심하세요

일반적으로 부동산을 매매할 당시 등기부상 소유자와 계약을 하고 매매대금을 지불하면 아무런 문제가 없다. 그러나 종중재산의 경우에는 절대로 그렇지 않다. 종중재산의 경우에는 필히 챙겨야 할 것이 있고, 이것을 챙기지 못하였다가는 매매대금을 다 치르고 이전등기까지 하였다가도 소유권을 빼앗길 위험이 도사리고 있다는 사실을 꼭 명심해야 한다.

종중재산중 중요재산은 종중총회의 결의가 있어야 법적으로 유효한 거래를 할 수 있다는 것이 대법원판례의 입장이다. 즉 종중총회의 결의가 없다면, 종중재산을 매수하고 대금을 치렀더라도 그 매매는 무효가 되기 때문에 종중원들이 나서서 소유권이전등기가 원인무효라는 이유로 이전등기의 말소를 청구하면, 소유권을 빼앗길 수 있다.

다만 종중총회는 매매이전에 결의하여야만 하는 것은 아니고, 매매 이후에 매매계약을 추인하는 결의를 하더라도 역시 유효하다.

이 경우 종중총회의 결의 자체가 아예 없는 상태에서 매매가 이루어진 경우에 그 매매가 무효인 것은 당연하다. 그런데, 비록 종중총회에서 결의를 하였더라도 종중총회결의에 하자가 있는 경우, 이 경우에도 역시 종중총회의 결의가 무효로 되고 따라서 그 결의를 근거로 매매를 한 경우 그 매매가 무효가 된다는 사실이다.

그러면 어떠한 경우에 종중총회결의가 무효로 되는가?

요약하자면, 종중총회가 제대로 효력을 가지려면 우선 모든 종중원들에게 소집통고를 하여야 하고 그러려면 종중원명부가 제대로 작성되었어야 한다. 종중원의 소재를 파악함에 있어서 최선을 다하지 않았다고 인정되는 경우 그 종중총회의 효력은 인정받기 어렵다. 여기서 종중원이라고 함은 만 19세가 된 여자종원도 포함되어야 한다. 특히 출가한 여자는 친정집 종중에 관심이 없지만 그들도 종중원이기 때문에, 절대로 빠뜨리면 안 된다.

종중총회가 유효하려면 모든 종원에게 소집통지를 하여야 한다. 이해관계가 대립되는 종원이라도 꼭 통지를 하여야 한다. 이해관계가 대립되는 종원들에게 소집통지를 하지 않아 총회가 무효가 되는 경우가 상당히 많다는 사실 명심해야 한다.

다만 총회에는 정기총회와 임시총회가 있는데, 정관상에 정기총회의 일시와 장소를 미리 못박아 놓은 경우, 예컨대, '매년 10월 세 번째 일요일 10시, 종중회관'이라고 정해놓은 경우에는 별도의 소집통지를 하지 않아도 된다는 사실은 앞에서 밝힌 바 있다.

그리고 많은 종중이 제대로 된 창립총회를 하지 않았거나, 창립총회를 제대로 하였더라도 장기간 종중운영이 제대로 되지 아니하여 종중대표자도 없고 종중원변동이 심한 경우에는, 또다시 창립총회를 하여야 하는데, 이 경우에는 연고항존자(항렬이 가장 높고 나이가 가장 많은 사람)가 소집통지를 하여야 한다는 것이 대법원판례의 입장이다. 흔히 연고항존자를 따질때에 출가한지 오래된 여자종원을 빠뜨리는 경우가 많은데 이점 유의해야 한다.

위와 같은 총회결의에 하자가 있을 경우 총회결의는 무효가 되고, 이와 같은 무효인 총회결의에서 종중재산매매에 동의 내지 추인을 하였더라도, 그 매매역시 무효가 된다.

필자가 실제로 다루었던 사건중에는, 종중소유임야를 매수함에 있어 종중총회결의까지 받았는데, 후에 그 종중총회를 소집한 연고항존자보다 나이가 많은 출가한 여자종원 연고항존자가 생존한 것이 밝혀져 결국 그 종중총회가 무효가 되었고, 매수인은 많은 비용을 투자하여 그 임야를 개발하였는데, 그후 과반수이상의 종중원들이 매매를 추인하는 데 반대하는 바람에 부동산을 고스란히 되돌려준 사건이 있었다.

그러므로 종중재산을 매매할 경우에는 매도인과 매수인이 다같이 종중총회의 하자여부에 관하여 꼼꼼히 따지지 아니하면 후에 매매가 모두 무효가 되는 경우가 있으니 조심해야 한다. 특히 매수인입장에서 더 꼼꼼히 살펴야 한다

여기에서 빼놓을 수 없는 사항이 있다.

종중재산은 종중명의로 등기되어 있는 경우도 있고, 종중원들 개인명의로 명의신탁된 경우도 있다. 종중원에게 명의신탁된 부동산의 경우에는 등기명의자인 종중원 개인과 매매를 하여 소유권이전등기를 받으면 매수인이 적법하게 소유권을 취득한다. 이 경우 매수인이 명의신탁된 사실 즉, 실질소유자는 종중인데 다만 등기명의만 개인명의로 된 사실을 모르고 매매를 하였을 때는 물론 적법하게 소유권을 취득하지만, 명의신탁된 사실을 알고 있었더라도 적법하게 소유권을 취득한다는 것이다. 이는 부동산실명법의 법조문 때문에 그렇다.

다만 종중재산의 명의수탁자(명의신탁을 받은 등기부상소유명의자)가 종중부동산을 임의처분하면 형사상 횡령죄로 처벌을 받게 되는데, 이때 명의수탁자가 종중재산을 임의로 처분하여 돈을 챙기려고 하는 배신행위에 매수인이 적극가담하여 매매가 이루어졌다면, 적극 가담한 매수인명의로 경료된 그 이전등기가 역시 원인무효로 말소 될 수 있다는 사실 명심해야 한다. 여기서 적극가담의 대표적인 경우를 예로 들자면 이렇다. 등기명의자는 실질소유자가 아니고 실질소유자는 종중인데, 이 등기명의자는 종중몰래 매도할 의사가 없고, 매수인이 '해당부동산이 종중소유이지만 개인명의로 등기된 사실'을 알고 있는 상태에서, 매수인이 등기명의자에게 찾아가 매도하라고 매매를 종용하여 매매가 이루어진 경우, 이 경우를 대표적으로 매수인이 적극가담한 것으로 보고 있다.

6 종중유사단체는 종중이 아니다

통상 종중이라고 하면 필수적으로 종중정관(종중규약, 종중회칙)이 있어야 한다. 종중정관 제1조는 대부분 "본종중은 OOOO종중이라고 칭한다."라고 하여 종중의 명칭을 정하고, 제2조는 "본종중은 OOO의 후손으로서 만 19세 이상 성년 남녀로 구성된다"라고 하여 종중원의 자격 내지 종중의 범위에 대한 규정을 두고 있다. 그런데 정관의 내용상 명백히 순수한 의미의 종중이 아니고 종중유사단체인 것들이 간혹 있다.

그렇다면 어떠한 경우에 종중유사단체가 되고, 종중유사단체라면 종중과 달리 어떠한 법적인 성격을 띄는가에 대하여 본다.

어떠한 경우에 종중유사단체가 되는가?

결론적으로, 종중으로 인정받으려면, 특정 공동선조 한분의 후손으로서 만 19세 이상인 성년 남녀종중원을 구성원으로 하여야 하고, 그렇지 아니한 경우에는 모두 종중유사단체라고 보면 거의 틀림없다.

첫째, 종중의 공동선조는 1인이어야 한다. 공동선조가 1인이 아니고 2인 이상인 경우, 실제로 특정 선조 형제분의 후손들로 구성된 종중에 대하여 대법원은 종중으로 인정하지 않고 종중유사단체로 보았다.

둘째, 특정선조의 후손들로서 특정지역에 거주하는 사람들만으로 구성된 단체가 의외로 많다. 비록 본인들은 종중이라고 명명하더라도, 대법원은 종중으로 보지 않고 종중유사단체로 보고 있다.

셋째, 어떤 종중은 정관에서 종중원의 자격을 남자로만 제한하거나, 출가한 여자는 제외하기로 규정한 경우가 있는데, 그러한 종중도 종중유사단체에 불과하다.

넷째, 종중에 해를 끼치게 한 종중원, 특히 종중과 맞서서 소송을 벌인 종중원과 그 가족 다수를 애초부터 종중구성원에서 제외시킨 경우가 있다.

이러한 종중도 역시 종중유사단체에 불과하다.

다섯째, 드물기는 하지만 특정선조의 후손들중에서 종중원이 되기를 희망하는 사람으로 자격을 제한하거나, 회비를 내는 종원에게만 종원자격을 부여하는 종중이 있다. 이러한 종중도 역시 정식 종중이 아니고 종중유사단체에 불과하다.

다음으로 종중유사단체는 어떠한 법적성격을 갖는지에 대하여 본다.

첫째, 종중유사단체는 일종의 친목단체로서 인정을 받을 뿐이다. 그렇기 때문에 종중은 특정선조의 후손이면 입회, 탈퇴의 절차가 필요없이 성년인 19세가 되면 남녀 불문하고 자동적으로 종중원이 되고 사망함으로서 자격을 상실하지만, 종중유사단체는 자격요건을 미리 정해놓고 그 요건을 갖추어야만 자격을 유지할 수 있다.

둘째, 종중의 경우에는 잠시 조직이 무너져 종중이 존재하지 않게 되어 재창립을 할 경우에는 연고항존자(항렬이 높고 나이가 많은 분)가 총회소집을 할 권한이 있다는 것이 대법원의 입장인데, 종중유사단체의 경우에는 연고항존자가 존재할 여지가 없고, 연고항존자라고 하는 종원이 총회소집을 하였더라도 법적인 효력이 없다.

셋째, 종중은 종중원이 큰 잘못을 저질렀을 때 징계는 할 수 있지만 종중원자격을 박탈하는 것은 허용되지 않고, 종중원이 스스로 종중을 탈퇴하더라도 탈퇴의 효력이 없다는게 대법원의 입장이다.

즉 종중이 제명을 하거나 본인이 탈퇴하더라도 종원의 자격이 그대로 유지된다는 말이다. 종중일에 참여를 하느냐 안하느냐는 별개의 문제이다. 그러나 종중유사단체에서는 제명과 탈퇴를 하면 구성원의 자격이 상실된다고 보아야 한다.

넷째, 종중의 경우에는 분파간에 분쟁이 생겨 특정분파의 종원들을 배제하기로 결의를 하더라도 그결의는 효력이 없다.

어떤 경우는 한 조상의 후손들인데 2개 이상으로 분열되어 각기 회장을 달리 선임한 경우도 있었다. 이 경우 분열되어 일부 종원들만으로 구성된 종중은 적법한 종중으로 인정될수 없다.

이 문제는 실제로 종중 부동산을 매각한 돈을 구성원에게 분배하는 경우에 문제가 된 일이 있는데, 종중원의 자격은 어떠한 경우라도 그대로 유지되기 때문에 제명된 종원을 포함하여 모두 재산을 분배받을 권리가 있다.

다섯째, 실제로 종중재산에 관하여 법적으로 소유권분쟁이 생겼을 때, 종중이 당사자라고 나서기는 하는데 그 종중이 순수한 의미의 종중이 아니고 종중유사단체라면, 그 종중은 특별한 예외가 없는한 소송에서 종중으로 인정할 수 없다는 이유로 패소할 수밖에 없다. 이러한 경우 많은 분들이 패소판결에 대하여 수긍을 하지 못하는 것이 현실이다.

현재 우리나라는 수많은 종중이 존재하는데, 실질적으로는 종중유사단체인 경우가 많고, 정식으로 종중인데 종중활동을 함에 있어 일부 종원들을 제외시키고 종중유사단체와 같이 종중을 운영하는 경우도 많다. 어떠한 경우이든 대법원판결이 말하는 정상적인 종중활동으로 인정받지 못한다.

7 개인명의로 신탁등기된 종중재산, 개인과 거래하면 안전한가?

부동산을 타인명의로 등기를 하는 것을 명의신탁이라고 한다. 종중이 개인명의로 등기를 하는 경우 종중은 명의신탁자가 되고, 그 개인은 명의수탁자가 된다. 명의신탁은 위법이고, 모든 부동산은 타인명의로 등기를 하면 부동산실명법 제4조에 따라 무효가 되고, 때로는 형사처벌도 받을 수 있다.

다만 예외적으로 종중부동산, 배우자의 부동산, 종교단체의 부동산에 관한 명의신탁은 조세포탈, 강제집행면탈 또는 탈법을 목적으로 하지 않는한 부동산실명법 제8조에 따라 유효하다.

종중부동산을 개인명의로 명의신탁을 하는 경우가 매우 많고, 특히 농지는 농지법상 종중명의로 등기를 할 수 있는 길을 막아 놓았기 때문에, 농지에 관한한 명의신탁을 할 수밖에 없다. 이 경우 종중과 명의수탁자사이에서는, 엄연히 그 부동산은 종중소유이고, 명의수탁자가 종중을 배신하고 처분하는 것은 도의적으로 매우 비난받을 일이다. 그렇다면 실질적으로는 소유권이 없는 명의수탁자와 매매계약을 체결하고 이전등기를 받는 것은 안전한가?

부동산실명법 제4조 제3항에 의하면, 명의수탁자와 매매계약을 체결하고 이전등기를 받은 제3자는 그 부동산의 소유권을 적법하게 취득한다.

이 경우 약간 의외라고 생각되는 부분은, 제3자가 명의수탁자와 매매계약을 체결할 당시, 그 부동산의 실질적인 소유자가 개인이 아니고 종중소유라는 사실을 알고서 계약을 하였더라도, 그 제3자는 소유권을 취득하는 데 아무런 영향이 없다는 것이고, 심지어 그 등기명의자가 종중을 배신하여 부동산의 매매대금을 가로채려고 한다는 사정을 알고 있었더라도 제3자는 안전하다는 것이다. 결국 종중은 그 부동산을 제3자로부터 찾아올 수 있는 방법이 없고, 종중은 수탁자에게 손해배상을 청구하거나 형사고소를 하는 방법이 있기는 하나, 부동산 그 자체를 되찾아올 수 있는 길은 없다는 게 문제이다.

이에 대하여 법학자중 일부는 매우 반대하는 입장이지만, 다수의견은, 개인을 믿고 개인명의로 등기를 하였다면, 설령 그 개인이 배신행위를 하였더라도 일반적인 거래의 안전을 위하여 제3자를 보호하고 신탁자가 그로 인한 손해를 감내하라는 취지이다.

결론적으로, 종중명의로 등기된 부동산을 매수할 경우에는 종중이 총회의 결의로서 종중재산처분행위를 승인하여야만 제3자가 적법하게 부동산을 취득할 수 있지만, 종중이 개인명의로 명의신탁을 한 부동산의 경우 명의수탁자와 매매계약을 체결하고 소유권이전등기를 경료하면 총회의 결의가 없더라도 그 제3자는 안전하다는 것이다.

다만 예외가 있다.

종중부동산의 명의수탁자가 부동산을 임의처분한 경우 사정에 따라 횡령죄 혹은 배임죄로 형사처벌을 받을 수 있다.

이 경우 명의수탁자는 횡령죄가 되든, 배임죄가 되든, 종중을 배신하는 행위를 하는 것인데, 그 배신행위에 매수인 제3자가 적극 가담한 경우, 다시 말해서 '단순히 수탁자가 배신행위를 한다는 사정을 알고 있는 것'만으로는 부족하고, 수탁자의 배신행위에 제3자가 적극 가담한 경우에는 명의수탁자와 제3자 사이의 매매계약이 무효가 되고 제3자명의로 마쳐진 이전등기도 말소될 수 있다는 것이 대법원의 입장이다. 따라서 이 경우에는 종중이 제3자에게 넘어간 부동산을 되찾아올 수 있다.

다만 제3자가 수탁자의 배신행위에 적극가담하였다고 인정받으려면 제3자가 구체적으로 어떠한 행위를 하였어야 하는가?

대법원이 인정한 대표적인 실례로서, 명의수탁자가 자금사정에 매우 곤란을 겪고 있는데, 실질소유자가 종중이라는 사실을 잘 알고 있는 제3자가, 명의수탁자를 찾아가서 매도하라고 적극권유하여 매매가 이루어진 경우 '제3자가 적극 가담하였다'고 보았다.

한편 제3자가 종중에게 매매가격을 제시하였는데 종중이 매매가격이 저렴하다는 이유로 매매를 거부한 상태에서, 제3자가 다시 명의수탁자를 찾아가 그 가격에 매매계약을 체결한 경우, 제3자가 수탁자의 배신행위에 적극 가담하였다고 인정하였다.

제3자가 수탁자의 배신행위에 적극적으로 가담하였느냐에 대한 판단은 제3자의 주관적인 사정, 특히 속마음뿐 아니라 객관적인 사정에 따라 판단되기 때문에, 제3자로서는 본의 아니게 억울한 누명을 받을 수도 있다.

그럴 염려가 있을 때에는 수탁자와 매매계약을 체결하되, 추후 종중으로부터 사후승낙을 받는 조건을 부가하면 안전하겠다.

8 개인명의로 신탁등기된 종중재산, 종중소유로 찾아오려면?

우리의 선조들은 종중재산을 종중명의로 등기를 하지 않고 종중원중 덕망있는 분, 1인 혹은 여러 명의 개인명의로 등기를 해놓는 경우가 매우 많았다.

세월이 흘러 등기명의자가 사망하고 자동적으로 자녀들이 상속등기를 하게 되는데, 그 자녀들이 해당부동산의 소유권을 주장하여 종중과 그 자녀들간에 소유권에 관한 소송이 매우 많이 벌어지고 있는 것이 우리의 종중소송의 현실이다.

종중이 제대로 활동을 하고 있을 때는 재산세를 종중이 납부하고, 점유관리도 종중이 하게 되어 개인이 소유권을 주장할 여지가 없겠다, 그런데 종중의 대표 등 임원들도 없어져서 종중활동이 지지부진하게 되었을 경우에는, 재산세고지서가 등기명의자에게 송달되기 때문에 재산세도 개인이 납부하고 점유관리도 개인이 하게 되는데, 종중과 개인간에 소송이 벌어지는 경우의 대부분은, 중간에 이와 같이 종중의 활동이 잠시 멈추어져 있고, 그동안에 개인이 '종중소유가 아니고 개인소유라고 주장해도 되겠다'라고 생각하게 되는 과정이 존재한다. 왜, 최초 등기명의자인 선친이 돌아가시고 그 자녀들은 등기명의자로서 재산세도 장기간 납부해 왔고 종중소유인지 모른다고 할 수 있기 때문이다

그런 기간이 장기화되면, 후에 소송이 제기되었을 경우 그 재산의 실질적인 소유자가 종중이라는 증거도 없어지게 되어서 종중은 영원히 소유권을 찾지 못하고 마는 경우도 허다하다.

어찌되었거나 그렇다면 종중이 등기명의자 개인으로부터 종중부동산을 찾아오려면 어떠한 과정을 거쳐야 하는가?

첫째, 종중의 실체에 대하여 철저히 준비하여야 한다. 종중이 계속적으로 존재해 왔다면 별문제가 없지만, 종중이 일시 와해되었다가 재창단하여야 할 수도 있고, 이

러한 경우 때로는 예전에 존재하던 종중정관마져 분실하여 새로이 정관제정까지 해야 할 수도 있다.

종중정관을 제정할 경우에는 종중유사단체가 되지 않도록 특별히 조심하여야 한다. 종중구성원은 19세 이상 남녀 모두를 망라하여야 하고, 출가한 여자를 제외하거나, 특정계파를 제외하면, 정상적인 종중으로 인정받을 수 없기 때문에, 정관제정 당시에는 반드시 경험많은 전문가의 조력을 받을 필요가 있다.

둘째, 이와 같이 대표자마저 없어서 종중을 재창단할 경우에는 연고항존자(항렬이 제일 높고 나이가 많은 종원)가 종중총회를 소집하여야 한다. 소집통지는 모든 종원에게 하여야 한다. 흔히 한 가정의 대표자 1인에게만 통지하거나, 출가한 여자와 소송의 반대 당사자에게는 통지를 하지 않는 경우가 왕왕 있는데, 그러한 총회는 효력이 없다. 연락처를 모르는 종원들을 위하여 일간지에 소집통고를 게재할 필요도 있다. 그러한 총회에서 새로이 종중정관도 제정하고, 종중대표를 선임하고, 대표자에게 종중재산을 되찾아오는 소송을 수행할 수 있도록 권한을 위임하는 내용 등등의, 종중총회결의를 하여야 한다.

종중정관과 총회결의에 하자가 있으면, 각하판결을 받게 되는데, 종중소송에서 각하판결을 받는 경우가 의외로 많다는 사실 명심해야 한다.

셋째, 이와 같이 종중의 실체를 갖춘 후에는, 곧바로 민사소송을 제기할 것이 아니라, 등기명의자를 만나 협상을 하는 절차를 반드시 거칠 것을 권한다.

대개의 경우 등기명의자들은 종중이 관리를 소홀히 하는 바람에 재산세도 장기간 납부하고 관리업무도 하였기 때문에 그동안의 노고에 대하여 감사표시도 해야하고, 그에 대한 보상도 해주어야 마땅하다. 때로는 사전에 협상이 이루어질수도 있었는데, 곧바로 소송을 제기하는 바람에 감정이 격화되어 그 이상의 출혈이 생기는 경우가 많다.

넷째, 협상이 되지 않는다면, 할 수 없이 민사소송을 제기하여야 하는데, 주로 종중이 원고가 되어 등기명의자를 상대로 하여, '명의신탁해지를 원인으로 한 소유권이전등기절차를 이행하라'는 내용의 소송을 제기하게 된다.

대개의 경우, 최초 개인명의로 등기할 경우 그 개인명의로 등기하기로 종중이 결의를 한 문서가 있다든지, 등기명의자가 종중소유임을 인정한다는 확인서가 있으면 종중소유라는 직접증거가 되어 쉽게 승소할 수가 있지만 그러한 경우는 거의 없다. 대부분 간접증거로써 종중소유라는 사실을 입증하여야 하는데, 임야의 경우에는 선조묘가 다수 존재한다는 사실은 종중에게 유리한 증거이다. 또 농지의 경우 과거 어느 선조의 시제답으로 활용하였었다는 사실, 종중이 과거 재산세를 납부했었다는 사실, 과거 종중이 특정개인으로 하여금 경작하도록 소작을 주었었다는 사실 등도 모두 종중에게 유리한 간접사실이 될 수 있다.

다섯째, 농지의 경우에는 경자유전의 원칙을 고수하는 현행 농지법상 종중이 승소판결을 받아도 농지취득자격증명을 받을 수 없어 종중명의로 등기를 할 수가 없다. 이것 때문에 종중이 농지에 대하여는 아예 소송을 제기조차 하지 않는 경우가 있는데, 당장 등기는 하지 못하더라도 승소판결자체가 등기명의자로 하여금 소유권을 주장할 수 있는 여지를 영영 없애는 역할을 하기 때문에, 농지일수록 판결을 받아두어야 한다.

흔히 종중을 이끌어가시는 분들은 '그거 당연히 종중이 승소하는 것 아니냐?'라고 방심하였다가 패소하는 경우가 많다. 법원은 확실한 증거가 없으면 등기명의자의 소유로 인정하는 경향이 있다는 사실을 명심하여야 한다.

9 종중원에게 명의신탁한 부동산, 종중소유로 인정하기 위해 대법원이 조건으로 제시하는 사항

종중의 입장에서 문제의 부동산은 [명의가 개인명의로 되어 있지만 그건 종중이 개인에게 명의신탁한 것일 뿐 실질적으로는 종중소유이다]라는 사실을 입증해야 그 부동산을 찾아올 수 있다. 즉 명의신탁이라는 사실을 어떻게 입증해야 할까?

문제의 부동산이 종중소유로서 개인에게 명의신탁을 한 것이라는 사실을 인정받으려면,

첫째, 명의신탁당시 종중이 존재하고 있었어야 한다.

대법원(2000.7.6. 선고 99다11397 판결)은 [종중과 종중원 등 등기명의인 사이에 어떤 토지에 관한 명의신탁 여부가 다투어지는 사건에 있어서, 일단 그 토지에 관하여 등기명의인 앞으로 등기가 경료될 당시 어느 정도의 유기적 조직을 가진 종중이 존재한 사실이 증명되어야 한다]는 입장이다.

즉 종중이 존재했어야 그 종중이 어느 재산을 어느 종중원명의로 등기를 할 수 있

는 것이기 때문에 논리적으로 종중은 적어도 그 재산을 어느 개인명의로 등기를 할 당시에 이미 존재하고 있었어야 한다.

여기에서 [유기적 조직을 갖춘 종중]이라 함은 원칙적으로 종중정관이 있고 대표자등 임원진이 구성된 종중을 말한다.

그러나 우리 조상들은 특정조상의 후손중 어느 한분이 연락을 취하고 매년 시제 때 모여 제사를 지내고 식사를 하면서 종중일을 논하고 처리함으로서 종중이 존속해 온 것이 과거 현실이다.

대법원(1995.11.14. 선고 95다16103 판결)은 [종중이라 함은 원래 공동선조의 후손 중 성년 이상의 종원으로 하여 구성되는 종족의 자연발생적 집단이므로, 성립을 위하여 특별한 조직행위를 필요로 하는 것이 아니며, (중략) 반드시 특정한 명칭의 사용 및 서면화된 종중규약이 있어야 하거나 종중의 대표자가 계속하여 선임되어 있는 등 조직을 갖추어야 하는 것은 아니다.]라고 하여 종중명칭이 없거나, 정관과 종중대표가 계속하여 존재하지 않아도 종중의 존재가 인정된다는 입장이다.

뒤늦게 종중을 구성하여 종중소유라고 억지주장하는 사례도 많고, 현실적으로 명의신탁등기당시 종중의 존재를 입증하지 못하여 종중이 패소하는 경우가 의외로 많다.

둘째, 종중소유라고 인정되려면 제반사정을 종합하여야 한다는 것이다.

대법원(2000.7.6. 선고 99다11397 판결)은 [등기명의인과 종중과의 관계, 등기명의인이 여럿이라면 그들 상호간의 관계, 등기명의인 앞으로 등기가 경료된 경위, 시조를 중심으로 한 종중 분묘의 설치상태, 분묘수호와 봉제사의 실태, 그 토지의 규모와 관리상태, 그 토지에 대한 수익의 수령·지출관계, 제세공과금의 납부관계, 등기필증의 소지관계 등 여러 정황에 미루어 그 토지가 종중 소유라고 볼 수밖에 없는 상당한 자료가 있어야 한다]는 입장이다.

개별적으로 본다.

종중이 개인명의로 등기를 할 당시 등기명의자로부터 [어느 부동산은 내 명의로 등기를 하지만 종중소유임을 인정한다]라는 확인서를 받아 놓았다면 그건 직접증거로서 완벽하겠지만 그런 경우는 거의 없다.

대부분 간접증거로 인정된다.

예컨대, 등기명의인이 여럿인데 그들이 각기 종중 중시조의 후손들의 각 파별 대표들이라고 하면 종중소유라고 인정될 가능성이 높다.

해당 부동산에 조상들의 분묘가 존재한다는 사실, 그 부동산의 점유 관리를 종중에서 해 온 사실도 종중에게 유리하다.

등기권리증 소위 땅문서를 종중에서 보관하고 있거나, 종중에서 재산세를 납부하여 왔다면 그 토지는 종중소유라고 인정받을 수 있는 중요사실이 된다.

다만, 문중의 제사 또는 이와 관련된 일에 필요한 비용을 충당하기 위하여 마련된 토지를 위토라고 하는데, 대법원은 위토에 대하여는 특수한 입장을 견지하고 있다.

즉 [어느 토지가 특정묘의 위토로 되는 경위는 그 특정 묘와 관계있는 종중이 그 소유권을 취득하여 위토 설정을 한 경우와 후손 중의 어느 개인이 개인 소유의 토지를 특정 선조묘의 위토로 설정하는 경우 등이 있을 수 있으므로 위토라는 사실만으로는 이를 종중의 소유로 볼 수 없다](대법원 2006.7.28. 선고 2005다33060 판결)는 것이 대법원의 입장이다. 그 위토가 종중소유라고 인정받으려면 등기권리증의 소지, 재산세납부자등 종중소유라는 간접사실이 뒷받침되어야 한다.

결론적으로 종중의 활동이 없는 상태에서, 등기명의인이 1인이고 점유관리나 재산세를 등기명의인이 장기간 납부해온 경우에는 사실상 종중소유라는 사실을 입증하기가 쉽지 않다.

실제로 이를 입증하지 못하여 종중이 패소하는 예가 상당히 많다.

10 종중소유권 분쟁, 법원은 무엇을 기준으로 종중소유라고 판단하나?

우리의 선조들은 종중재산을 종중명의로 등기를 하지 않고 종중원 중 가장 믿을 만하고 덕망있는 한 명 혹은 여러 명 명의로 등기를 해놓는 경우가 매우 많았다.

세월이 흘러 등기명의자가 돌아가시고 자동적으로 자녀들이 상속등기를 하게 되는데, 그 자녀들이 해당부동산이 개인 소유라고 주장하여 종중과 그 자녀들간에 소유권에 관한 소송이 매우 많이 벌어지고 있는 것이 현재의 우리나라 종중소송의 현실이다.

이때, 종중의 입장에서 문제의 부동산은 [명의가 개인명의로 되어 있지만 그건 종중이 개인에게 명의신탁한 것일 뿐 실질적으로는 종중소유이다]라고 주장하고, 반대로 명의자의 상속인들은 [아니다. 그 재산은 종중이 우리 조상에게 명의신탁한 게 아니라 선대로부터 상속받은 개인재산이다.]라고 주장하여 문제가 된다.

그렇다면 이러한 소송에서 문제의 부동산이 종중소유인지, 아니면 개인소유인지에 대하여는 무엇을 기준으로 판단하는가? 임야에 선조묘가 있고 종중이 세금을 내면 종중소유가 된다는데 과연 그런가? 나아가 종중이 승소하기 위하여는 어떤 요건을 갖추어야 하는가?

이와 같은 종중소송에 관한 기본적인 사항에 대하여 우리나라 대법원은 어떻게 판결을 해왔는지를 살펴 본다.

첫째, 대법원판결을 논하기 이전에 더 중요한 사항, 입증책임(증거를 제시해야 할 책임)이 누구에게 있는가이다. 이는 모든 소송에서 매우 중요한 사실이다. 모든 부동산은 누구에게든 등기가 되어 있으면 그 등기명의자의 소유로 추정된다. 이를 [등기의 추정력]이라고 한다.

즉 이 건에 있어서 종중원 개인명의로 등기되어 있으면 그 등기명의자의 소유로 추정되기 때문에, 종중입장에서는 [실질적인 소유자는 종중이고, 개인명의로 등기가 된 것은 명의신탁을 한 것이다], 즉 [종중이 명의신탁자이고 등기명의자는 실권이 없는 명의수탁자라는 사실]을 입증하여야 종중이 승소할 수가 있다.

모든 입증책임이 종중에게 있기 때문에 등기명의자나 그 상속인 입장에서는 방어만 잘 하면 승소할 수 있다.

둘째, 문제의 부동산이 종중소유로서 개인에게 명의신탁을 한 것이라는 사실을 인정받으려면, 명의신탁당시 종중이 이미 존재하고 있었어야 한다는 것이다.

이에 대하여는 앞에서 설명하였다.

일제강점기때 토지조사사업을 통하여 사정을 받을 당시에 종중이 개인명의로 사정받은 것인지, 즉 사정명의인은 명의수탁자에 불과한지에 대하여 분쟁이 많다.

이에 대하여, 대법원(1997.2.25. 선고 96다9560 판결)은 [어떤 토지가 종중의 소유인데 사정 당시 종원 또는 타인 명의로 신탁하여 사정받은 것이라고 인정하기 위하여는, 사정 당시 어느 정도의 유기적 조직을 가진 종중이 존재하였을 것과, 사정 이전에 그 토지가 종중의 소유로 된 과정이나 내용이 증명되거나, 또는 여러 정황에 미루어 사정 이전부터 종중 소유로 인정할 수밖에 없는 많은 간접자료가 있을 때에 한하여 이를 인정할 수 있을 뿐]이라고 판결하여 이러한 입장을 명백히 한 바 있다.

여기에서 [유기적 조직을 갖춘 종중]이라 함은 원칙적으로 종중정관이 있고 대표자등 임원진이 구성된 종중을 말한다.

그러나 현실은 많은 경우 소송을 제기할 무렵에 뒤늦게 정관을 제정하고 종중대표를 선임하는등 종중을 급히 구성하여 종중소유라고 억지주장하는 사례가 의외로 많고, 현실적으로 명의신탁등기 당시 종중의 존재를 입증하지 못하여 종중이 패소하는 경우가 의외로 많다.

셋째, 대법원은 특정사실 하나만으로 종중소유라고 인정되는 게 아니고, 종중소유라고 인정되려면 제반 사정을 종합하여 판단해야 한다는 것이다.

즉 대법원(2000.7.6. 선고 99다11397 판결)은 [등기명의인과 종중과의 관계, 등기명의인이 여럿이라면 그들 상호간의 관계, 등기명의인 앞으로 등기가 경료된 경위, 시조를 중심으로 한 종중 분묘의 설치상태, 분묘수호와 봉제사의 실태, 그 토지의 규모와 관리상태, 그 토지에 대한 수익의 수령·지출관계, 제세공과금의 납부관계, 등기필증의 소지관계 등 여러 정황에 미루어 그 토지가 종중 소유라고 볼 수밖에 없는 상당한 자료가 있어야 한다]는 입장이다.

선조분묘의 존재와 세금 납부를 포함하여 소송에서 자주 문제되는 사항들에 대하여 개별적으로 본다.

1) 종중이 개인명의로 등기를 할 당시, 등기명의자로부터 [어느 부동산은 내 명의로 등기를 하지만 종중소유임을 인정한다]라는 확인서를 받아 놓았거나, 그 등기명의자가 생전에 작성한 문서에 그 부동산이 종중재산임을 인정하는 내용이 있는 경우가 있고, 그런 문서가 실제로 소송에서 법원에 제출되는 경우가 심심치 않게 있다. 이 경우 그 문서가, 그 등기명의자가 생전에 작성한 것임이 확실하다면, 그 부동산은 다른 사람이 소유하였었다는 등의 특별한 사정이 없는 한 종중재산이라고 봐야 한다.

2) 예를 들어 해당 종중이 오래전 일제 감정기 때부터 활동해왔고 옛날에 작성된 문서, 대표적으로 [종중재산목록]에 해당부동산이 종중소유로 기재되어 있다면 원칙적으로 종중소유라고 봐야 하고, 실무에서 그럴 경우 종중소유로 인정된 경우가 많다.

3) 종중이 존재한다고 하면 필수적으로 공동선조인 중시조가 존재하여야 한다. 종중재산이라고 주장하는 부동산의 등기명의인이 여러명이고 그들이 각기 종중 중시조의 후손들의 각 지파별 대표들이라고 인정되면, 그 부동산은 종중소유라고 인정될

가능성이 매우 높고 그런 사실 때문에 종중소유로 인정된 사례도 많다.

다만 이 경우 종중소유인 것은 맞는데, 어느종중의 소유이냐? 즉 어느 할아버지 후손들의 소유이냐에 관하여 문제되는 경우가 많다. 이러한 경우에는 그 등기명의 자들의 공통된 선조를 찾아서 그를 중시조로 한 종중의 소유라고 보는 게 통례이다.

4) '해당 부동산에 선대의 묘가 존재한다면 종중재산으로 보아야 하지 않는가?'라고 하는 분들이 많다. 그러나 꼭 그렇지만은 않다.

대법원(1997.2.25. 선고 96다9560 판결)은 [어느 임야에 종중에 속한 분묘가 설치되어 있다고 하여 그러한 사정만으로는 그 임야가 종중 소유라고 단정할 수 없다.]는 입장이다.

다만 조상묘가 1-2기가 아니고 매우 다수의 조상묘가 존재하고, 그 임야를 종중이 관리하고 있었다는 등 다른 사정이 합쳐진다면 종중소유라고 인정될 가능성이 높겠다.

5) 해당 부동산 특히 농지가 시제답(일명 위토)으로 이용되어 온 경우에는 종종소유가 확실하다고 하면서 승소할 것이라고 확신하는 경우가 있다.

그러나 그렇지 않다.

즉 대법원(2006.7.28. 선고 2005다33060 판결)은 [어느 토지가 특정묘의 위토로 되는 경위는 그 특정 묘와 관계있는 종중이 그 소유권을 취득하여 위토 설정을 한 경우와 후손 중의 어느 개인이 개인 소유의 토지를 특정 선조묘의 위토로 설정하는 경우 등이 있을 수 있으므로 위토라는 사실만으로는 이를 종중의 소유로 볼 수 없다]는 입장이다. 즉 종중이 위토를 마련한 경우는 종중소유이겠지만 어느 후손 개인이 위토를 마련한 경우는 개인소유라고 보아야 한다는 것이다.

그러므로 위토라도 등기명의자가 종중소유임을 부인할 경우 종중이 승소하려면 [종중이 마련한 위토]라는 사실을 입증하여야 한다.

6) 문제의 부동산에 대하여 누가 점유관리하여 왔느냐?는 종중소유이냐를 판단함에 있어 매우 중요한 사실이다. 특히 농지는 매년 경작을 하기 때문에 관리의 여부나 그 주체를 쉽게 알 수 있지만 임야의 경우에는 그렇지 않다. 임야에 분묘가 존재하고 그 분묘를 관리하였다고 해서, 그 임야 전체를 관리하였다고 볼 수 없기 때문이다. 관리를 했는지 자체가 불분명하거나 관리주체가 누구인지 불분명한 경우, 모두 소유권을 찾아오려고 하는 종중에게는 불리한 요소들이다.

특히 종중의 임원들이 종중활동을 제대로 하지 못하여 등기명의자가 장기간 관리하여 온 경우에는 종중이 소유권을 회복하지 못할 가능성이 많아진다.

그리고 종중입장에서 종중이 관리해 왔다고 인정받으려면 [과거부터 현재까지 계속 관리하였어야] 한다. 그렇지 않고, 원래는 개인이 관리하여 왔는데, 그 개인이 외지에 나가 사느라, 관리를 소홀히 하는 기간동안, 종중이 관리하였다는 사실만으로는 종중소유라고 인정받을 수가 없다.

7) 세금, 즉 재산세를 누가 납부하였느냐도 소유권을 판단함에 있어 매우 중요한 요소이다.

예컨대 재산세 고지서는 등기명의자 혹은 그 상속인들에게 송달되게 마련이다. 이 때 등기명의자가 세금을 자기 돈으로 납부한 다음 그 금액을 종중으로부터 수령해 왔거나, 등기명의자측이 수령한 고지서를 종중에게 보내어 종중이 세금을 납부하여 왔다면, 그 자체로 등기명의자나 상속인은 그 부동산의 실질소유자가 종중임을 인정한 것과 동일시할 수 있다.

소유권 분쟁이 있을 경우 소유권을 주장하는 쪽에서 다투어 세금을 납부하려고 한다. 그러나, 등기명의자가 외지에 나가 살아서 해당 부동산을 제대로 관리하지 못하는 기간 동안 종중이 임의로 재산세를 납부하여 왔다면 그러한 사실만으로 그 부동산이 종중소유라고 단정할 수가 없을 것이다.

반대로 원래는 종중이 재산세를 납부하여 왔는데, 종중의 활동이 지지부진 한 동안 등기명의자가 세금을 납부한 경우도 마찬가지로 등기명의자의 소유로 단정할 근거가 되지 못한다.

국가가 6.25 사변 이후 제대로 세금을 징수하지 못하였고, 세금을 징수한 역사도 짧을 뿐 아니라, 세금은 그 영수증을 누가 소지하고 있건 거의 모두 등기명의자가 납부한 것으로 되어 있기 때문에, 당사자 간 다툼이 있을 경우, 세금납부문제가 종중소유인지를 따질 때에는 큰 역할을 하지 못할 경우가 많다.

8) 등기권리증을 누가 소지하고 있느냐의 문제이다. 부동산 명의신탁에 있어서 등기권리증 소위 땅문서, 혹은 건물의 경우 집문서는 실질소유자인 명의신탁자가 소지하고 있는 게 통례이다. 특히 종중이 아니고 개인간의 명의신탁의 경우 등기권리증을 누가 소지하고 있느냐는 명의신탁소송에 있어서 매우 중요한 사항이다. 개인간의 명의신탁소송에서 등기권리증을 명의수탁자가 소지하고 있다면 특단의 사정이 없는

한 명의신탁자의 청구는 기각된다고 보아도 좋을 정도이다.

종중의 경우에 있어서도 종중소유라고 주장하는데 등기권리증은 종중이 아닌 등기명의자개인이 소지하고 있다면 종중에게 매우 불리하다.

다만 종중의 경우 종중재산의 등기명의자는 대개 종중에서 중요한 지위에 있고 그들이 종중사무를 관장하는 경우가 많다. 이 경우 종중사무를 관장하면서 그가 등기권리증을 소지하고 있었다면, 그가 소유자 개인으로서 소지하는 것인지 아니면 종중을 위하여 소지하고 있는지가 불명확한 경우가 있어서, 등기권리증 소지 문제가 소송 결과에 전혀 영향을 미치지 않을 수도 있다.

마지막으로 과거 종중소유이었음이 명백하게 밝혀졌더라도, 반드시 현재까지도 종중소유로 남아 있다고 단정할 수는 없다. 과거 어느시기에 소유권이 변경되었다든지 아니면 등기명의자 혹은 제3자가 취득시효완성으로 인하여 소유권을 확보하는등, 종중이 소유권을 회복할 수 없는 경우가 얼마든지 있을 수 있다.

그리고 등기명의자가 사망하고 상속인이 소유권을 이어 받을 때, 상속등기를 하지 않고 생전에 증여나 매매를 원인으로 이전등기를 한 경우가 있다. 이 경우에는 그 상속인은 통상의 상속인이 아니라, 증여받은 자 내지는 매수인으로서의 제3자에 해당하여, 그들에게는 일반 제3자에게와 마찬가지로 종중이 권리주장을 못할 수 있다.

결론적으로 종중소유이냐 아니냐의 문제는 분묘의 존재나 세금납부 등 한두 가지만으로 판단하는 게 아니라, 앞에서 설명한 사항 하나하나가 존재하느냐를 포함하여 제반 사정을 모두 종합하여 판단하여야 한다는 것이다.

법률적타당성 여부를 떠나 실무상, 종중소송에서 종중이 승소하는 확률이 생각보다 높지 않은 게 현실이다.

11 종중토지의 명의수탁자가 수상할 때 팔지 못하게 하는 방법

명의신탁은 원칙적으로 금지되고 명의신탁에 따라 등기를 하면 그 등기는 부동산실명법 제4조에 따라 무효가 되어 말소될 수 있는데, 다만 예외적으로 종중부동산의 명의신탁, 배우자간의 명의신탁, 종교단체의 명의신탁은 조세포탈, 강제집행면탈 또는 탈법을 목적으로 하지 않는한, 부동산실명법 제8조에 따라 적법하다.

　　종중부동산은 예로부터 개인명의로 명의신탁을 하는 경우가 매우 많고, 특히 농지의 소유권등기는 현행 농지법이 직접 농사를 지을 사람만이 등기를 할 수 있도록, 관할 면장이 발급하는 농지취득자격증명을 첨부하도록 규정하고 있는데, 종중은 직접 농사를 지을 자에 해당하지 않는다고 보아 종중에게는 농지취득자격증명을 발급해주지 않는게 현실이다.

　　결국 농지는 종중명의로 등기를 할 수 있는 길을 법이 막아놓았기 때문에, 농지에 관한 한 종중은 개인명의로 명의신탁을 하여 농지를 소유할 수밖에 없다.

　　종중토지를 개인명의로 명의신탁을 하였을 경우의 위험성 및 대처방안에 대하여는 앞에서 여러번 언급했다.

　　그러나 지금 이 순간도 종중재산의 등기명의를 갖고 있는 명의수탁자가 자의이든 타의이든 제3자에게 넘겨서 종중에게 피해를 입히는 일이 수없이 벌어지고 있고, 이로 인한 분쟁이 한둘이 아니다.

　　이해를 돕기 위해 위험성을 3가지로 나누어 설명하고 마지막으로 대처방법에 대하여 설명한다.

　　첫째, 등기명의자, 즉 명의수탁자가 나쁜 마음을 먹고 팔아먹는 경우이다.

　　부동산실명법 제4조 제3항에 의하면, 명의수탁자와 매매계약을 체결하고 이전등기를 받은 제3자는 그 부동산의 소유권을 적법하게 취득한다고 규정하고 있다. 즉 매수인은 안전하게 소유권을 취득한다는 것이다.

　　그런데 이 경우 의외라고 생각되는 부분은, 제3자(매수인)가 명의수탁자와 매매계약을 체결할 당시, 그 부동산의 실질적인 소유자가 등기명의자인 그 개인이 아니고 종중소유라는 사실을 훤히 알고서, 계약을 하였더라도, 그 제3자는 소유권을 취득하는데 아무런 영향이 없다는 것이다.

　　심지어는 명의수탁자인 그 등기명의자가 종중을 배신하여 부동산의 매매대금을 가로채려고 한다는 사정을 그 제3자가 알고 있었더라도, 그 제3자는 안전하게 그 부동산을 취득한다는 것이다.

　　다만 대법원은 이 경우 그 제3자가 등기명의자의 배신행위에 적극가담한 경우, 대표적으로, 제3자가 명의수탁자를 찾아가 매도할 것을 적극 권유하여 매매가 이루어지고 등기가 된 경우에는, 그 매매를 무효라고 보아 이전등기의 말소를 구할 수 있다는 것이다. 그러나 현실적으로 제3자가 적극 가담하였다고 인정받을 수 있는 가능성은 극히 희박하다.

결국 종중은 배신행위를 한 명의수탁자에게 민사적으로는 손해배상을 청구하는 길 외에는 없는데, 종중재산을 팔아먹은 사람이 그 돈을 종중에게 반환할 때까지 온전하게 소지하고 있을 가능성은 그리 많지 않을 것이다.

이에 대하여는 많은 학자들이 반대를 하고 있다. 왜냐? 매도인이 명의수탁자로서 실권리자가 아니고 실권리자는 종중이라는 사실을 매수인이 알고 계약을 하였는데, 그 매매를 무효를 하여 매매부동산을 종중에게 되돌려 주어야지 왜 그러한 경우에까지 매수인을 보호하는지에 의문을 가지고 있기 때문이다. 필자도 그 의견에 동조하는 입장이다. 그러한 매수인은 법적으로나 도의적으로 보호할 필요가 없다. 그러나 그러한 법이 시행되고 있으니 따를 수밖에 없다.

이상은 민사적인 문제이고 형사적으로는 종중재산을 팔아먹은 명의수탁자는 횡령죄 혹은 배임죄에 해당하여 무거운 벌을 받는다.

그러나 어찌된 일인지 이러한 경우 손해를 본 종중이 형사고소를 하는 경우가 그리 많지 않고, 고소를 하더라도 중간에 고소를 취하하고 고스란히 손해를 보는 예가 의외로 많다. 모두 가까운 인척간이라서 그런 것같다.

둘째, 제3의 채권자가 명의수탁자에게 채권행사를 하는 경우이다.

종중재산의 명의수탁자가 나쁜 마음을 먹고 종중재산을 팔아먹는게 아니라, 명의수탁자는 마음씨도 착하고 가만히 있는데 명의수탁자의 채권자가 명의수탁자에게 돈 받을 채권이 있어서 명의신탁된 부동산에 압류를 하고 경매신청을 하는 경우가 많다.

이때는 채무를 대신 변제하는 것외에는 어떤 방법이 없다.

더욱이 이러한 경우에는 명의수탁자가 형사범죄에도 해당하지 않는다. 명의수탁자가 의도적으로 처분한 것이 아니기 때문이다.

그러므로 명의수탁자가 빚을 많이 진 경우에는 그 명의신탁된 종중재산은 이미 위험한 상황에 놓인 것이라고 보아야 한다.

실제로 명의수탁자의 채권자에 의하여 종중재산이 이러한 방법으로 없어지는 경우가 매우 많다.

셋째, 명의수탁자가 돌아가시고 그 상속인들이 종중소유임을 부정하고 개인소유라고 주장하는 경우이다.

종중부동산을 개인명의로 명의신탁을 해놓으면 애초의 명의수탁자는 종중소유임을 인정하여 비교적 안전하다. 그런데 그 수탁자가 돌아가시고 자연적으로 상속을 받은 상속인들이, 개인소유라고 주장하면서 점유 관리도 하고 세금도 자신들이 납부하고, 급기야 종중이 소송을 제기하는 경우가 참으로 많다.

그러므로 명의신탁을 하면 그 부동산이 온전하게 유지될 가능성이 절반으로 줄어들었다고 보아야 하고, 더욱이 등기명의자가 돌아가시고 그 상속인들이 상속을 하였을 경우에는, 그나마도 남아 있을 가능성이 또 절반으로 줄어든다고 보아도 좋을 듯하다.

마지막으로 명의신탁된 종중재산을 지키기 위한 방법을 본다.

가장 안전한 방법은 종중명의로 이전등기를 하는 길이다. 그러나 이는 임야나 잡종지의 경우에만 해당되는 이야기이다. 앞에서 설명하였듯이 농지는 종중으로 등기할 수 있는 방법이 없다.

그런데, 이러한 경우 농지라도 본래 종중의 소유인 사실이 인정되면, 현재 우리나라의 재판실무상 법원은 농지취득자격증명이 없어도 [명의수탁자는 종중에게 소유권이전등기를 이행하라]고 판결을 하고 있다. 그러나 판결을 받았더라도 종중은 농지취득자격증명을 받을 수가 없기 때문에, 종중명의로 이전등기를 할 수 있는 방법이 없다.

그렇다면 판결을 받아도 아무런 소용이 없는 것 아니냐고 반문할지 모른다. 그러나 당해 농지에 관하여 소유권이 있다고 주장하는 [명의수탁자와 그 상속인]과의 관계에 있어서는, 종중소유라는 사실을 판결로 인정을 받았기 때문에, 그들이 다시는 자기들 개인소유라는 주장을 하지 못하도록 입막음이 되었다는 점에서는 커다란 의미가 있다.

그렇지만 해당 농지가 자신소유라고 하여 소송을 하였던 명의수탁자 특히 그 상속인들은 패소판결을 받은 후에도 종중의 소유임을 인정할 수 없다고 하면서 종중에 전혀 협조를 하지 않는 경우가 많고, 당해 부동산을 처분하려 하거나 아니면 명의수탁자의 채권자가 채권행사를 할 가능성도 있다.

이러할 경우에 대비하여 종중이 명의수탁자를 상대로 [명의신탁해지를 원인으로 한 소유권이전등기청구소송]을 시작하면서 [처분금지가처분]을 신청하면, 현재 우리 법원은 농지취득자격증명이 없어도 가처분결정을 해주고 있다.

그렇게 되면 가처분등기가 이미 등기부에 기재되어 있고, 비록 판결에 따른 이전등기는 하지 못하더라도, 그 판결문을 갖고 있으면, 사실상 명의수탁자가 이를 처분할 수도 없고, 처분하려고 해도 매수할 사람이 현실적으로 나타나지 않을 것이다.

그리고 우리나라 등기소에서는 종중명의로 가등기를 할 경우에도 농지취득자격증명이 없이 가등기를 받아주고 있다. 다만 가등기를 하려면 인감증명발부등 등기명의자의 협조를 받아야 한다.

그러므로 명의수탁자가 종중에게 협조적일 때 미리 가등기를 해놓는 것도 매우 유용할 것이다.

12 종중이 농지를 소유권등기할 수 없는 이유

우리나라의 많은 중중이 실제로 농지를 소유하고 있어도, 종중명의로 소유권등기를 하지 못하고 있는게 현실이고, 이것 때문에 여러 가지 곤란을 겪고 있다.

최근 법조계에서 뜨겁게 논의가 되고 있는 문제, "종중이 농지를 소유권등기할 수 없는 이유"에 대하여 본다.

누구든지 토지나 건물을 소유하게 되면 당연히 소유권등기를 할 수 있는게 원칙이다. 부동산을 소유하도록 하면서도 등기를 할 수 있는 길을 막아놓았다면, 이는 사유재산권을 보장하는 자유민주주의의 기본원칙에 반하는 일이다.

종중이 농지에 관하여 소유권등기를 하지 못하게 된 법률적 근거가 무엇이고 향후 해결책은 무엇인가?

헌법 제121조 제1항은 [국가는 농지에 관하여 경자유전의 원칙이 달성될 수 있도록 노력하여야 하며, 농지의 소작제도는 금지된다.]고 규정하고 있다. 즉 우리 헌법은 농지는 반드시, 이를 직접 경작할 사람만 소유하고, 직접 경작할 사람이 아니면 아예 소유할 생각조차 하지 말라는 취지이다.

이 헌법규정에 근거하여 농지법 제6조 제1항은, [농지는 자기의 농업경영에 이용하거나 이용할 자가 아니면 소유하지 못한다.]고 규정하고 있는데, 헌법규정과 동일한 내용이다.

농지법 제8조 제1항, [농지를 취득하려는 자는 농지소재지를 관할하는 시장, 구청장, 읍장 또는 면장에게서 농지취득자격증명을 발급받아야 한다.]라고 규정하고 있다.

종중이 농지에 관하여 소유권등기를 하지 못하는 이유는 이렇다.

종중이라도 농지에 관하여 소유권등기를 하려면 농지법 제8조 제1항이 규정하는 농지취득 자격증명을 받아 첨부하여야 하고, 농지취득 자격증명을 받으려면 자기의 농업경영에 이용하거나 이용할 자임을 지방자치단체가 인정해주어야 하는데, 현재 우리나라에서는 종중이 자기의 농업경영에 이용하거나 이용할 자임을 인정하지 않고 있다.

따라서, 관할 자자체에서는 종중에게 농지취득 자격증명을 발급해주지 않는 것이 현실이다. 그렇기 때문에 종중이 이전등기를 하기 위하여, 필히 첨부하여야 할 농지취득 자격증명을 발급받을 수 없기 때문에, 종중이 소유권이전등기를 할 수가 없는 것이다.

다만 야간의 예외가 있다. 위토라고 함은 종중소유임을 전제로 한 말이다. ① 과거 위토대장에 기재된 농지, ② 지목은 농지이지만 실제로는 농지가 아니고 도로나 대지화된 토지, ③ 토지거래허가를 받은 경우등 극히 예외적인 경우에는 농지취득 자격증명없이도 등기가 가능하다. 그리고 본등기하기 이전에 임시로 하는 가등기가 있는데, 가등기만으로는 완전한 소유권을 취득하는 것이 아니라고 봐서, 가등기를 할 경우에는 농지취득 자격증명이 없어도 가등기를 허용하고 있다. 그러나 농지를 소유하고 있는 종중에게는 통상의 등기를 허용하지 않는 한 근본적으로 도움을 주지 못하는 게 현실이다.

현재 우리나라에서는 부동산실명법이 제정되어, 명의신탁을 전면 금지하면서도, 예외적으로 종중이 농지를 소유함에 있어, '개인명의로 소유권등기를 하여 소유하는 명의신탁'을 허용하고 있다.

그런데 명의수탁자가 사망하고 나이어린 상속인들이 상속등기를 한 후, 종중소유라는 사실을 인정하지 않아서, 종중과 명의수탁자등간에 소유권에 관한 소송이 자주 벌어지고 있다.

이러한 경우 농지라도 본래 종중의 소유인 사실이 인정되면, 현재 우리나라의 법원은 명의수탁자에게 '종중앞으로 소유권이전등기를 이행하라'고 판결을 하고 있다. 그러나 판결을 받았더라도 종중은 농지취득자격증명을 받을 수가 없기 때문에, 종중 명의로 이전등기를 할 수 있는 방법이 없다.

그렇다면 판결을 받아도 아무런 소용이 없는 것 아니냐?고 반문할지 모른다. 그러나 당해 농지에 관하여 소유권이 있다고 주장하는 명의수탁자와의 관계에 있어서는 종중소유라는 사실을 판결로 인정을 받았기 때문에, 그들이 다시는 자기들 개인소유라는 주장을 하지 못할 것이다.

여기에 또 문제가 있다. 해당 농지가 자신소유라고 하면서 소송을 하였던 명의수탁자는, 패소판결을 받은 후에도 종중의 소유임을 인정할 수 없다고 하면서, 종중에 협조를 전혀 하지 않는 경우가 많다.

그리하여 종중에서는 명의수탁자를 종중에게 호의적인 사람으로 변경하기 위하여, 종중총회에서 명의수탁자 변경결의를 하고, 새로운 명의수탁자로 지정된 사람이 종전의 명의수탁자를 상대로, 소유권이전등기청구소송을 하는 예가 있었다.

종중에서는 종중명의로 등기를 할 수 없기 때문에 부득이 그러한 방법을 택한 것이다.

원래는 종전 명의수탁자로부터 종중에게 이전등기를 하고, 종중은 다시 새로운 명의수탁자에게 이전등기를 해야 하는 게 원칙이고, 중간단계인 종중을 건너뛰고 종전명의수탁자로부터 직접 새로운 명의수탁자에게 이전등기를 하는 것은 소위 '중간생략등기'라고 하여 우리 민법상 허용되지 않는다.

그렇다면 종중은 농지에 관하여, 사실상 소유는 할 수는 있어도, 소유권등기는 할 수 없다고 하는 것은 명백히 불합리하다. 농지를 특정 조상묘에 대한 시제답으로 이용되고 있는 것이 현실임에도 불구하고, 거기에다가 법원의 판결을 받았고, 종중총회에서 명의수탁자 변경결의까지 했는데도 불구하고 이러한 상황에서 중간생략등기라는 이유로 등기를 거부하는 것은 심히 부당하다.

이와 같은 불합리에 따른 보완책을 마련하여서라도 이를 구제해주어야 마땅하다.

이에 대하여 국회에서는 농지에 관하여 종중명의로 소유권등기를 할 수 있도록 법개정을 한다고 오래전부터 움직임이 있다고는 하지만, 현재까지 법개정이 된 것이 없다.

그렇다면 법원으로서도 법해석에 있어서 탄력성을 보여 약간의 예외는 인정할 필요가 있어 보이는데, 아직 우리 대법원은 탄력성을 보이는 판결을 한 예가 없다.

13 종중이 여자 종원 무시하였다가 낭패 본 사례

실제로 2021.11.11. 대법원에서 판결을 했던 사건이다.

종중이 당사자가 되어 소송을 제기하려면 종중이 총회를 개최하여 대표자를 선임하고, 종중의 대표자에게 소송을 제기할 수 있는 권한을 부여한다는 내용의 결의를 하여야 한다. 종중이 위와 같은 결의를 하려면 종중총회의 결의가 적법 유효하여야 하고, 총회결의에 하자가 있으면 그 총회결의는 무효가 되고 그러한 총회에서 선임된 대표자가 종중명의 소송을 제기하였을 때는 소송요건을 갖추지 못하였다는 이유로 패소판결을 받게 되는데 이때는 기각판결이 아니라 각하판결을 받게 된다. 그리고 그러한 소송요건을 갖추었는지 여부는 반대당사자가 주장을 하지 않더라도 법원이 직권으로 조사하여 판단할 수 있다. 즉 직권조사사항이다.

종중총회를 개최하려면 종중원들에게 소집통고를 하여야 하는데, 그러기 위하여는 족보등을 통하여 소집통지의 대상이 되는 종중원의 범위를 확정하여야 한다. 즉 종중원명부를 제대로 작성하여야 한다. 그후 국내에 거주하고 소재가 분명하여 통지가 가능한 모든 종중원에게는 개별적으로 소집통고를 해야 하고 신문이나 방송만으로 통고를 하는 것은 효력이 없다. 그리고 일부 종중원에 대하여 소집통고를 하지 않고 개최된 종중총회에서 한 결의는 아무런 효력도 없다.

여기에서 여자종원이 문제이다. 과거 우리 전통관례는 여자는 출가하면 '출가외인'이라 하여 친가의 일에 관여하는 것을 달갑게 여기지 않았고, 더욱이 친가의 종중일에는 더욱더 관여하지 않는 것을 당연시해 왔다. 그리하여 우리나라의 모든 종중은 그 구성원을 특정선조 후손 성년남자로 한정해왔고 여자에게는 종중원의 자격을 인정하지 않아 왔다. 물론 대법원도 이를 당연시해왔다.

그러다가 여성의 사회적지위와 권리가 신장되면서 여성들도 친가의 종중원 자격을 보유하여야 한다는 주장이 제기되었고, 헌법이 규정하는 평등의 원칙에 의하면 이를 부정할 하등의 근거가 없다.

그리하여 대법원은 2005.7.21.선고 2002다1178 전원합의체 판결로 공동선조의 자손인 성년 여자도 종중원의 자격이 있다는 판결을 하게 되었다. 그 이후 현재까지 여성종중원에게도 종중총회 소집통고를 하여야 하고, 여성종중원들도 총회의결에 참여함은 물론 종종회장등 종중임원으로 선임될수 있는 권리가 부여되었다. 그러나 그 이후에도 실제로 여성종원의 종중참여율은 매우 저조한 게 사실이고, 아직도 '출가외인이 친가의 종중일에 관여하는게 말이 되느냐?'고 부정적인 생각을 하는 분이 많은 게 현실이다.

어찌되었든, 위 대법원판결이 있은 후 모든 종중은 출가한 여성종중원을 종중원 명부에 포함시키고 소집통고서를 발송하여 총회에 참석할 기회를 주어왔고, 그렇게 하지 아니하면 재판실무에서는 예외없이 '종중원 일부에게만 소집통고를 하였다'는 이유로 그 총회결의의 효력을 인정하지 않아 왔다.

그리고 공동선조의 후손은 성년이 되면 자동적으로 종중원이 되고 어느누구도 특정인의 종중원자격을 박탈할 수 없고, 종중원자격을 박탈하는 결의를 하였다면 오히려 그러한 결의가 효력이 없다.

그럼에도 불구하고 실제사건에서 모 종중은 이와 같은 사정을 알면서도 정관을 개정하여서, 종중원의 자격을 성년남자로 한정하고 여성이 종중에 참여하지 못하도록 정관에 못박았다. 그렇다면 이 종중은 정상적인 종중이 아니라 종중유사단체에 불과하다. 왜냐하면 정관도 있고 대표자도 있어서 단체로서의 조직과 외형은 갖추었지만, 이는 고유한 의미의 종중은 아니기 때문이다.

여성종원을 빼고 남자종원들만이 참석하여 결의한 총회에서 선임된 대표자, 그는 종중유사단체의 대표자에 불과하다. 그럼에도 그 대표자는 여성종원도 종중원으로 포함되어 있음을 전제로 그 종중명의로 소송을 제기한 것이다.

이에 대하여 대법원(2021.11.11. 선고 2021다238902 판결)은 이렇게 판결했다. [여성종원을 제외시킨 종중은 적법한 종중이 아니고 종중유사단체에 불과하고 그 대표자는 종중의 대표자가 아니어서 그가 종중의 대표자로 제기한 소송은 소송요건을 갖추지 못하였다]는 이유로 각하하여야 한다는 판결을 한 것이다.

종중총회 한 번 개최하려면 요즈음에는 참석자들에게 식사를 제공하고 여비를 지급하고 있어 적지 않은 비용이 소요된다. 그 비용은 차치하고 여성종원을 배제시키고 종중을 운영하려다가 대법원에까지 가서 패소당하는 일이 실제로 발생한 것이다.

14   종중명예를 실추시킨 종원 제명할 수 있나?

우리민족은 조상을 잘 섬기기로 유명하다. 자신이 비난을 받는 것은 참을 수 있어도 조상을 비난하는 일에는 용서를 할 수 없다고 여겨 왔던 게 우리의 실상이다.

그렇기 때문에 우리나라의 수없이 많은 종중에서는 종중원이 큰 죄를 지어 언론에 보도되었을 경우, 기타 종중의 대외적인 품위를 심히 손상하였다고 판단되었을 때, 이는 그가 속한 종중과 그 시조를 욕되게 하는 일이라는 이유로 해당 종중원에게 가혹한 징계를 하는 경우가 의외로 많았다.

종중회의에서 징계를 하기도 하고 종중규약에서 자격을 제한하는 규정을 두기도 했다.

급기야 그 종중원을 족보에서 삭제하는 징계등 종중원의 자격을 박탈하는 제명이나 자격을 일정기간 제한하는 자격정지등 다양한 결의를 해왔다.

종중은 자신의 종중원의 자격을 박탈하거나 제한하는 게 법적으로 허용될까?

이에 대한 대법원 판결을 몇 개 소개한다.

대법원 2005.7.21. 선고 2002다1178 전원합의체 판결은, [종중은 공동선조의 분묘수호와 제사 및 종원 상호간의 친목도모를 목적으로 하여 구성되는 자연적 종족집단으로서 공동선조의 성과 본을 같이 하는 후손은 성별의 구별없이 성년이 되면 당연히 그 종원이 되고 별도의 결의나 약정에 의하여 일부 종원의 자격을 제한하거나 박탈할 수는 없다 할 것이므로 비록 종중의 규약상 종원명부에 등록된 자만이 종원이 될 수 있다고 규정되어 있다 하더라도 이를 근거로 삼아 종원명부에 미등재된 자의 종원자격을 부정할 수는 없다.]라고 하였다.

대법원 1996.10.11. 선고 95다34330 판결은 [고유 의미의 종중이란 공동선조의 분묘 수호와 제사 및 종중원 상호간의 친목 등을 목적으로 하는 자연발생적인 관습상의 종족집단체로서 특별한 조직행위를 필요로 하는 것이 아니고, 공동선조의 후손중 성년 이상은 당연히 그 종중원이 되는 것이며 그중 일부 종중원을 임의로 그 종중원에서 배제할 수 없는 것이므로, 종중총회의 결의나 규약에서 일부 종중원의 자격을 임의로 제한하였다면 그 총회의 결의나 규약은 종중의 본질에 반하여 무효이다.]라고 판결하였다.

대법원 1992.9.22. 선고 92다15048 판결은 [고유의미의 종중에 관한 규약을 만들면서 일부 구성원의 자격을 임의로 배제할 수 없는 것이며, 특정지역 내에 거주하는 일부 종중원에 한하여 의결권을 주고 그 밖의 지역에 거주하는 종중원의 의결권을 박탈할 개연성이 많은 종중규약은 종중의 본질에 반하여 무효이다.]라고 하였다.

대법원 1983.2.8. 선고 80다1194 판결은 [종중이 그 구성원인 종원에 대하여 그 자격을 박탈하는 소위 할종이라는 징계처분은 비록 그와 같은 관행이 있다 하더라도 이는 공동선조의 후손으로서 혈연관계를 바탕으로 하여 자연적으로 구성되는 종족 단체인 종중의 본질에 반하는 것이므로 그러한 관행이나 징계처분은 위법,무효하여 피징계자의 종중원으로서의 신분이나 지위를 박탈하는 효력이 생긴다고 할 수 없다.]라고 판결하였다.

문제는 이와 같이 종중원 일부의 자격을 제한한 상태에서 그 종중원에게 소집통고도 하지 않고 개최된 종중총회는 적법한 총회로서 인정받을 수가 없어서, 그 총회에서 결의한 총회결의사항은 효력이 없다는 것이다.

15　어머니따라 성과 본을 바꾸면 나는 어느쪽 종중원인가?

민법은, 자녀는 아버지의 성과 본을 따른다고 규정하고 있다가 2005년도에 개정을 하여 민법 제781조에서 다음과 같은 경우 모(어머니)의 성과 본을 따를 수 있도록 하였다.

1) 부모가 혼인신고시 모의 성과 본을 따르기로 합의한 때
2) 부(아버지)가 외국인일 때
3) 부를 알수 없을 때
4) 자(자녀)의 복리를 위하여 자의 성과 본을 변경할 필요가 있을 경우 법원의 허가를 받은 때

이상 4가지이다.

우리의 전통인 남성위주의 가부장적인 관습에 의하면 자가 부의 성과 본을 따르지 않는다는 것은 용납할 수 없는 일이었다. 그러나, 시대사조가 바뀌어 이제는 모의 성과 본을 따를 수도 있게 되었다.

특히 네 번째, [자의 복리를 위하여 자의 성과 본을 변경할 필요가 있을 경우]란

어떤 경우인가에 대한 대법원의 입장을 본다.

대법원 2010.3.3. 자 2009스133 결정은 [민법 제781조 제6항에 정한 '자의 복리를 위하여 자의 성과 본을 변경할 필요가 있을 때'에 해당하는지 여부는 자의 나이와 성숙도를 감안하여 자 또는 친권자·양육자의 의사를 고려하되, 먼저 자의 성·본 변경이 이루어지지 아니할 경우에 내부적으로 가족 사이의 정서적 통합에 방해가 되고 대외적으로 가족 구성원에 관련된 편견이나 오해 등으로 학교생활이나 사회생활에서 겪게 되는 불이익의 정도를 심리하고, 다음으로 성·본 변경이 이루어질 경우에 초래되는 정체성의 혼란이나 자와 성·본을 함께 하고 있는 친부나 형제자매 등과의 유대 관계의 단절 및 부양의 중단 등으로 인하여 겪게 되는 불이익의 정도를 심리한 다음, 자의 입장에서 위 두 가지 불이익의 정도를 비교형량하여 자의 행복과 이익에 도움이 되는 쪽으로 판단하여야 한다.]라고 하였다.

대법원은 어떤 경우에 모의 성과본을 따르기로 변경할 수 있는지?에 대한 판단기준을 제시하였다.

다음으로 여성의 종중원자격에 관하여 대법원 2005.7.21. 선고 2002다1178 전원합의체 판결은 [공동선조의 후손 중 성년 남자만을 종중의 구성원으로 하고 여성은 종중의 구성원이 될 수 없다는 종래의 관습은, 공동선조의 분묘수호와 봉제사 등 종중의 활동에 참여할 기회를 출생에서 비롯되는 성별만에 의하여 생래적으로 부여하거나 원천적으로 박탈하는 것으로서, 위와 같이 변화된 우리의 전체 법질서에 부합하지 아니하여 정당성과 합리성이 있다고 할 수 없으므로, 종중 구성원의 자격을 성년 남자만으로 제한하는 종래의 관습법은 이제 더 이상 법적 효력을 가질 수 없게 되었다.]고 하여 남성만 종중원이 될 수 있다는 종전의 입장을 완전히 뒤집고 여성도 종중원의 자격이 있다고 판결하였다.

이상의 2개의 대법원의 입장은, 종전의 남성위주의 가부장적인 관습과 남성위주의 종중운영에 대하여 근본적인 개혁을 도모한 것이다.

그렇다면 자가 모의 성과 본을 따를 경우 자는 아버지쪽의 종중과 어머지쪽의 종중중 어느쪽에 속할까? 아니면 선택할 수 있을까? 종중변경도 법원의 허가를 받아야 할까?에 대하여 본다.

실제로 있었던 사건의 내막은 이렇다. 아버지는 ○○김씨이고 어머니는 △△이씨이었다. 둘다 명문가문이다. 자녀들이 법원의 허가를 받아 모의 성과 본을 따르기로 변경한 후, 어머니의 본을 따라 △△이씨종중원이 되겠다고 하자 △△이씨종중에서 이를 반대하였다. 우리의 전통관습에 의하면 당연히 그러한 입장을 낼만 하고 충분히 이해가 간다. 그러자 △△이씨종중을 상대로 종중원의 지위가 있음을 확인하라고 소송을 낸 것이다.

이에 대하여 대법원은 2022.5.26. 선고 2017다260940 전원합의체 판결에서, [종중이란 공동선조의 분묘수호와 제사 및 종원 상호 간의 친목 등을 목적으로 하여 구성되는 자연발생적인 종족집단이므로, 종중의 이러한 목적과 본질에 비추어 볼 때 공동선조와 성과 본을 같이 하는 후손은 성별의 구별 없이 성년이 되면 당연히 그 구성원이 된다. 민법 제781조 제6항에 따라 자녀의 복리를 위하여 자녀의 성과 본을 변경할 필요가 있어 자녀의 성과 본이 모의 성과 본으로 변경되었을 경우 성년인 그 자녀는 모가 속한 종중의 공동선조와 성과 본을 같이 하는 후손으로서 당연히 종중의 구성원이 된다.]라고 판결하였다.

대법원은 덧붙여서 [법원의 허가를 받아 모의 성과 본을 따르기로 변경된 자녀는 더 이상 부의 성과 본을 따르지 않아 부가 속한 종중에서 탈퇴하게 되므로, 동시에 여러 종중의 구성원이 될 수 없다]. [따라서 출생 후 모의 성과 본으로 변경된 경우 모가 속한 종중의 구성원이 될 수 없다고 본다면 종중의 구성원 자격을 박탈하는 것이 되어, 헌법상 평등의 원칙에 반한다]고 밝혔다.

대법원의 입장은 자녀가 모(母)의 성과 본을 따르기로 변경하였다면, 어느 종중원이 되는지는 선택의 문제가 아니고, 부(父)의 종중에서는 탈퇴를 한 것이며 당연히 모의 종중원이 된 것이고 법원의 허가도 받을 필요가 없다는 입장이다.

16 종중이 정관을 개정하여 중시조를 바꿨다면 어떤 효력이 있는가?

종중이라고 하면 종중정관(종중규약, 종중회칙)이 있게 마련이다.

통상 종중정관 제1조는 "본종중은 OOO(무슨무슨) 종중이라고 칭한다."라고 하여 종중의 명칭을 정하고, 제2조는 "본종중은 (어느 선조)의 후손으로서 만 19세 이상 성년 남녀로 구성된다"고 하여 종중원의 자격내지 종중의 범위에 대한 규정을 두고 있다. 대개 과거 높은 관직에 오르신 분을 중시조로 하는 경우가 많다.

대법원판례에 의하면 정관이 없더라도 종중의 존재 내지 실체를 인정받을 수는 있다. 그러나 종중명의로 부동산 등기를 하거나, 정부나 지자체에서 보상을 받아야 할 경우에는 필수적으로 정관이 제출되어야 하고, 종중이 법원에서 소송을 하여야 할 경우에도 정관을 법원에 제출하여야 하기 때문에, 요즘은 정관이 없는 종중은 사실상 보기가 어렵다.

그리고 정관은 정관의 규정에 따라 얼마든지 개정을 할 수 있다.

그런데 정관을 개정하면서 종중의 범위를 변경시키는 경우가 종종 있다.

첫째, 종중에서 구성원을 추가하거나, 아니면 구성원중 일부를 제외시키거나 자격을 제한하는 경우이다. 이때는 특별한 예외가 없는한, 종중이 아니고 대법원이 말하는 [종중유사단체]가 된다.

예를 들어 중시조와 가까운 특정 집안을 포함시키기로 종중총회에서 결의를 하고 정관을 개정하여, 종중의 범위를 어느 선조의 후손과 또다른 후손을 종중원으로 한다고 종중의 범위를 넓히는 경우가 있다.

또 종중 중시조가 한분이 아니고, 예컨대 여러 형제중 특히 우애가 좋았던 두 형제분의 후손들만으로 하나의 종중을 구성하여, 재산을 형성하고 그 종중명의로 소유권등기를 하는 경우도 있다.

본이 같은 종중원들로서 특정지역(예, 수원, 대구 등 특정지역)에 거주하는 종중원들이, 중시조가 누구이냐를 불문하고 종중을 구성하는 경우가 많은데, 이 경우 OO종중이라는 명칭을 사용하였더라도, 이는 그야말로 종씨들이 모인 친목단체로서 역시 종중유사단체이다.

어떤 종중은 정관에서 종중원의 자격을 남자로만 제한하거나, 출가한 여성은 제외하기로 규정한 경우도 있고, 종중에 해를 끼치게 한 종중원, 특히 종중과 맞서서 소송을 벌인 종중원과 그 가족을 종중구성원에서 제외시킨 경우가 있다.

이러한 경우도 역시 종중유사단체에 불과하다. 대법원은 종중원의 자격박탈이나 영구제명을 하기로 결의를 해도 그 효력을 인정하지 않는다.

나아가 특정선조의 후손들중에서 종중원이 되기를 희망하는 사람으로 자격을 제한하거나, 회비를 내는 종원에게만 종원자격을 부여하는 종중도 있다. 이러한 종중도 역시 정식 종중이 아니고 종중유사단체에 불과하다.

　종중에서 최고의결기관은 총회이다. 총회에는 정기총회와 임시총회가 있다.

　이와 같이 종중의 범위를 변경하는 내용의 총회결의나 정관개정이 법적으로 어떠한 효력이 있을까?

　종중으로 인정받으려면, 특정 [공동선조 한 분]의 후손으로서 만 19세 이상의 성인 남녀 모두를 구성원으로 하여야 한다.

　앞에서 예로 든 사안들에 대하여는, 대법원은 이를 정상적인 종중으로 보지 않고 종중유사단체로 보고 있기 때문에, 그러한 내용으로 정관을 개정하기로 총회결의를 하고 정관을 개정하였다면, 그 총회결의와 정관개정이 효력이 있기는 하지만, 그 다음부터는 종중이 아니고 종중유사단체로 변형되었다고 보아야 한다.

　외부에서 보아서는 종중인지 종중유사단체인지 구분하기가 쉽지 않다.

　어찌되었든, 대법원이 말하는 종중유사단체가 되었다면 더 이상 종중에 관한 이론이 적용되지 않고, 하나의 친목단체로서의 성격을 지니기 때문에, 자체내의 의사결정에 따라 모든 것이 결정되고, 외부에서 이에 간섭할 일이 없다.

　즉 종중유사단체는 종중으로 인정을 받을 수 없다는 것이지, 일반 친목단체와 같이 일반적인 단체로서 인정을 받아, 정관과 민법에 따라 가입과 탈퇴도 할 수 있고 재산을 소유하여 부동산등기도 할 수 있다.

　그런데 종중재산에 관하여 법적 분쟁이 일어났을 때, 요즘은 대종중과 소종중 사이에, 그리고 종중과 종중원인 개인사이에 종중재산과 관련하여 소송이 자주 벌어지고 있다. 그런데 종중유사단체는 종중으로 인정받지 못하기 때문에, 종중으로서의 법률적 행위 자체를 할 수가 없다. 그렇기 때문에 종중유사단체는 종중재산 소송에서는 승소하기가 원천적으로 불가능하다.

　둘째, 중시조를 상위 선조로 변경하는 정관개정을 한 경우이다.

　즉 중시조가 한 분이었는데, 종중의 범위를 넓히자고 중시조를 종전의 중시조보다 선조인, 다른 한분의 중시조로 변경하자고 하여, 총회의 결의를 거쳐 정관을 변경하는 경우이다.

　이 경우는 정관을 변경하기 전과 후의 종중이, 모두 대법원이 말하는대로 [한분의 중시조를 모시고 19세 이상 성년 남녀 종원들로 구성]되어 있어서 종중유사단체가 아니고 종중의 요건을 갖추고 있다. 이 경우 총회결의로 정관을 개정하여 중시조를 변경할 수 있을까?

통상 종중이 처음 구성될 때는 전체 종중원이 참여할 수 있는 창립총회를 한다. 창립총회는 [구성되고 난 이후 매년 열리는 정기총회나 임시총회]와는 법적성격이 다르다.

중시조가 변경되면 이는 완전히 별개의 종중이 되기 때문에 변경된 종중의 [전 종중원들이 참여한 창립총회]를 하여, 그 총회에서 정관을 제정하고 회장등 임원을 선임해야 한다. 이러한 창립총회를 하지 않고 종전의 종중의 총회에서 결의를 하고 정관을 개정한다고 하더라도, 여기에는 새로이 종원으로 가입되는 종원들은 포함되어 있지 않기 때문에, 아무런 효력이 없다. 새로운 종중이 탄생할 수가 없다는 것이다.

사후에라도 [새로운 중시조의 후손 모두에게 참석의 기회가 주어진 창립총회]를 하여, 그 창립총회에서 추인(追認)하는 결의라도 받아야 정식종중으로 인정받을 수 있다. 그 전까지는 새로운 종중은 존재하지 않고, 종전의 종중만이 그대로 존속하게 된다.

그러므로 그러한 창립총회를 거치지 아니한 종중은 성립자체가 되지 않았기 때문에 소송당사자능력도 없다. 그리고 이는 재판과정에서 법원의 직권조사사항이어서, 당사자가 문제를 삼지 않더라도 법원이 직권으로 조사를 하여 당사자능력이 있는지 여부를 심리할 수 있다.

실제로 있었던 일이다. 이와 같이 종전종중의 총회의결로 정관을 개정하여 중시조를 상위 선조로 변경한 종중이 소송당사자가 되었는데, 이러한 절차상의 하자에 대하여 상대방도 아무런 이의를 제기하지 않았고, 법원도 이를 문제삼지 않은채 그 종중이 승소판결을 받은 예가 실제로 있었다.

종중범위에 관한 정관개정을 한다면 이와 같이 종중유사단체가 되는지를 면밀히 살필 필요가 있고, 또 경우에 따라서는 새로운 종중이 성립하는 경우에는 정관개정이 아니라 [창립총회를 하였어야 할 경우]도 있다.

17 종중재산 명의수탁자가 종중에게 취득시효주장할 수 있나?

본론에 앞서, 명의신탁자는 실소유자이지만 등기부에 소유자로 나타나지 않는 사람이고, 명의수탁자는 실소유자가 아니면서 등기부상으로만 소유자로 되어 있는 사람을 말한다.

종중을 이끌어가시는 분으로부터 [종종재산 명의수탁자가 종중에게 취득시효가 완성되어 자신 소유이다라고 하는데 그게 타당한 주장이냐?]라는 질문을 받았다.

1995년도에 부동산 실권리자명의 등기에 관한 법률(부동산실명법)이 제정되어 현재 시행되고 있다.

부동산실명법이 제정되기 이전에는 명의신탁을 많이 했다. 그런데 명의신탁이 재산은닉, 조세포탈 등으로 이용되는 등 많은 폐단이 있었기 때문에 이러한 명의신탁을 금지하기 위하여 부동산실명법을 제정하였다.

그럼에도 불구하고 명의신탁이 허용되는 예외가 있다. 종중이 명의신탁을 한 경우, 배우자상호간에 명의신탁을 한 경우 그리고 종교단체가 명의신탁을 한 경우에는 예외적으로 명의신탁을 허용하고 있다.

부동산실명법의 핵심내용은, 명의신탁을 하기로 약정하면 그 약정은 부동산실명법 제4조에 의하여 무효이고, 그 명의신탁약정을 근거로 이루어진 이전등기는 원인무효로 말소되는 게 원칙이다.

종중과 명의수탁자사이의 소송에서 명의수탁자가 패소할 위기에 처했을 때, 누구든 승소하려고 몸부림을 치게 마련인데, 이때 [취득시효가 완성되어 어차피 내 소유가 되었다]고 주장하는 경우가 종종 있다.

명의수탁자들이 소송과정이 아니고 소송이 제기되기 이전에 사적인 자리에서 그런주장을 하면 법을 제대로 모르는 분들로서는 당황하게 될 것이다.

취득시효에는 점유취득시효와 등기부취득시효 2가지가 있다.

민법 제245조 제1항은 [20년간 소유의 의사로 평온, 공연하게 부동산을 점유하는 자는 등기함으로써 그 소유권을 취득한다]고 규정하고 있는데, 이것이 [20년의 점유취득시효]이다.

한편 민법 제245조 제2항은 [부동산의 소유자로 등기한 자가 10년간 소유의 의사로 평온, 공연하게 선의이며 과실없이 그 부동산을 점유한 때에는 소유권을 취득한다]라고 규정하고 있는데, 이것이 [10년의 등기부취득시효]이다.

명의수탁자는 모두 자신명의로 이미 등기가 되어 있기 때문에 10년의 등기부취득시효를 주장할 수도 있고, 또 등기가 되어 있다는 사실을 감안하지 않고 20년의 점유취득시효를 주장할 수도 있다.

만약 둘 중의 어느 하나의 주장이라도 법원이 받아준다면 명의수탁자가 승소하여 소유권을 영원히 차지할 수 있을 것이다.

그러나 그렇지 않다.

등기부취득시효이든 점유취득시효이든, 해당 부동산을 점유하여야 하되 자주점유를 해야만 시효취득이 가능하다.

그런데 명의신탁에 있어서는 명의수탁자는 그 부동산의 실제소유자가 명의신탁자 즉 종중이고, 등기만 명의수탁자로 해 둔 것이기 때문에, 점유권원의 성질상 자주점유가 아니고 전형적인 **타주점유**이다.

따라서 종중재산의 명의수탁자는 취득시효를 인정받을 수가 없다.

그리고 명의수탁자가 사망하고 상속을 받은 경우에 그 상속인은, 소위 [포괄승계인]으로서 명의수탁자의 지위를 그대로 승계하는 것이기 때문에, 타주점유상태를 고스란히 승계한 것이 되어서, 그 상속인도 시효취득할 수가 없다.

명의수탁자의 취득시효주장은 애초부터 안 되는 주장이다.

18 취득시효 완성된 후 명의신탁자인 종중명의로 이전등기하면 종중은 대항할 수 없는 제3자인가?

부동산 특히 토지를 소유하는 사람은 언제 취득시효문제로 분쟁이 생길지 예측할 수가 없다. 그렇기 때문에 취득시효에 관하여 기본적인 사항은 꼭 숙지하고 있어야 한다.

취득시효에 관한 기본사항을 요약하자면, [20년간 소유의 의사로 **평온 공연하게 부동산을 점유하는 자는 등기함으로써 소유권을 취득한다**]는 것이 민법 제245조 제1항의 내용이다. 즉, 점유를 하되 소유의 의사에 의한 점유 즉 자주점유를 하여야 한다. 타주점유나 무단점유는 소용없다고 했다.

그리고 20년간 점유하여 취득시효가 완성되었다고 해서 자동적으로 소유권을 취득하는게 아니라, 취득시효완성을 원인으로 하여 이전등기까지 하여야 소유권을 취득한다.

그런데 취득시효 20년이 완성되고 나서 시효완성에 따른 이전등기를 하지 않고 있는 사이에 제3자가 그 토지에 대하여 먼저 이전등기를 하는 경우에는 [취득시효완성을 가지고 그 제3자에게 대항할 수 없다.]는 것이다.

즉 점유자가 20년을 점유하여 20년이 끝나는 시점, 즉 취득시효가 완성되는 시점 그 이후에, 해당 토지의 소유권이 제3자에게 넘어가면, 취득시효완성의 효과는 물거품이 되고, 먼저 소유권을 이전받은 그 제3자만이 소유권을 취득한다고 했다.

이때 그 부동산의 점유자가 취득시효의 요건을 갖추고 20년을 점유해 왔고, 그가 취득시효완성을 원인으로 이전등기를 준비하고 있는데, 그 부동산의 소유권이 명의신탁자에게 이전등기가 된 경우 그 명의신탁자도 취득시효완성이후의 제3자에 해당하여 대항할 수 없는 제3자가 되고 취득시효완성은 물거품이 되는가?

대법원 2001.10.26. 선고 2000다8861 판결은 매우 중요한 판결이다.

이 사건은 종중이 일제때 개인명의로 사정을 받아 명의신탁을 하였는데, 다른 사람이 점유하여 취득시효가 완성된 이후, 종중명의로 보존등기를 한 사안이다. 판결내용은 2개 부분으로 구성되어 있는데, 첫 번째에서 대원칙을 설명하였고 두 번째에서는 결론을 내렸다.

첫째, [명의신탁된 부동산에 대하여 점유취득시효가 완성된 후 시효취득자가 그 소유권이전등기를 경료하기 전에, 명의신탁이 해지되어 그 등기명의가 명의수탁자로부터 명의신탁자에게로 이전된 경우에는, 명의신탁의 취지에 따라 대외적 관계에서는 등기명의자만이 소유권자로 취급되고 시효완성 당시 시효취득자에게 져야 할 등기의무도 명의수탁자에게만 있을 뿐이므로, 명의신탁자의 등기 취득이 등기의무자의 배임행위에 적극 가담한 반사회적 행위에 근거한 등기라든가 또는 기타 다른 이유로 원인무효의 등기인 경우는 별론으로 하고, 그 명의신탁자는 취득시효 완성 후에 소유권을 취득한 자에 해당하여 그에 대하여 취득시효를 주장할 수 없다.]

둘째, [종중이 그 소유의 부동산에 관하여 개인에게 명의신탁하여 그 명의로 사정을 받은 경우에도 그 사정명의인이 부동산의 소유권을 원시적·창설적으로 취득하는 것이므로, 종중이 그 소유의 부동산을 개인에게 명의신탁하여 사정을 받은 후 그 사정 명의인이 소유권보존등기를 하지 아니하고 있다가 제3자의 취득시효가 완성된 후에 종중 명의로 바로 소유권보존등기를 경료하였다면, 대외적인 관계에서는 그 때에 비로소 새로이 명의신탁자인 종중에게로 소유권이 이전된 것으로 보아야 하고, 따라서 이 경우 종중은 취득시효 완성 후에 소유권을 취득한 자에 해당하여 종중에 대하여는 취득시효를 주장할 수 없다.]라고 판결하였다.

핵심은 명의신탁에 있어서 실질적인 소유권이 명의신탁자에게 있다는 것은 신탁자와 수탁자 둘사이의 문제이지, 대외적으로는 소유권은 명의수탁자에게만 있고 명의신탁자는 완전한 제3자라는 것이다.

다음으로 대법원 2000.8.22. 선고 2000다21987 판결을 본다.

이 사건은 취득시효완성 후 명의신탁자에게 이전등기가 경료된 것이 아니고 명의수탁자로부터 새로운 명의수탁자에게로 등기가 이전된 경우이다

[명의신탁된 부동산에 관하여 그 점유자의 점유취득시효 완성 후 그 점유자가 그 소유권이전등기를 경료하기 전에 위 명의신탁이 해지되고 새로운 명의신탁이 이루어져 그 소유 명의가 점유취득시효 완성 당시의 명의수탁자로부터 새로운 명의수탁자에게로 이전된 경우, 위 소유 명의의 이전이 무효가 아닌 이상 새로운 명의수탁자는 위 점유취득시효 완성 후에 소유권을 취득한 자에 해당하므로, 위 점유자는 그에 대하여 시효취득을 주장할 수 없다.] 즉 대항할 수 없는 제3자에 해당한다.라고 판결을 했는데, 앞의 판결과 이론이 동일하다고 보면 되겠다.

그렇다면 명의신탁된 토지에 대하여, 점유자로서는 매우 억울하게 되었는데 이러한 억울한 일을 당하지 않으려면 어떻게 해야 하느냐?

누차 강조드렸듯이, 취득시효가 완성되었으면 조속히 등기를 하도록 방법을 강구하되, 제3자에게 소유권이전등기가 될 것이 염려되는 경우에는 사전에 필히 법원의 처분금지가처분결정을 받아 가처분등기를 해놓고, 차근차근 일을 추진해야 한다.

동일한 시조의 후손을 중심으로 한 종중은 원래 1개만 존재하는 게 원칙이다. 그런데 2개의 종중이 존재하는 것처럼 되어 있어 매우 곤경에 처해 있다가 힘들게 해결한 실제 사례를 중심으로 설명한다.

사건의 실상은 이렇다. 조선시대때 [중추부사]라는 관직이 있었다. 이 건 종중에서는 [중추부사]를 역임하신 그 선조를 중시조로 하여 종중을 구성하였는데 종중의 명칭을 정함에 있어 그 관직명중 [부사]라는 부분을 빼고 [OOO씨 중추공 종중]이라고 하여 종중명칭을 정하였고 그 종중이름으로 1980년대에 토지에 대한 소유권등기도 했다.

그런데 중간에 종중대표가 바뀌고 그 종중대표가 종중명의로 또다른 별도의 부동산을 매수하여 종중명의로 소유권이전등기를 함에 있어서, 종전의 종중정관등 문서를 분실하여서 그런지는 몰라도, [부사]라는 2글자를 넣어 [OOO씨 중추부사공종중]이라는 이름으로, 종중정관도 새로이 만들고 하여 그 종중명의로 이전등기에 필요한 서류를 구비하여 등기를 마친 사실이 있다.

중추공종중과 중추부사공종중 위 2개의 종중은 당연히 중시조가 동일한 분이다.

최근에 와서 [중추공종중]명의로 된 토지에 대하여 자신의 소유라고 주장하는 중시조가 다른 완전히 별개의 종중이 나타나서 등기말소소송을 제기하고 그에 앞서 처분금지가처분등기를 한 상태이었다.

그 별개의 종중이 주장하는 소유권 주장은 법원에서 인정되지 않아 청구가 기각되어 중추공종중이 승소하였는데, 그렇다면 그 별개의 종중이 해놓은 가처분등기도 당연히 말소되어야 하는데 가처분등기가 되어 있어서 전혀 소유권행사를 하지 못하는 상태가 되었다.

그리하여 그 가처분취소신청을 했더니 법원은 [중추공종중]은 실체를 인정할 수 없다고 판단을 했고, 그 이유가 [중추부사공종중]이 별도로 존재하기 때문이라는 것이었다. 사실은 2개의 종중이 별도로 존재하는 게 아니고, 중시조도 동일한 분이고 구성원도 동일한데 단지 새로이 부동산을 구입하여 등기를 하는 과정에서 종중명칭에 [부사] 2글자를 첨가하였을 뿐이었다.

그리하여 [부사공종중]이라는 명칭을 사용할 당시의 종중 임원들로부터 [2개의 종중이 별도로 존재하는게 아니고 한 분의 할아버지의 후손들로 한때 명칭만을 달리 사용하였을 뿐이다]라는 내용의 사실확인서를 첨부하는 등 증거를 완벽하게 보강하여 재차 가처분 취소신청을 했는데 또다시 [그것만으로는 중추공종중의 실체를 인정하기에 부족하다]는 이유로 또다시 취소신청을 받아주지 않았다. 항고심, 대법원도 마찬가지이었다.

그렇다면 어떻게 이 난관을 해결해야 할까?

할 수 없이 비용이 들더라도, 법원의 판단대로 2개의 종중이 존재함을 전제로 하고, 2개 종중의 대표자라고 할 수 있는 분들이 공동으로 종중총회를 소집하여 그 통합종중총회에서 이렇게 결의를 하였다.

즉 '2개의 종중이 별개로 존재하는 것이 아니다. 그리고 앞으로는 [중추공종중]이라는 명칭만 사용하고, [중추부사공종중]이라는 명칭은 사용하지 말자'고 결의를 하여 회의록을 만들었고, [중추부사공종중]명의로 되어 있는 부동산의 등기부상의 소유자 명칭도 [중추공종중]명의로 변경을 하였다.

그후 그러한 자료를 증거로 제출하여 3번째로 가처분취소신청을 하여 법원으로부터 취소결정을 받아낸 적이 있다.

20 종중과 연고항존자(年高行尊者), 무엇이 문제인가?

연고항존자라고 함은 [항렬이 가장 높고 그중에서 나이가 가장 많은 종중원]을 말한다. [나이가 가장 많고 그중에서 항렬이 높은 사람]을 의미하지 않는다. 왜냐하면 나이가 가장 많은 사람은 오직 한 사람만 존재하여 굳이 항렬까지 따질 필요가 없기 때문이다.

종중이 제대로 활동을 하고 있을 때는 종중의 대표자가 업무를 처리하면 되기 때문에 굳이 연고항존자를 거론할 필요가 없다.

그런데 종중의 대표자 등 임원진들이 없어진지 오래되어 사실상 종중이 휴면상태에 있을 때, 종중을 다시 소생시켜야 할 필요가 있는 경우에는 종중원들이 창립총회에 준하는 종중총회를 개최하여 정관도 제정하고 대표자도 다시 선출하여야 하는데 총회를 소집할 사람이 없다. 이때 종중총회를 소집하여야 할 권한이 있는 자를 정할 필요가 있는데 이에 대하여 대법원은 연고 항존자가 총회를 소집할 권한이 있다고 하는 입장이다.

당연히 여성종원도 포함하여 연고항존자를 가려야 한다. 과거와는 달라졌다. 실제 종중소송을 하면서 연고항존자라고 하는 사람이 총회소집을 하였는데, 멀리 출가하여 생사여부를 모르는, 항렬이 같지만 나이가 더 많은 여자 종원이 생존하고 있음이 밝혀지는 바람에 적법한 소집권자가 아닌 사람이 소집을 하였다는 이유로 총회결의가 무효로 되어 새로이 총회를 개최하는 경우도 있었다.

우선 총회소집에 관한 일반상식을 정리할 필요가 있다.

대법원(2010.12.9. 선고 2010다77583 판결)은 [종중총회는 특별한 사정이 없는 한 족보에 의하여 소집통지 대상이 되는 종원의 범위를 확정한 후 국내에 거주하고 소재가 분명하여 통지가 가능한 종원에게 개별적으로 소집통지를 하되, 그 소집통지의 방법은 반드시 서면으로 하여야만 하는 것은 아니고 구두 또는 전화로 하거나 다른 종원이나 세대주를 통하여 하여도 무방하다.]는 것이다.

결국 연고항존자는 이와 같이 대법원이 인정하는 기준에 따라 총회소집을 하여야 한다는 것이다.

실제로 문제되는 사항을 정리해 본다.

첫째, 연고항존자가 직접 총회소집행위를 하여야 하느냐이다.

연고항존자로 확정된 사람은 고령일 수밖에 없다. 그리하여 총회소집에 관한 행위를 직접 수행하기를 기대하기는 어렵다.

이에 대하여 대법원은 연고항존자가 다른사람에게 총회소집에 관한 권한을 위임하여 위임받은 사람이 대행하더라도 무방하다는 입장인데, 오히려 대개는 연고항존자로부터 위임받은 사람이 대행하는 것이 현실이다.

둘째, 연고항존자가 총회소집을 거부하는 경우이다. 이 경우 총회를 영영 못해야 하나?

이에 대하여 대법원 2020.4.9. 선고 2019다286304 판결은 [종중원들이 종중재산의 관리 또는 처분 등을 위하여 종중의 규약에 따른 적법한 소집권자 또는 일반 관례에 따른 종중총회의 소집권자인 종중의 연고항존자에게 필요한 종중의 임시총회 소집을 요구하였음에도 그 소집권자가 정당한 이유 없이 이에 응하지 아니하는 경우에는 차석 연고항존자 또는 발기인(위 총회의 소집을 요구한 발의자들)이 소집권자를 대신하여 그 총회를 소집할 수 있다]고 판결했다.

종중원들 간에 이해관계가 첨예하게 대립된 경우에는 얼마든지 이런 일이 발생할 수 있다.

셋째, 현재의 종중대표의 자격이 의심이 되어 추후 현 대표가 소집한 총회의 결의가 무효로 될 가능성이 엿보이는 경우이다.

이 경우에는, 예방차원에서 연고항존자의 협조를 얻어 현 대표와 연고항존자가 공동으로 총회를 소집하면 완벽하다.

그런데 이 2사람이 모두 총회소집을 거부하는 경우가 실제로 있었다.

이에 대하여 대법원(2011.2.10. 선고 2010다83199, 83205 판결)은, [종원들이 비상대책위원회를 구성하여 종중의 기존 회장 및 연고항존자 등 임시총회 소집권자들에게 (중략)임시총회의 소집을 요구하였으나 이에 불응하자 비상대책위원회 측 종원들이 소집통지를 하여 임시총회를 개최한 사안에서, 기존 회장 등이 정당한 이유 없이 위 소집요구에 불응하였으므로 비상대책위원회 측 종원들이 직접 모든 종원들에게 소집통지를 하여 개최한 임시총회는 특별한 사정이 없는 한 적법하다]고 판결한 예가 있다.

대법원은 소집권자가 정당한 사유없이 불응한 경우에는 소집을 요구하는 측이 보충적으로 개최한 총회를 유효하다고 본다는 입장이다.

넷째, 연고항존자가 아닌 사람이 총회를 소집하여 총회결의를 하였으면 무조건 무효인가?

이 경우 대법원(2010.12.9. 선고 2010다77583 판결)은 [적법한 대표자 자격이 없는 비법인 사단의 대표자가 한 소송행위는 후에 대표자 자격을 적법하게 취득한 대표자가 그 소송행위를 추인하면 행위시에 소급하여 효력을 갖게 되고, 이러한 추인은 상고심에서도 할 수 있다]는 입장이다.

사후에 적법하게 선출된 대표자가 처음부터 다시 절차를 밟을 필요가 없고, 종전에 이루어진 절차를 추인하면 된다는 것이다.

부동산과 가사소송

부동산과 가사소송

1 아버지가 예쁜 자식에게만 상속재산을 모두 넘겼는데 어떡하죠?

사람 중에는 자신이 갖고 있는 재산을 여러 자식들중 예쁜 자식에게만 물려주고 싶어하는 사람들이 있다. 실제로 예쁜 자식에게만 재산을 넘기는 바람에 재산을 받지 못한 자식으로부터 반발을 사고 결국 가족 간에 법적인 분쟁에까지 이어지는 경우가 상당히 많고, 특히 출가한 딸들은 모두 제외시키고 아들에게만 재산을 물려주어서 딸들이 소송을 제기하는 경우가 예상외로 많다.

그렇다면 차별당한 자식들 입장에서는 어떠한 법적 구제수단이 있는지에 대하여 알아본다.

민법이 1960년 처음 제정되었을 때에는 아버지가 예쁜 자식, 특히 장남에게만 재산을 물려주어도 이를 제지할 아무런 법적수단이 없었다. 그러다가 1977년도에 민법을 개정하여 소위 유류분제도라는 것을 두어서, 아버지가 재산을 예쁜자식에게만 주려고 하더라도, 일정비율의 재산은 미운자식이라도 꼭 받을수 있는 권리(유류분권)를 인정하게 되었다.

상속을 받는 사람은 상속인이라고 하고 상속을 해주는 사람을 피상속인이라고 한다.

여기에서는 우리가 상식적으로 알아야 할 기본적인 사항에 대하여만 본다.

첫째, 일정비율의 재산은 미운자식이라고 하여도 배제시킬 수 없다고 하였는데, 그 일정한 비율이 도대체 어느정도인가?

직계비속, 아들딸을 말한다. 직계비속과 배우자는 법정상속분(아버지가 아무런 조치를 취하지 않았을 때 상속받을 수 있는 비율)의 2분의 1이고, 직계존속이 상속을 받을 경우에는 법정상속분의 3분의 1이다. 헌법재판소는 2024.4.25 형제자매의 유류분권을 위헌이라고 결정하였다(헌재 2024.4.25. 선고 2020헌가4) 상속을 받을 경우에는 법정상속분의 3분의 1이다.

쉽게 말자면, 아버지가 아무런 조치를 취하지 않았다면 직계비속으로서 1억원을 상속받을 수 있었을 경우, 절반인 5천만원까지는 아버지가 예쁜 자식에게 줄수 있지만 나머지 5천만원은 미운 자식에게 반드시 남겨놓아야 한다는 말이다.

둘째, 유류분권은 상속권이 존재함을 전제로 인정되는 권리이기 때문에, 상속을 포기한 사람은 유류분권이 없다.

한편 민법(제1004조)은 상속결격자를 규정하고 있는데, 상속결격자도 유류분권을 행사할 수 없다. 상속결격자라고 함은, 직계존속(부모, 조부모), 피상속인(상속해주는 사람), 그 배우자 또는 자기보다 선순위의 상속인, 이들을 살해하거나 살해하려 한 자는 상속결격자에 해당한다. 그리고 피상속인이 상속에 관한 유언행위를 하려하는데 이를 방해한 자등이 상속결격자에 해당한다.

셋째, 태아는 상속개시당시에는 아직 태어나지 않았다고 하더라도, 후에 태어나 살아서 생존하면 적법한 직계비속으로 인정되어 유류분권을 가진다.

넷째, 상속분을 따지려면 피상속인의 재산가액(부채를 공제한 것)을 산정하여야 하는데, 아버지가 돌아가시기 전 1년 내에 증여를 한 것이면 이를 상속재산에 포함하여 피상속인의 재산가액을 산정하여야 한다. 그런데, 증여자와 증여를 받은자가 모두 유류분권리자에게 손해를 가할 것을 알고 증여를 한 때에는 1년의 제한이 없어지고, 1년 이상 그 이전에 한 것도 상속재산에 포함한다.

다섯째, 유류분 권리자는 과도하게 재산을 증여받은 상속인을 상대로 재산을 반환하라고 청구할 수 있는데, 이 경우 증여한 재산 전부를 원위치시키라고 할 수 있는게 아니고, 유류분권자가 자신이 받아야 할 유류분의 범위 내에서 부족한 부분에 대하여만 행사할 수 있다. 즉 유류분 가액은 5천만원인데 다른 재산으로 2천만원을 수령한 것이 있다면 나머지 3천만원에 대하여만 유류분권을 행사할 수 있다.

여섯째, 소멸시효문제이다. 유류분반환청구는 피상속인이 돌아가셔야 행사할 수 있다. 피상속인이 돌아가신 사실, 그리고 특정상속인이 상속분이상으로 과도하게 재산을 증여받은 사실, 이 2가지 사실을 모두 안 때로부터 1년 내에 행사하여야 한다.

그러나 아버지가 돌아가신 후 10년이 경과하면 알고 모르고를 불문하고 권리가 영구히 소멸한다. 상속과 관련된 모든 권리는 10년이 지나면 소멸한다고 보면 된다.

이와 관련하여 필자에게 이런 문제를 문의했던 분이 있었다.

아버지가 아직 살아계신데 후처의 자식, 배다른 동생에게 모든 재산을 넘겼다. 그런데 재산을 모두 넘겨받은 동생이 그 재산을 곧 처분할 것으로 보이고, 아버지가 막상 돌아가셨을 때에는 그 동생에게 유류분권을 행사할 재산이 모두 없어질 것으로 예상된다는 것이다. 그래서 아버지가 돌아가시기 전에 동생에게 넘긴 재산에 대하여 유류분반환을 청구할 수 있는 방법이 없겠느냐? 설령 방법이 없더라도 처분을 하지 못하도록 처분금지가처분이라도 하여 재산을 묶어둘 방법이 없겠느냐고 문의하였다.

현행법 해석상으로는, 유류분은 상속인으로서의 권리인데, 아버지가 돌아가시기 이전에는 아직 상속인이 아니다. 상속인이 아니기 때문에 유류분과 관련된 청구는 할 수가 없다고 보아야 한다.

다만 아버지가 돌아가신 후에 유류분반환청구를 해야 하는데, 소송이 종료되기 이전에 처분할 것이 염려되는 상황이면 가압류나 처분금지가처분신청을 하여 재산을 묶어둘 수는 있다. 즉 유류분반환청구는 피상속이 사망한 이후에나 가능하다는 말이다.

2 오빠가 부모재산 독차지했을 때 딸들이 할 수 있는 일

'상속인'은 상속받는 사람 즉 재산을 물려받는 사람을 말하고, '피상속인'은 상속을 해주는 사람, 즉 재산을 물려주는 사람을 말한다.

불과 얼마전까지만 해도 딸, 특히 출가한 딸은 출가외인이라고 하여, 친가의 재산에 관심을 보이는 것은 물론이고 친가의 일에는 아예 관여조차 하지 말라고 했던게 우리의 현실이다.

그러나 여성의 권리가 신장되면서, 처음에는 장자에게만 인정되던 재산상속이 아들딸 모두에게 이루어지고, 한편 딸들에 대한 재산상속분이 차츰차츰 늘어나, 현재는 아들의 재산상속분과 동일하게 되었다. 그리고 피상속인의 처는 자녀의 1.5배를 상속받는다.

결혼한 여자는 남편이 사망하면 자녀보다 1.5배의 재산을 상속하고, 친가의 부모로부터는 다른 자녀와 동일한 재산을 상속하여, 양쪽에서 상속을 받게 된다.

그런데 이와 같이 법이 바뀌어 딸에게도 동등한 재산상속권이 주어졌으면, 바뀐

법대로 따르면 아무런 문제가 없는데 현실은 정반대이다.

아직도 우리사회는 출가외인이라 하여 권리를 인정하지 않으려는 관념이 팽배해져 있고 법이 바뀐 사실을 알면서도 이를 무시하고, 출가한 딸에게 주어지는 상속분을 당연하게 받아들이는 것이 아니라, '부모가 세상을 떠나신 후 제사도 지내지 않는 출가외인'에게 재산을 빼앗긴다고 생각하는 분들이 예상외로 많은게 큰 문제이다.

그러한 부정적인 생각은 재산을 물려받는 아들보다도 과거 관습에 더 깊이 물들어 있는, 재산을 물려주는 부모님들에게 더 심한 편이다.

이러한 법과 현실의 괴리로 인하여 출가한 딸에게 재산을 전혀 주지 않거나, 주더라도 최소한에 그치려고, 부모는 아들편에 서서 여러 가지의 편법을 동원하고 있고, 이에 반발하여 딸들이 불만을 표시하고, 결국 협의가 이루어지지 않아서 법적 소송으로 비화하는 예가 전국적으로 매우 많다.

그러면 오빠가 부모재산을 독차지했거나 독차지는 아니더라도 딸에게 주어야 할 상속분의 일부를 오빠가 차지했을 때, 딸의 입장에서 자신의 권리를 회복하는 방법으로 어떤 것이 있는지? 이해하기 쉽게 설명해본다.

우선 근본적으로 문제를 삼는 딸의 입장에서는 자신이 상속받아야 할 범위, 즉 상속분의 범위 내에서만 권리를 주장할 수 있다는 것이다.

첫째, 부모님 생전에 오빠가 소유권이전서류를 위조, 변조 등 불법으로 작성하여 소유권을 넘겨간 경우이다.

물론 대놓고 불법을 저질러 서류를 위조하여 이전등기서류를 작성하였다면 사문서위조죄등으로 형사처벌을 받겠지만, 통상 이러한 경우, 매매나 증여를 원인으로 소유권이 이전되는데, 오빠는 부모님이 정식으로 서류를 작성하셨다고 주장하고, 겉으로 보기에도 정상적으로 소유권이 이전된 것처럼 보이지만 관련서류가 불법으로 작성되는 경우가 많다.

대표적인 경우가 소유권을 이전하려면 인감증명서가 첨부되고 매매 혹은 증여계약서에 인감도장이 날인되어야 하는데, 그러한 계약서가 작성될 시기에 재산을 물려줄 부모님의 의식이 없었다면, 그 서류는 부모님 본인의 정상적인 의사에 의하여 작성된 것이 아니다. 통상 그런 경우는 부모님의 인감증명을 본인이 아니고 아들 혹은 다른 사람이 대리로 발급받는다. 그리고 그 당시 부모님의 의식이 있었는지 여부는 실무상 병원의 의무기록으로 입증되고 있다.

이러한 경우 오빠에게 이전된 소유권등기는 소위 '원인무효의 등기'이어서 정당한 권리자가 말소하라고 소송을 제기하면 승소판결을 받는다.

둘째, 부모님 생전에 부모님이 정상적인 의사표시에 의하여 재산을 정말로 오빠에게 전부 혹은 과다하게 재산을 증여하였다면 딸들은 그냥 수긍하고 말아야 하느냐? 그렇지 않다.

1977년도 민법을 개정하여 '유류분'제도를 신설하였는데, 그 전에는 피상속인이 재산을 특정상속인에게 몽땅 주어도 상관없었다. 그러나 유류분제도가 신설됨으로써, 민법이 정한 범위, 이를 유류분이라고 하는데, 자신의 유류분은 설령 부모님이 이를 특정 상속인에게 증여하였더라도 이를 되찾아 올수 있다.

참고로 부모님도 맘대로 처분할 수 없는 자녀의 유류분은 원래 상속분의 2분의 1이다. 다시 말하면 원래대로라면 상속재산전체의 3분의1을 상속받을수 있었는데 재산전부를 특정인에게 증여한 경우 자신의 유류분은 6분의1이고, 이 6분의1은 되찾아올수 있다.

그리고 유류분반환청구는 피상속인이 사망한 사실과 자신의 유류분이 침해된 사실, 이 2가지를 안 날로부터 1년 내에 행사하여야 하고, 피상속인이 사망한 후 10년이 경과하면 아예 권리를 행사할 수 없다.

셋째, 부모님이 돌아가신 후에 오빠가 상속등기를 하였는데, 출가한 딸을 상속인에서 빼고 모두 오빠 단독으로 상속을 하였거나 과다하게 상속한 경우이다.

과거 6.25 사변 후에 호적을 재정비할 때 출가한 딸을 부모님 호적에 올리지 않는 경우가 많았고, 이럴 경우 그 호적을 이용하여 그들을 빼고 상속을 받기가 쉬웠다. 그렇다고 그 딸의 상속권이 없어지는게 아니다.

그것 외에도 이런저런 사유로 상속인의 권리가 피상속인 사망후에 침탈당하는 예가 많다. 이러한 경우에는 어떤 법적 구제수단이 있는가?

이때 정당한 상속인은 '상속회복청구소송'을 제기하여 자신의 상속분을 찾아 올수 있다.

다만 상속회복청구는 상속권이 침해된 사실을 안 날로부터 3년, 침해행위가 있은 날로부터 10년 내에 행사하여야 한다. 이 기간을 지나서 청구하는 바람에, 권리를 구제받지 못하는 경우가 의외로 많다는 사실 명심하기 바란다.

이상 3가지 중 하나에 해당할 경우 과감히 활용하시기 바란다.

3 치매에 걸린 부모 재산, 상속인 한 명이 빼돌렸을 때 해결방법

요즈음 고령인구가 늘어나면서 치매환자가 급증하고 있다.

이와 더불어 치매부모의 재산 특히 토지나 건물등 부동산을 상속인 1명이 증여를 받았다는 이유로 소유권을 이전하여 나머지 상속인들이 법적소송을 하는 사례가 부쩍 늘고 있는게 현실이다. 특히 출가한 딸들이 많은 소송을 한다. 재산을 빼돌리는 과정을 보면, 대부분 치매부모를 주민센터에 모시고 가면 부모의 부동산매도용 인감증명을 쉽게 발급해주고 그 인감증명을 이용하여 부동산을 상속인 중 1명에게 증여한 것으로 서류를 작성하여서 소유권이 이전되고, 다른 상속인들은 그 사실을 나중에 알고 분쟁이 일어나는게 일반적인 현상이다.

이와관련된 법적 문제점들을 차례로 본다.

첫째, 민법은 의사무능력자의 행위는 무효라고 규정하고 있다. 의사능력이란 '자기가 하는 행위의 의미와 결과를 제대로 판단할 수 있는 정신능력'을 말하는데, 통상 알츠하이머에 의해 유발되는 치매가 중증이거나 사리판단능력이 없는 상태에서 증여가 이루어졌다면, 그 증여는 무효이고 그를 근거로 등기가 이전된 경우에는 그 등기는 원인무효가 되어 말소될 수 있다.

문제는 증여 당시 부모님의 정신상태가 의사무능력상태이었다는 사실을 입증하는게 재판과정에서의 핵심쟁점이다. 치매환자라도 어떤때는 정상상태를 유지할 수가 있고, 부모님이 의도하여 증여하는 경우도 많다. 정상상태일 때 증여가 이루어졌다면 그 증여는 유효하다.

결국 부모님의 정신상태는 의사의 진단에 의하여 입증을 하는 게 일반적인데, 대부분 의사의 진단만으로 증여 당시 의사무능력이었다는 사실이 확실히 입증되지 않는게 문제이다.

그리하여 재판현실에서는 치매부모로부터 이전등기를 받았다고 주장하는 사건에서 부모님이 증여당시 의사무능력이었다는 사실이 입증되지 않았다는 이유로 원고패소판결이 선고되는 경우가 의외로 많다.

둘째, 치매부모의 재산을 상속인 1명이 가로챘다고 주장하는 경우, 그런 주장을 하는 사람은 다른 상속인들이고 정작 증여를 한 부모 본인은 치매로 인하여 아무런 주장도 하지 못하는 게 현실이다.

그런데 상속인은 부모가 돌아가셔야 상속권이 생기고, 상속권이 있어야 권리를 주장하고 소송도 제기할 수가 있기 때문에, 아직 치매부모가 생존해 있는 동안에는 아무런 권리주장을 할 수가 없다.

그리하여 이 경우에는 부모님을 대신하여 법적주장을 할 수 있는 성년후견인을 법원에 신청하여 선정한 다음, 그 성년후견인이 부모를 대신하여 소송을 할 수 있는데 통상 상속인 중 1명이 성년후견인으로 선정되고 있다.

그런데 법원에 성년후견인 지정신청을 하면 법원이 쉽게 선정해주는 것이 아니고 꼼꼼히 따지기 때문에 평균 3개월, 길게는 1년 정도까지 시간이 소요되는 경우가 있다.

성년후견인선정절차가 마무리되기 이전에 재산을 가로챈 상속인이 그 재산을 처분하지 못하도록 조치를 할 필요가 있다. 이때는 법원으로부터 처분금지가처분결정을 받아서 그 재산을 처분하지 못하도록 할 수가 있다.

어찌되었든 성년후견인이 부모의 증여행위를 무효화시키고, 그로 인하여 이전된 등기의 말소를 청구하여, 치매를 이용하여 불법으로 넘어간 재산을 원위치시킬 수가 있다.

셋째, 부모님이 돌아가신 다음에는 상속인들에게 상속의 효력이 생겨서 상속인들이 직접 권리주장을 할 수가 있다. 대개 이러한 경우 나머지 상속인 전원이 함께 권리주장을 하는 게 아니라 일부는 권리주장을 하지 않겠다고 하는 경우가 오히려 많다. 어찌었든 상속인들이 권리주장을 하는 경우 권리주장을 하는 상속인의 고유의 상속분에 한하여만 권리를 주장할 수 있을 뿐, 전체에 대하여 전부 말소를 청구할 수가 없다. 재산을 빼돌린 상속인도 자신의 상속분에 대하여는 권리가 있기 때문에 그 부분은 다른 상속인이 건드릴 수가 없다.

다만 부모님이 의사무능력상태에서 전재산을 자선단체에 기부하는 행위를 하여 그 행위전부를 무효화하는 경우에는, 상속재산은 상속인의 공유재산이기 때문에 상속인 일부가 공유물의 보존행위로서 전재산을 되찾아올수 있는 권리가 있다고 보는 게 대법원의 입장이다.

넷째, 아무리 노력을 해도 부모님이 증여행위당시 의사무능력상태이었다는 사실이 입증되지 않았을 경우에는 그 증여행위가 유효한 것으로 종결된다. 이 경우 다른 상속인들은 유류분청구를 할 수가 있다.

　　마지막으로 상속인들간에 감정이 격화되면 형사고소를 하는 경우도 허다하다. 증여당시 부모님이 의사무능력이었던 사실이 입증될 경우 불법으로 등기를 이전한 부분에 대하여는 공정증서원본부실기재죄의 죄책을 질수도 있으니 유의하기 바란다.

제 **15** 장

분묘

분묘

장사 등에 관한 법률이 2001.1.13. 개정됨에 따라 분묘기지권이 없어지고
최근 대법원이 사용료를 지불해야 한다고 판결하여,
이제는 분묘에 대한 일반 개념이 바뀌었다.

1 대법원판례변경, 이젠 묘지사용료 지불해야 한다

2021.4.29. 대법원은 획기적인 판결을 하였다.

우리나라의 임야에는 헤아릴 수 없을 정도의 분묘들이 산재해 있고, 그중 상당부분은 타인소유부동산에 존재하고 있다. 그 분묘들이 타인소유부동산에 존재할 수 있었던 이유는 소위 분묘기지권이 인정되었기 때문이다.

분묘기지권이 발생하는 3가지 사유가 있는데,

첫째, 내소유토지에 분묘를 설치한 후 토지소유자가 변경되었을 때,

둘째, 토지소유자의 승낙을 받고 분묘를 설치하였을 때,

셋째, 분묘를 설치한 후 20년간 평온 공연하게 분묘기지(분묘가 있는 자리)를 점유한 때, 이렇게 3가지이다.

민법상의 기본원칙대로라면, 타인의 토지를 점유하면 이에 따른 임대료상당 의 사용료를 토지소유자에게 지불하는게 원칙임에도, 그동안 대법원은 분묘기지 점유자에게 사용료의 지급의무를 인정하지 않았다. 이러한 대법원의 입장 때문에, 타인의 분묘가 있는 토지의 소유자에게는, 이용도 못하고 매매도 못하고, 소유권을 행사하는데 크나큰 장애물로 작용해왔다. 그러다가 위와같은 판결에서 사용료지급의무를 인정하는 것으로 판례를 변경한 것이다. 다만 과거의 사용료는 인정되지 않고 청구한 시기부터의 사용료를 지급하여야 한다는 내용이다.

위 판결은 20년간 평온 공연하게 분묘기지를 점유한 사안에 대한 판결이지만, 그 취지대로라면 분묘기지권이 발생하는 다른 2가지, 즉 내소유토지에 분묘를 설치한후 토지소유자가 변경된 경우와 토지소유자의 승낙을 받고 분묘를 설치한 경우, 이 2가지 경우에도, 논리적으로 사용료를 지급하여야 할 것이다.

2001.1.13.부터 장사 등에 관한 법률이 시행되면서부터는 분묘기지권을 인정하지 않아서, 분묘기지권은 장사 등에 관한 법률 시행 이전에 설치한 분묘에만 인정되어 왔다.

어쨌든 이 판결은 상당한 파급효과를 가질게 분명하다.

만약 여러분의 부모가 돌아가셨을 때 산소자리에 임대료를 지불해야 한다면 그곳에 모시기 어려울 것이다. 한번 모시면 영원히 모셔야 하기 때문이다.

각도를 달리하여 이미 부모님을 남의 토지에 모셔놓은 상황에서 그 산소자리에 임대료를 지불하여야 하는 상황이 발생하면 그 자리에 계속 모시기가 어렵기는 마찬가지이다.

그동안 분묘기지에 대한 사용료지급을 면제하여 왔기 때문에, 분묘의 후손들은 아무런 걱정이 없었지만, 사용료을 지급하여야 하는 상황이라면, 사용료를 지급하면서까지 조상의 분묘를 타인의 토지에 모셔두기는 사실상 어려워질 게 분명하다. 특히 사용료에 관하여 당사자간 협의가 이루어지지 아니할 경우에는 감정가격에 의할 수밖에 없는데, 정부가 토지의 공시지가를 올려놓았기 때문에 감정가격은 매우 높아질 것이 분명하다.

그런데 이와 같이 대법원판례가 과감하게 변경됨으로써, 그동안 토지소유자에게는 골칫거리이었던 타인의 분묘에 대하여, 그 후손들에게 사용료를 청구하는 일이 수없이 생길 것이고, 사용료가 부담이 되어서 많은 사람들이 분묘를 없애고 대신 화장을 하게 될 것이다.

이 대법원판결은 시대의 조류를 따른 것이라는 측면이 있기는 하지만, 당분간 타인소유 토지에 조상을 모시고 있는 후손들에게는 매우 큰 부담과 혼란이 있을 게 분명하다.

그러나 이번 대법원판결은 많은 숙제를 남겨놓았다. 대법원은 사용료를 지급하여야 한다고만 판결하였을 뿐, 사용료를 지급하지 않았을 때, 분묘 철거를 요구할 수 있는지, 사용료를 청구한다면 구체적으로 누구를 상대로 청구하여야 할지, 분묘의 후손이 수백명이 될 경우 후손모두에게 조금씩 나누어 청구해야 할 것인지, 종중이 구성되어 있다면 종중을 상대로 사용료를 청구할 수 있는지 등 많은 후속과제를 남겨두고 있다.

하여튼 위 대법원판결은 과거로 되돌아갈 가능성은 없다고 본다.

무질서하게 산재한 국토의 수많은 분묘는 대폭 없어질 것으로 보인다.

결국 임야를 가진 자만이 산에 조상을 모실 수 있는 시대가 왔고, 종국적으로는 매장보다는 화장을 하는 방향으로 추세가 바뀔 것으로 예상된다.

2 대법원판례가 바뀌고 있다. 지료 2년 안낸 분묘 철거되나?

타인소유토지에 있는 분묘는 분묘기지권이 발생하면 지료(사용료)도 내지 않고 철거할 의무도 없이 분묘가 존속할 수 있도록 대법원이 법해석을 해왔다.

그러다가 최근 들어 대법원판례가 바뀌고 있고 그 방향은 분묘기지권 그 자체를 없애자는 것으로 보인다. 지료를 내지 않아도 되고 철거하지 않아도 되는 것이 분묘기지권의 핵심내용이다. 그렇기 때문에 분묘기지권이라는 권리가 없어진다는 것은, 타인소유토지에 있는 분묘는 일반적인 지상권이나 임차권과 같이 분묘가 존속하는 동안 지료를 지불해야 하고, 지료를 지불하지 아니하면 철거를 해야 한다는 결론이다.

좀더 정확한 이해를 돕기 위해서 대법원판례가 어떻게 바뀌고 있는지에 대하여 본다.

분묘기지권이 발생하는 경우는 3가지가 있다고 했다.

제1형 자기소유의 토지에 분묘를 설치했다가 지료와 철거에 관하여 아무런 약정이 없이 토지의 소유권이 양도된 경우(양도형분묘기지권)

제2형 타인소유 토지에 지주의 승낙을 받고 분묘를 설치한 경우(승낙형분묘기지권)

제3형 타인소유토지에 분묘를 설치한 후 20년간 평온 공연하게 분묘기지를 점유한 경우(시효취득형분묘기지권)

분묘기지권이 발생한 경우라도 지료문제와 분묘철거에 관하여 당사자간 특별한 약정을 하였다면 그 약정이 우선이어서 대법원판례를 따질 필요가 없다. 여기에서는 그러한 약정이 없는 경우이다.

먼저 지료에 관한 대법원판례의 변동내용을 본다.

분묘기지권이 발생한 묘지에 대하여 지료를 인정하지 않다가, 대법원은 2021.4. 29. 제3형(시효취득형)분묘기지권에 대하여 '지료를 지불해야 한다. 지료는 청구시부터 계산한다'는 내용으로 변경되었다.

그후 한달 후인 2021.5.27. 대법원은 제1형(양도형)분묘기지권에 대하여, '분묘기지권이 성립한때부터 지료지급의무가 존재한다'고 판결했다. 즉 자기소유토지에 분묘를 설치했다가 토지소유권이 양도된 때에 분묘기지권이 발생하는데 그때부터 지료를 지급해야 한다는 것이다.

그렇다면 제2형(승낙형)분묘기지권에 대하여는 아직 대법원판결이 입장을 내놓지는 않았지만, 제2형에 대하여만 특별히 지료를 면제하여야 할 근거와 명분이 없기 때문에, 제2형에 대하여도 지료를 지불하라는 방향으로 판결이 바뀔 가능성이 매우 높다.

그렇다면 결국 모든 분묘에 대하여 지료를 지급해야 한다는 말이 된다.

다음으로 분묘철거에 대한 대법원판례의 변경방향을 예측해 본다.

2001.1.13. 장사법이 시행되면서 분묘기지권이 인정되지 않게 되어 타인의 토지에 허락없이 설치한 분묘에 대한 철거가 인정되었는데, 장사법시행이전에 설치한 분묘의 경우에는 해당되지 않는다.

앞에서도 언급하였듯이 종전에는 분묘기지권이 발생한 분묘는 지주가 철거를 요구해도 이를 거절할 권리가 있다고 했다.

그런데 2015.7.23. 선고한 대법원판결(2015다206850)의 원문을 그대로 인용해 본다. [자기소유의 토지위에 분묘를 설치한 후 토지의 소유권이 경매등으로 타인에게 이전되면서 분묘기지권을 취득한자가, **판결에 따라 분묘기지권에 관한 지료의 액수가 정해졌음에도** 판결확정후 책임있는 사유로 상당한 기간동안 지료의 지급을 지체하여 지체된 지료가 판결확정전후에 합쳐 2년분 이상이 되는 경우에는 새로운 토지소유자는 분묘기지권자에 대하여 분묘기지권의 소멸을 청구할 수 있다]라고 판시하였다. 이 2015년 판결은 분묘기지권자에게 지료지급의무가 발생한 경우에는, 2년분의 지료가 연체되면 분묘를 철거하여야 한다는 내용이고, 이 판결은 2년지료 연체를 이유로 분묘의 철거를 인용한 하급심판결이 정당하다고 판시한 것이다.

이 판결은 다소 앞서나간 감이 있긴 하다. 그러나 판례를 변경하려면 대법원전원합의체에서 변경하여야 하는데, 아직 이에 대한 전원합의체 판결이 없지만, 지료지급 의무가 있는 상태에서 2년분 지료를 연체하면 분묘를 철거해야 한다는 법해석은 아직 유효하다고 보아야 한다.

이 판결의 실제 사건 내용은 지료를 지급하겠다고 당사자간 약정을 했기 때문에 지료를 지급하라는 확정판결이 있었던 것으로 보인다. 왜냐하면 2015년까지는 물론 최근까지도 약정이 없으면 지료를 지급할 의무가 없다고 해석했기 때문이다.

그런데 현재는 제1형(양도형분묘기지권)이나 제3형(시효취득형분묘기지권)의 경우에는 당사자간 약정이 없어도 지료를 지급하라는 내용으로 대법판결이 변경된 상태이다.

2015년 대법원판례에 따라 당사자 간 약정에 기하여 지료지급의무가 발생한 경우에 지료를 2년 연체하면 분묘를 철거해야 하는 입장이라면, 당사자간 약정을 해서 지료지급의무가 발생했건, 약정을 하지 않았더라도 대법원 법해석에 따라 지료지급의무가 발생했건, 일단 지료지급의무가 발생한 이상, 동일한 해석을 하지 않고 이를 달리 해석해야 할 근거와 명분을 찾을 수 없다. 결국 2015년 대법판결대로 모든 분묘에 대하여, 분묘기지권 발생원인에 따른 구분이 없이 일률적으로, 일정기간 지료를 연체하면 분묘를 철거해야 한다고 법해석을 할 수밖에는 없지 않나 예측을 해본다.

3 내 땅에 타인의 분묘가 있을 때 가장 먼저 해야 할 일, 통고서를 보내라

전통관습은, 조상에 대한 공경과 효의 정신을 기리는 마음에서 조상의 묘를 명당자리에 모시고 이를 경건하게 수호하여 왔다. 그리고 대부분의 분묘는 소위 분묘기지권이라고 하는 권리가 인정되어 분묘에 대하여 철거청구도 못하고 토지사용료,일명 지료도 청구하지 못했다.

분묘기지권은 토지소유자에게는 소유권 행사에 치명적인 장해사유가 되어 왔던 게 사실이다. 그리하여 정부는 장사 등에 관한 법률 제23조 제3항에서 "토지소유자의 승낙없이 설치한 분묘연고자는 그 토지소유자등에게 그 토지사용권 또는 분묘 보존을 위한 권리를 주장할 수 없다."고 규정하였다. 그리하여 타인의 토지에 분묘를 설치하지 못하도록 함과 동시에 종전의 분묘기지권을 인정하지 않고 있다. 핵심은 분묘

철거를 요구할 수 있다는 것이다. 그러나 이 장사 등에 관한 법률 규정은 2001.1.13.부터 시행되기 때문에 그 이전에 이미 설치된 분묘에 대하여는 효력이 없어 여전히 문제가 남는다.

자기 소유의 토지에 내 조상 분묘가 설치되어 있는 경우에는 문제가 없으나 타인의 토지에 분묘가 설치된 경우에는 토지소유자와 분묘수호자 사이에 많은 분쟁이 야기되고 있는게 우리의 현실이다.

최근 개발행위 등으로 임야등 토지의 가격이 급격히 상승하였고 임야나 토지를 개발하거나 처분해야 할 경우가 많아졌다. 그런데 분묘기지권이 인정되는 타인의 분묘가 있는 경우에는 분묘가 존재하는 한 매매자체가 어렵고 설령 매매가 이루어진다고 하더라도 매매가격을 제대로 받을 수 없는 게 현실이다. 그러므로 토지소유자로서는 하루빨리 분묘를 다른 곳으로 이장하도록 압박을 가하는 일이 시급하다.

이런 상황에서 2021년 4월과 5월에 대법원이 분묘수호자로 하여금 토지소유자에게 사용료를 지불하라는 획기적인 판결을 함으로써 이제까지의 분묘기지권이라는 권리를 절반정도 박탈하였다. 대법원판결은 장차 분묘기지권을 부정하는 방향으로 발전할 것으로 예상되고 예전으로 되돌아갈 가능성은 없다고 본다.

위 대법원판결은 분묘수호자가 토지소유자에게 지료, 즉 토지사용료를 지불하라고 판결하면서 그 지료는 지료를 달라고 청구한 시기부터 장래의 지료를 지불하라고 판결하였다.

원래 민법의 일반 원리대로라면 토지소유자가 청구를 하지 않더라도 타인의 토지를 사용한다면 사용기간 동안의 사용료를 지불해야 한다. 그런데 분묘기지권자에게는 사용료를 지불할 의무가 없다는 입장이었다가 지불할 의무가 있다는 입장으로 판례를 변경하다 보니까 할 수 없이 [청구한 시기]부터 사용료를 지불하라고 할 수밖에 없었던 것이다.

그렇다면 결론은 명백하다. 토지소유자는 분묘수호자내지 연고자를 상대로 토지사용료를 지불하라고 빨리 청구를 해야 한다. 청구를 한 시기부터 사용료를 납부할 의무가 발생하기 때문이다.

통상 사용료를 청구하기 위하여 소송을 제기하는데, 이 경우 상대방에게 소장이 송달되면 송달받은 날 청구를 한 것이 되어 소장 송달일 다음날부터 사용료를 청구할 수 있는게 원칙이나, 소송을 제기하기 이전에 미리 청구를 하였다면 청구한 시기부터의 사용료를 청구할 수 있다.

실제로 사용료액수는 당사자 간 협의가 이루어지지 않으면 법원의 감정가에 의할 수 밖에 없고 그 금액은 그리 크지 않기 때문에 사용료청구가 별 효용이 없을 것이라는 견해를 펴는 분이 있지만, 사용료 납부기간이 단기간이 아니고 분묘가 존재하는 동안의 전 기간이다. 그리고 타인의 토지에 조상을 모신 후손입장에서는 사용료의 많고 적음을 떠나 상당한 정신적 부담을 느낄 것이기 때문에 묘지를 이장하거나 화장을 하여 납골당에 모시는 방안을 강구할 것임이 분명하다.

그렇다면 사용료청구는 어떠한 방법으로 해야 하는가? 이에 대하여는 아무런 제한이 없다. 구두로 해도 상관없다. 다만 후에 청구를 했다는 사실에 대한 증거를 확실하게 마련하느냐가 관건이다. 현재로서는 내용증명우편을 이용하는 게 가장 완벽하고 쉬운 방법이다.

사용료를 청구할 때 액수를 특정해야 하는가? 특정하지 않아도 된다. 왜냐하면 액수를 특정해도 상대방이 동의하지 않는 한 법원의 감정을 통하여 액수가 정해질 것이기 때문이다.

결론적으로 내 땅에 타인 분묘가 있을 경우 내용증명우편으로 분묘수호자내지 연고자에게 사용료를 지불하라고 일단 청구를 해놓아서 정신적으로 압박을 할 필요가 있다.

4. 내 산에 모르는 묘가 있을 때 대처방법, 분묘기지권은 여전히 존재하나?

통상 임야는 넓고 자주 방문하지 않기 때문에 자신소유의 임야이더라도 어디에 누가 묘를 설치하였는지 알지 못하는 경우가 많다. 이러한 경우 승낙없이 묘를 설치하였다고 하여 묘의 후손들에게 묘를 철거하라고 청구할 수 있는가? 이 문제는 소위 분묘기지권에 관한 문제로서 임야소유자의 대부분이 안고 있는 법적인 과제이다.

대법원판례에 의하면, 분묘기지권이라고 함은, [타인의 토지에 분묘를 설치한 자가 그 분묘를 소유하기 위하여 분묘의 기지부분과 분묘의 수호 및 제사에 필요한 범위내에서 분묘의 기지 주위의 공지를 포함한 타인소유의 토지를 사용하는 것을 내용으로 하는 지상권유사의 관습상의 물권]이다" 이 권리는 민법조문에는 없는 소위 관습법상의 권리이다.

분묘기지권이 생기는 3가지가 있다고 했다.

첫째, 토지소유자의 승낙을 얻어 분묘를 설치한 경우

둘째, 자기소유의 토지에 분묘를 설치한 후 그 분묘기지에 대한 소유권을 유보하거나 분묘를 이전한다는 특약을 함이 없이 토지를 매매하여 소유자가 변경된 경우

셋째, 타인소유의 토지에 그의 승낙없이 분묘를 설치한 후 20년간 평온, 공연하게 그 분묘의 기지를 점유함으써 분묘기지권을 시효취득한 경우

분묘기지권 중에서 가장 문제가 되고 있는 것은 셋째, 타인이 토지소유자의 승낙없이 분묘를 설치하여 20년이 된 경우이다. 토지소유자로서는 타인이 승낙없이 묘를 설치하여 20년이 되었다는 이유로 철거도 구하지 못하고 사용료도 청구하지 못하게 되고, 분묘기지권은 묘가 존속하는 한 지속되어 영구적인 권리이다. 그렇기 때문에 소유권을 행사함에 있어서 매우 커다란 장애물이 되고 있다.

그러므로 분묘기지권에 대한 해석이 달라질 필요가 있다. 그럼에도 불구하고, 우리 대법원은 기존의 입장을 변경하지 않고 있다.

정부에서는 2001.1.13. 장사 등에 관한 법률을 제정하였는데, 장사법 제27조 제3항은 "토지소유자의 승낙없이 당해 토지에 설치한 분묘이거나, 묘지설치자 또는 연고자는 당해 토지 소유자, 묘지설치자 또는 연고자에게 토지사용권이나 그 밖에 분묘의 보존을 위한 권리를 주장할 수 없다"고 규정한다.

이 법규정에 의하면, 종래 판례에 의하여 인정된 분묘기지권 중 20년이 되면 취득한다는 3번째의 분묘기지권의 성립을 인정하지 않는다는 것이다.

이것으로 판례의 불합리성이 해결된 것으로 보이나 그렇지 않다.

왜냐하면 장사법부칙에서 이 규정은 장사법시행 이후 즉 2001.1.13. 이후에 설치한 분묘의 경우에만 적용된다고 명시하였기 때문이다. 즉 장사법 시행 이전부터 이미 존재하는 분묘의 경우에는 전혀 실효성이 없다.

여기에 해석의 문제점이 있다. 예를 들어 2000.12.30. 남몰래 분묘를 설치했다면 20년이 되는 2020.12.30.이면 분묘기지권이 성립하느냐? 다시 말하면 장사법이 시행되기 시작한 2001.1.13.부터는 20년이라는 기간이 진행되지 않아 2020.12.30.이 되어도 분묘기지권이 성립하지 못하느냐?이다.

이에 대하여 2017.1.19. 대법원 전원합의체에서 판결한 것이 있는데. [장사법이 시행되기 이전에 분묘를 설치한 경우에는 20년이 되는 시기가 장사법 시행 이후이더라도 분묘기지권이 성립한다]고 판결한 예가 있다. 당시 대법관중 몇분이 소수의견으로 반대의견을 냈지만, 다수의견이 이렇게 판결을 한 것이다. 이미 2021.1.13.이 지나서 장사법이 시행된 후 20년이 지났기 때문에, 장사법시행전에 설치한 분묘의 경우에는 20년이 되기 이전에 철거요구를 하는 등 취득시효의 진행을 중단하는 조치를 한 적이 없는한 현재로서는 분묘기지권이 이미 성립되었다.

결론은, 이제는 2001.1.13. 이후에 설치한 분묘의 경우에는 분묘기지권 걱정을 하지 않아도 된다. 다만 2001.1.13. 이전에 설치한 수많은 분묘에 대하여는 여전히 큰 문제로 남아 있다.

다만 분묘기지권에 대하여는 국토의 계획 및 이용에 관한 법률, 수도법, 문화재보호법, 도로법, 하천법 등 많은 법률이 이를 인정하지 않는다는 예외규정을 두고 있다. 그렇지만 모두 공익적인 목적을 위하여 예외규정을 둔 것이기 때문에, 순수한 개인의 이익을 위하여는, 현행법상 분묘기지권을 부정할 수 있는 여지가 거의 없는 것이 현실이다.

5 내 토지에 있는 분묘 처리방법이 달라졌다

그동안 분묘에는 소위 분묘기지권이라는 권리가 인정되어서 토지주가 분묘를 철거하라고 할 수도 없었고 사용료도 청구할 수 없었다.

그러다가 2021.4.29.과 2021.5.27. 대법원은 2차례에 걸쳐 분묘에 관한 종전의 인식을 근본적으로 바꾸어 놓은 매우 획기적인 판결을 했고, 역사상 처음으로 분묘기지권이 인정되는 분묘에 대하여 토지사용료를 내야 한다는 판결을 한 것이다.

거기에다가 2001.1.13.부터 장사 등에 관한 법률, 줄여서 장사법이 시행되면서 분묘기지권을 인정하지 않게 되었다. 그리하여 내 땅에 있는 타인의 분묘를 제거하기가 매우 용이해졌다. 그러나 장사법이 시행되기 이전에 설치한 분묘의 경우에는 장사법이 적용되지 않는 게 문제이다.

이와 같은 사정을 종합하여 변경된 대법원판결과 2001년부터 시행된 장사법에 근거하여, 현시점에서 타인의 분묘를 처리할 수 있는 법적인 한계에 초점을 맞추어 설명해 본다.

분묘는 무연분묘와 유연분묘 둘로 나눌 수 있다.

무연분묘는 그 분묘의 후손이나 관리자등 연고자가 없는 분묘를 말하고, 유연분묘는 연고자가 있는 분묘이다.

먼저 무연분묘에 대하여 본다.

내 땅에 연고자가 없는 무연분묘가 있다면, 일단은 시장, 군수, 구청장에게 신고를 하기 바란다.

2001.1.13.부터 시행되는 장사법 제28조는 무연고시신이 발견되었을 경우에는 시장, 군수, 구청장은 매장하거나 화장을 하여 일정기간 봉안한 후, 보건복지부령에 따라 이를 공고하고, 공고기간이 경과하면 대통령령에 따라 처리하도록 규정하고 있다.

무연분묘의 경우에는 설치시기 및 분묘기지권의 유무를 따질 것도 없이 장사법에 따라 처리하면 되고, 혹시 중간에 연고자가 나타나면 유연분묘의 처리방법으로 전환하면 된다. 요즈음은 무연분묘처리를 전문으로 하는 업체도 있다.

다음으로 유연분묘에 대하여 본다.

유연분묘의 경우에는 분묘기지권이 있느냐 없느냐에 따라 처리방법이 달라진다.

우선 분묘기지권이 생기는 경우 3가지는 이와 같다.

첫째, 토지소유자의 승낙을 얻어 분묘를 설치한 경우

둘째, 자기소유토지에 분묘를 설치한 후 토지소유자가 변경된 경우

셋째, 분묘설치후 20년간 평온, 공연하여 분묘기지를 점유한 경우

앞에서도 본 바와 같이, 분묘기지권이 성립하였더라도 대법원판례가 변경됨에 따라 이제부터는 타인의 토지에 있는 분묘의 경우 사용료를 지불해야 한다. 그러나 대법원은 사용료를 지불하지 않았을 경우 분묘를 철거하라고 요구할 권리가 있는지?에 대하여는 아직 명확한 판결을 한 것이 없는 상태이지만 판례변경의 추세로 본다면 분묘에 대한 철거를 인정하는 판결이 선고될 것으로 예측된다.

그런데 2001년부터 시행되는 장사법에서는 아예 분묘기지권을 인정하지 않는다고 하였고 장사법 제27조에 의하면 토지소유자의 승낙없이 분묘를 설치한 경우 토지소유자는 시장, 군수, 구청장의 허가를 받아 분묘를 개장할 수 있다고 규정하고 있다.

흔히 말하는 분묘철거권을 처음으로 법률로 인정한 것이다.

다만 장사법 제27조는 장사법시행일인 2001.1.13. 이후 최초로 설치되는 분묘부터 적용된다고 부칙에서 규정하고 있기 때문에 그 이전에 설치된 분묘의 경우에는 적용되지 않는다. 그리하여 2001년 이전에 설치되어 이미 분묘기지권이 성립한 분묘는 장사법에 의하여 철거를 할 수가 없다.

요약하자면 이렇다.

무연분묘의 경우에는 분묘의 설치시기를 따질 것 없이 장사법에 따라 관할 시장, 군수,구청장에게 신고를 하면 관청에서 처리하도록 되어 있다.

유연분묘의 경우에는 **2001.1.13.장사법 시행 이후 토지소유자의 승낙을 받지 아니하고 설치한 경우** 시장, 군수의 허가를 받아 철거를 할 수 있다.

그리고 2001.1.13.이전에 설치한 분묘로서 분묘기지권이 발생한 경우에는 철거하라고 할 수 없고, 이 경우에는 대법원 판결의 취지에 따라 사용료를 청구할 수 있는 데 그친다.

사용료는 당사자 간 협의가 되지 아니하면 법원의 감정가에 의할 수밖에 없다. 그리고 사용료는 대법원판결에 따라 사용료를 청구한 날부터 분묘를 철거하여 토지를 인도할 때까지의 기간동안 청구할 수 있다

결론적으로 이제는 타인 토지에 설치한 분묘는 철거할 의무가 있고, 철거의무가 없더라도 사용료를 지불해야 하는 것이 매우 달라진 사항이다.

아직도 일반인들은 대부분 이를 모르고 있는 것 같다.

저자 약력

이택수

충북 음성 출생

경기고등학교 졸업

중앙대학교 법학과졸업

제25회 사법고시합격(연수원15기)

전 강원지방변호사협회장

전 춘천지방법원 가사조정위원장

전 춘천지방검찰청 화해중재위원장

전 강원대학교 법과대학 겸임교수

전 춘천교도소 교정협의회장

전 춘천아마복싱연맹회장

전 강원도골프협회장

초대 한국기원 강원본부장

전 춘천청소년교향악단장

현 '이제' 첼로앙상블 단장

수상경력

   대통령표창

   법무부장관표창

소송에서 문제되는 부동산쟁점 2

초판발행	2024년 7월 25일
지은이	이택수
펴낸이	안종만·안상준
편 집	양수정
기획/마케팅	박세기
표지디자인	Ben Story
제 작	고철민·김원표
펴낸곳	(주)박영사
	서울특별시 금천구 가산디지털2로 53, 210호(가산동, 한라시그마밸리)
	등록 1959. 3. 11. 제300-1959-1호(倫)
전 화	02)733-6771
f a x	02)736-4818
e-mail	pys@pybook.co.kr
homepage	www.pybook.co.kr
ISBN	979-11-303-4751-6 94360
	979-11-303-4749-3 94360(세트)

*파본은 구입하신 곳에서 교환해 드립니다. 본서의 무단복제행위를 금합니다.

정 가   17,000원